겸손의 힘

성장과 풍요로운 삶으로 이끄는 현명한 태도

겸손의 힘

대릴 반 통게렌 지음 | 신예용 옮김

humble

상상스퀘어

지은이

대릴 반 통게렌

Daryl Van Tongeren

호프칼리지대학교 심리학과 부교수이자 프로스트 사회과학 연구 센터 소장이다. 2016년 심리학 협회APS 라이징 스타로 선정되었고, 2022년 미국심리학회APA 종교 심리학 분야 공헌상을 받았다. 사회심리학자로서 삶, 종교, 미덕의 의미에 중점을 두고 연구하고 있으며, '인간이 된다는 것'이 무엇을 의미하는지 사색하는 것을 좋아한다. 이와 관련해 200개 이상의 학술 논문을 발표했으며, 《고통받을 용기The Courage to Suffer》를 공동 집필했다. 그의 연구는 〈뉴욕타임스〉, 〈워싱턴포스트〉, 〈시카고트리뷴〉, 〈사이언티픽 아메리칸〉, 〈맨즈헬스〉, NPR 계열사 라디오 방송국 등 여러 언론 매체에 소개되었고, 연구 지원금과 수많은 상을 받으며 심리학 분야에서 인정받고 있다. 여가 생활로 마라톤과 철인 3종 경기를 즐긴다.

옮긴이

신예용

숙명여자대학교에서 영문학을 전공하고 동대학원에서 문학을 공부했다. 현재 번역에이전시 엔터스코리아에서 번역가로 활동하고 있다. 옮긴 책으로는 《데일 카네기 성공대화론》, 《이기는 게임을 하라》, 《탤런트》, 《영문과 함께하는 1일 1편 셜록 홈즈 365》, 《나우이스트》, 《북유럽 공부법》, 《하루 10분 책 육아》, 《가장 잔인한 달》, 《공짜 치즈는 쥐덫에만 있다》 등이 있다.

차례

겸손이란
무엇인가?

자만하면 추락한다.

이 오래된 경고는 어느 시대 어느 장소 할 것 없이 되풀이되었다. 그리스 신화에 등장하는가 하면 종교적 가르침을 통해서도 강조되었다. 그리스 신화의 나르키소스 이야기는 우리에게 지나친 자기 몰두가 위험하다는 사실을 일깨운다. 나르키소스는 자기 모습에 푹 빠져 그를 연모하는 님프들을 마다하고 죽음만을 기다리는 처지가 되었다. 아라크네 신화는 자만심이 너무 강해 남의 말을 듣지 않거나 배우려 하지 않는 사람에게 닥치는 위험에 대해 경고한다. 베를 짜던 아라크네는 결국 거미로 변해 평생 거미줄을 치며 살게 된다. 불교부터 기독교, 이슬람에 이르는 종교에서는 신도들에게 자만에 빠질 위험을 물리치라고 경고한다. 거만하고 시건방지며 자기 확신에 가득 찬 사람은 고꾸라지거나 면박을 받거나 철저하게 모욕당할 운명에 처한다. 자신을 너무 높게 생각하면 성난 신이나 우주의 정의에 흠씬 두들겨 맞을 것이다(아니면 거미로 변하고 말 것이다).

현대 문화에서는 겸손이 무엇인지에 대해 두 가지 생각으로 이어졌다. 먼저 겸손과 굴욕을 동일시하기 시작했다. 우리는 자랑을 일삼는 사람이 공개적으로 수치나 망신을 당해 대가를 치른다고 배웠다. 이는 자기 비하와 성과 감추기로 이어졌고, 사람들은 튀지 않을까 하는 두려움과 야심을 향한 열망 사이에서 줄다리기를 하게 되었다. 하지만 겸손humility과 굴욕humiliation은 어근이 같아도 상당히 다른 단어이다.[1] 굴욕은 당혹감, 수치심, 굴복과 관련이 있다. 겸손은 내면에서 비롯되며 다른 사람이나 외부 상황에 의해 억지로 생기지 않는다. 연구 결과에 따르면 사람들은 굴욕에 부정적인 반응을 보이지만, 겸손에는 긍정적인 반응을 보인다.[2] 하지만 겸손은 굴욕과 동일시되면서 지나친 자랑에 대한 대가로 입을 다물게 만드는 처벌처럼 취급받게 되었다.

한편 신이나 업보와 같은 개념을 오랫동안 배제하고 살아온 사람은 겸손이란 낡아빠진 개념이며 현대 생활에 실질적인 의미가 없다고 여긴다. 기껏해야 권력을 유지하는 자들이 다른 사람을 억압하기 위한 도구로 겸손을 활용할 뿐이다. 지금까지 아주 많은 사람이 '겸손'이라는 이름으로 제 분수를 지키거나 조용히 있으라는 잘못된 가르침을 받아왔다. 현대 문화에서는 힘이 권력, 공격성, 지배력에서 나온다고 주장한다. "착한 사람은 꼴찌가 된다." 시대착오적인 겸손의 개념을 고수하는 사람은 삶에서 아무런 성과도 얻을 수 없다. '실제로 성과를 이룰 때까지 속여야' 할지라도, 뻔뻔하고 대담하며 자신만만한 편이 낫다.

겸손은 이처럼 종종 오해를 받거나 잘못 사용되었다.

하지만 진정한 겸손은 굴욕도, 억압의 도구도 아니다. 약한 사람의 특성도, 자만에 대한 형벌도, 독재자의 수단도 아니다. 실제로 현대 과학에서는 참되고 진정한 겸손이 세상을 향한 안전한 개방성이라는 사실을 밝혔다. 겸손해지면 우리의 힘과 한계에 대해 자신과 타인에게 솔직해질 수 있고, 새로운 관점을 배우려 노력하며, 주변 사람에게 진심으로 공감할 수 있다. 겸손하다는 것은 부끄러워할 일도, 죄책감이 생길 일도 아니다. 누군가가 나를 호구로 삼을 핑계도 아니다. 자신과 다른 사람들이 지금 이대로 충분한 가치와 의미가 있다고 믿으며 있는 그대로의 세상에 다가가는 방식이다. 20년에 걸친 과학 연구 결과에서도 이렇게 설명한다. 겸손은 인간관계를 굳건히 하고, 일의 능률을 높이며, 사회를 발전시킨다. 이는 강력하고 혁신적이며 대단히 반문화(사회의 지배적인 문화에 정면으로 반대하는 하위문화 - 편집자)적이다. 어쩌면 우리에게 필요한 모든 것일지도 모른다.

정말로 자만하면 추락할까?

나는 대학원에서 겸손이라는 주제에 관심이 생겼다. 나는 인류의 번영에 공헌한 요인을 찾아내려는 긍정 심리학 연구 집단의 일원이었다. 우리의 연구는 대부분 용서에 초점을 맞추었지만, 내가 참여할 때부터 성격에서의 강점과 관계에서의 역할에 관한 연구로 확장해 나가기 시작했다. 나는 인생의 의미와 용서를 주제로 공부했고, 논문에서는 연인이나 배우자를 용서함으로써 의미 있는 관계를 유지하는 방식을 다루었다. 나의 좋은 친구이자 동료 대학원생인 돈 데이비스 Don Davis는 겸손이 관계에서 어떤 역할을 하는가에 초점을 맞춰 논문을 썼고, 차츰 겸손을 중심으로 시너지 효과가 나타나기 시작했다. 또한 명의 대학원생 조시 훅Josh Hook까지 우리 셋은 그동안 심리학이 대체로 무시했던 이 분야의 연구를 발전시키려 노력했다.

당시 심리학에서 겸손을 연구하지 않은 데는 두 가지 이유가 있었다. 한 가지 장애물은 연구자들이 겸손을 측정한다는 데 논리상 큰 오류가 있다고 생각했다는 점이다. 사람들에게 자신이 얼마나 겸손한지 물어보는 자체가 어리석지 않은가? 진정 겸손한 사람이 솔직하게 자신이 아주 겸손하다고 답할까? 더 겸손한 사람들을 떠올리며 자신은 중간 정도라고 답하지 않을까? 오히려 나르시시스트가 자신의 겸손을 최고치로 평가하지 않을까? 연구자들은 참가자가 직접 평가하는 겸손의 정도를 전혀 신뢰할 수 없다고 우려했다. 다행히 문제를 해결할 방법을 찾았고, 이는 생각만큼 까다롭지 않았다. 실제로 많은 학자가 겸손의 실증적 조사에 참여하여, 겸손은 활발한 학문적 탐구 영역으로 자리 잡았다.

그런데 두 번째, 내가 보기에는 더 심각한 장애물이 있었다. 겸손의 가치를 사람들에게 설득하기가 어렵다는 점이다. 표면적으로 서구의 수많은 개인주의적 문화권에서는 겸손을 높이 사지 않는다. '삐걱거리는 바퀴가 결국 기름을 더 먹는다.' 즉 가장 목소리가 크고 뻔뻔하고 이기적인 사람이 권력, 자원, 돈을 차지하는 경우가 많으며, 대가를 치르지 않고 온갖 혜택을 거두는 것처럼 보인다. 우리는 허영심과 자기 과시를 추켜세운다. 나르시시즘narcissism에서 나오는 과시는 사업을 하면서 치르는 대가라고 생각한다. 실제로 이러한 행동을 잘못된 형태의 자신감으로 우상화하기에 이르렀다.

하지만 그렇게 해서 얻은 이득은 피상적일 뿐 아니라 유효기간도 짧다. 나르시시즘에 빠져 사는 이기적인 인생은 공허하고 불만족스럽다. 이런 접근법에는 관계를 파멸로 이끌고 자아에 혼란을 일으키는 역효과가 따른다. 간단히 말해 연결과 의미를 추구하는 심리적·관계적 동기는 자기중심적인 나르시시스트가 되는 것과 동일 선상에 있지 않다. 우리는 지난 10년 동안의 심리학 연구를 거쳐 이와 같은 주장을 뒷받침하게 되었다. 고대 철학자와 시인 들은 이미 겸손이 함양할 만한 가치가 있는 강점이라고 강조한 바 있다. 성공을 숭배하는 현대 문화의 신화에도 불구하고, 거만한 자만심은 시간과 집중력을 앗아가는 함정이며 우리를 단절시키고 공허하게 만든다. 반면 겸손은 우리를 자유롭게 하고 힘을 실어주며 혁명적이다.

그러므로 '자만하면 추락한다.'라는 말이 맞는지 아닌지 질문을 던지려면 이 점을 고려해야 한다. 메리엄-웹스터 사전에 따르면 고대에 사용했던 자만pride이라는 단어에는 '과도한 자존감inordinate self-esteem'과 '비합리적인 우월감unreasonable conceit of superiority'이라는 의미가 함축되어 있었다.[3] 또한 자만은 치명적인 일곱 가지 죄악에 포함되어 있다. 그런데 시간이 흐르면서 자만의 의미가 바뀌어 자기 존중 혹은 집단적 자기 가치라는 의미를 포함하게 되었다. 자만에 대한 고전적 관점은 위험한 나르시시즘적 오만arrogance과 비슷하지만, 후대의 관점은 오히려 건전한 편이다. 그러나 자만이 겸손의 반대말은 아니다. 사실 겸손을 갖추려면 안정감에서 비롯된 '건강한 자아감sense of self'이 있어야 한다. 겸손의 적은 오만이나 거만conceit, 즉 다른 사람을 열등하게 여기고 자신이 우월하다고 여겨 스스로 최고가 될 자격이 있다고 생각하는 것이다. 이러한 경향은 일상에서 수많은 표현으로 은밀히 확장되며 문화에 따라 계속 강화된다. 연예계와 정치판에서도 가장 각광받는 태도로서 보여지지만, 궁극적으로는 성취감으로 이어지지 못한다. 사실 오만이야말로 타락의 전조다. 오만하면 추락하게 된다. 하지만 겸손은 우리에게 의미, 건강한 관계, 안전하고 온전한 삶을 허락한다. 오늘의 문화는 우리에게 삶의 절정을 누리기 위한 통로로서 이기심과 거만함을 포용하라고 말할지 모르지만, 그에 대한 과학적 연구 결과는 사뭇 다르다.

매혹적이지만 허약한 자아

나는 미시간 호 근처의 작은 인문 대학에서 사회심리학을 가르치는 교수다. 사회심리학자들은 다른 사람의 존재와 관련하여 우리의 생각, 감정, 행동이 어떻게 달라지는지 연구한다. 기본적으로 다른 사람이 우리에게 어떤 영향을 끼치는지 연구하는 것이다. 연구에서는 집단이 경쟁하는 이유, 공격성의 본질, 거절당하는 느낌이 어떤지에 대한 단서를 수집한다. 하지만 다양한 주제 중에서 사회심리학자들이 가장 좋아하는 주제는 (대부분의 사람이 그렇겠지만) 바로 자신이다. 우리는 자아를 자신과 정체성에 대한 기억, 감정, 생각, 개념의 집합체로 간주한다. 사회심리학자들은 자아 연구를 파이 조각처럼 끝도 없이 나누어 자존감, 자기 인식, 자제력, 자기 자비 등으로 검토한다. 우리는 자아에 푹 빠져 있으며 대중문화 역시 이를 반영하고 있다.

지난 20년간 사람들은 자아를 떠받들기에 여념이 없었다. 10년 전만 해도 셀피selfie라는 단어를 거의 쓰지 않았다. 하지만 지난 6개월 동안(어떤 사람에게는 6일 동안!) 자신을 찍은 사진이 몇 장인지 생각해 보라! 요즘 휴대전화에는 대부분 자신을 찍을 수 있는 양방향 카메라가 탑재되어 있다. 이처럼 자아를 강조하는 풍조가 인기를 끈 데는 다음 세 가지 경향이 두루 영향을 끼쳤으며, 그 결과 우리는 어느 때보다도 더 초라해지고 허약해졌다.

첫 번째 경향은 외부 요인에서 가치와 의미를 찾는 성향이 증가한다는 것이다. 내가 아니라 다른 사람에게서 나의 자존감과 의미를 얻으려 하며, 다른 사람의 인정을 받으려 끊임없이 노력한다. 연구에 따르면 어떤 사람은 하루에 여덟 장의 셀피를 공유한다.[4] 한 기발한 실험에서는 임의로 여성들에게 소셜 미디어에 자기 사진을 올리게 했다. 그들에게는 사진을 보정할 기회도 주어졌지만, 그럼에도 사진을 올린 후 불안감이 커지고 스스로 매력적이라고 느끼는 정도가 감소했다.[5] 그저 평가받기 위해 자신을 드러내는 것은 정신 건강에 큰 타격을 준다. 다른 사람이 나를 어떻게 평가할지 걱정할 뿐 아니라 자신도 모르게 나와 남을 비교하게 되기 때문이다. 아름다움과 부, 성과와 성공, 능력과 유머 감각, 성취에 관한 모범 사례를 끝도 없이 접하다 보면 내가 남보다 부족하다고 느끼기 마련이다. 삶이 의미 있다고 느끼게 해주는 핵심 요소인 중요성, 가치, 의미를 평가하는 방식이 문화적 기준과 외부 정보에 따라 바뀌게 되었다. 우리는 나의 의미와 행복을 다른 이들의 손에 맡기고 있다.

다른 이들이 나의 자아감에 끼치는 영향을 생각해보면 주변 사람에게 더 많이 신경 써야 한다고 생각할지도 모른다. 하지만 그렇지 않다. 오히려 두 번째 경향은 우리가 자신을 노출하는 태도, 견해, 신념의 범위가 점차 좁아지고 있다는 것이다. 우리는 친구, 뉴스 채널, 정보 출처를 선별적으로 고른다. 이 모든 선택이 기존의 시각을 강화하여 점점 더 비슷한 생각만 하게 이끈다. 오랫동안 진실이라고 믿어온 바를 확고히 하기 위한 반향실 효과(비슷한 생각을 하는 사람들이 모이면 그 사고방식이 돌고 돌면서 신념과 믿음이 증폭되고 강화되는 효과—옮긴이)가 생기며 우리와 다른 이야기를 하는 모든 목소리를 언팔하고, 친구 관계를 끊고, 구독을 차단한다. 세상을 바라보는 우리만의 방식에(물론 올바른 방식이다) 갇혀 있다 보면 더 이상 새로운 의견을 접하지 못한다. 결국 다른 생각을 가진 사람과 존중하며 대화를 나눌 기회를 잃어버린다. 삶에서 반대 의견을 드러내는 불편한 목소리를 걸러내기가 쉬워졌고, 차이에 대한 관용도 줄어들었다. 의견 충돌이 혐오, 공격, 폭력으로 치닫는 경우도 생긴다. 우리와 다른 사람을 무식하고 비인간적이라고 느끼기도 한다. 사회에는 이와 같은 분열 현상이 팽배하다.

　세 번째 경향은 특히 다른 사람에 비해 지나치게 긍정적으로 자기 존중을 추구하려는 강렬한 욕구다. 우리는 자신을 평균보다 나은 사람이라고 여긴다. 틀릴 때보다 옳을 때가 많다고 생각한다. 내 능력은 특별하고, 내 실수는 우연이라고 보는 데 익숙하다. 이와 같은 성향을 '평균 이상 효과better-than-average effect'라고 하며, 나는 수업에서 실습을 통해 학생들에게 이 효과에 대해 가르친다. 누구나 직접 해볼 수 있다. 학생들에게 같은 연령대의, 그들과 같은 삶의 단계(우리 대학교의 평범한 학생)에 있는 평범한 사람들을 떠올려 보라고 말한다. 그리고 이들과 비교해 1에서 100까지로 자신을 평가해보라고 한다. 이때 1퍼센트는 평범한 사람에 비해 완전히 낮은 수준이고, 100퍼센트는 완전히 높은 수준이다. 학생들에게 평범한 사람들에 비해 자기가 얼마나

- 똑똑한지
- 사교성이 좋은지
- 운동 신경이 뛰어난지
- 매력적인지

평가해보라고 한다.

마지막으로 점수를 합산하고 예상 평균을 내라고 한다. 학생들이 색인 카드에 익명으로 답을 작성하면 나는 카드를 걷는다. 10년도 전에 대학원에서 가르칠 때부터 매년 거의 같은 방식으로 이 실습을 진행해왔다. 카드를 종합한 결과는 수업 시간에 발표하는데, 자신을 평가한 결과의 평균값이 65퍼센트에서 70퍼센트 사이에 있다고 말해도 아무도 놀라지 않는다.

이 결과를 곰곰이 생각해보자. 우리 모두 평균 이상이다.

우리 모두 평균 이상일 수 없다는 것은 수학을 잘하지 못하는 사람도 잘 안다. 통계학적 관점에서 보면 학생의 절반은 평균 이하여야 한다. 내가 학생들에게 이런 사실을 이야기하면 그들은 고개를 끄덕이고 미소를 지으며 속으로 이렇게 생각한다. '나는 정말 평균 이상이니 다행이지 뭐야.'

당신이 받은 점수는 얼마인가? 당신의 반응은 어땠는가?

모든 사람이 평균인 50점 이상의 점수를 받을 수는 없다. 반면 어떤 사람은 특정 항목에서 분명 높은 점수를 받을 것이다. 예를 들어 대학 운동선수는 운동 신경과 관련된 항목에서 스스로 90점 이상의 점수를 주어야 한다. 하지만 우리는 대체로 자신이 평균 이상이라고 생각하기 때문에 피드백과 비판을 수용하거나 실패를 받아들이는 데 익숙하지 않다. 이런 결과는 내가 평균 이상이라는 생각과 정반대이기 때문이다. 우리는 자신에게 단점이 있음을 받아들이고 단점에 대한 정보를 성장과 변화의 계기로 활용하기보다는 금세 현실을 부정하거나 비판으로 인한 고통을 잊으려 한다.

자기 가치를 외부 정보에서 찾으려 하고, 이념적으로 고립되어 있으며, 자기를 지나치게 긍정적으로 평가하는 세 가지 경향이 합산된 결과가 허약한 자아감이다. 우리는 필사적으로 허약한 자아감을 감싸려 한다. 자신이 신중하게 선택한 사람들의 견해로 아슬아슬하게 자아감을 확인받고, 자신에 대한 긍정적 시각에 방해되는 목소리는 모두 차단한다. 그래서 어느 때보다 더 불안정하고 방어적인 기분에 사로잡힌다. 생각이 다른 사람과 이야기를 나누고 세상을 다르게 보는 사람의 비판을 받아들이기보다 나의 자아감과 견해를 보호하기에 급급하다. 우리는 새로운 증거에서 배우려 하기보다 자신의 믿음을 변호하려 애쓰며 세상에 접근한다. 사회적 비교에 대한 불안과, 평가에 대한 두려움에 허우적거리며 끝도 없이 자기 검증의 굴레에만 빠져든다. 자신과 같은 부류의 사람들에게 인정받을 때에는 잠시 도파민이 치솟지만, 이내 공허하고 불만족스러운 상태에 빠진다. 우리는 밖에서 보기에는 꽉 차 있는 것 같지만, 실은 그 속이 텅 비어 있다. 슬프고 외롭고 불안하다. 이런 방법으로는 인간의 핵심 욕구 중 어느 하나도 채울 수 없기 때문이다. 어쩌다 이 지경에 이르렀을까?

매력 발산 시대

1970년대와 1980년대에 심리학자들, 특히 사회심리학자들은 자존감을 연구하기 시작했다. 이러한 연구가 폭발적으로 증가하여 1990년대에는 자존감이 여러 사회 문제의 만병통치약이라고 주장하는 수많은 연구 결과와 이에 근거한 사회 정책이 쏟아져 나왔다. 문제는 자존감 연구의 개입이 효과적이지 않았다는 점이다. 사람들은 여전히 외로웠고 성과가 부진했으며 다른 사람을 공격하면서 비참해졌다. 실제로 자존감을 강조하는 경향이 상황을 악화시켰다고 주장한 사람도 있다.

나르시시즘 분야에서 뛰어난 전문가 중 한 사람인 진 트웽이Jean Twenge는 1982년부터 2009년까지 나르시시즘적 성격 척도에 대한 모든 결과를 메타 분석으로 검토하는 연구를 이끌었다.[6] 미국 대학생들을 주요 응답자로 삼은 트웽이의 연구에서는 팽창된 자아감을 측정했는데, 시간이 흐르면서 눈에 띄게 이 수치가 증가하고 있다는 점을 발견했다. 즉 1980년대와 1990년대에 자존감에 대한 관심이 높아지면서 미국 대학생들의 자아감이 더 부풀려졌다는 것이다. 이 분석으로 트웽이와 (또 다른 나르시시즘 전문가) 키스 캠벨Keith Campbell은 미국이 나르시시즘 전염병의 중심에 있다고 주장하게 되었다.[7] 다른 연구에서는 전 세계에 걸쳐 서구의 개인주의 국가들 역시 동양보다 더 나르시시즘적 성향을 보인다는 결과가 나왔다. 일부에서는 연구를 비판하기도 했지만 데이터가 제시한 바는 뚜렷했다. 사람들은 과거 어느 세대보다 자신에게 몰두하고 있었다.

이와 같은 자기 과시self-aggrandizement 성향의 증가는 어떤 결과를 초래했을까? 연구에 따르면 다른 사람을 향한 공감 및 관심이 감소하는 동시에 관용과 평등에 대한 이념적 지지는 증가하는 것으로 나타났다.[8] 이제 사람들은 점점 더 자신에게만 초점을 맞추고 다른 사람의 관점을 받아들이려 하지 않는다. 이념적으로는 관용과 평등에 동의하면서 말이다. 수십 년 동안 과장된 자아에 초점을 맞춘 결과, 역효과가 발생했다는 점은 틀림없다. 이런 경향으로는 사회적 문제나 개인의 불안을 해소할 수 없다. 수많은 사람이 단절된 채 불안하고 혼란스럽다고 느낄 뿐이다. 관계에 마찰이 생기고, 갈등이 끊이지 않으며, 사람 사이의 균열이 그 어느 때보다 깊어져 좀처럼 메우지 못할 지경이다. 다른 해결책이 필요한 시점이다.

겸손은 잠재적 해결책

문화적으로 나르시시즘적 자기 과시에 열광하는 풍토가 성행하고 있지만, 나는 이런 풍토가 건강하거나 바람직하다고 생각하지 않는다. 많은 사람이 고독하고 불안하다고 느끼는 사회가 건강하다거나 번영할 것이라고 믿지 않기 때문이다. 우리가 고립과 무의미라는 인류의 오랜 문제를 해결하려 나선 첫 세대는 아니다. 고대에도 이와 같은 인간의 깊은 우려를 다룬 사례들이 있었다. 지금부터 그 사례를 살펴보며 지혜를 배워보겠다.

겸손은 우리의 삶과 사회 전반을 더 나은 쪽으로 바꿀 수 있다. 여러 위대한 사상가들은 겸손의 힘을 강조해왔다. 소크라테스는 "자만은 인간을 분열시키지만, 겸손은 인간을 결합한다."라고 말했다. 4세기 기독교 신학자 아우구스티누스는 이렇게 주장했다. "자만은 천사를 악마로 만든다. 겸손은 인간을 천사로 만든다." 테레사 수녀 역시 현명한 주장을 했다. "겸손하다면 그 어떤 칭찬이나 모욕에도 흔들리지 않는다. 자신이 어떤 사람인지 알기 때문이다." 알베르트 아인슈타인은 말했다. "진정한 천재는 자신이 아무것도 모른다는 사실을 인정한다." 그런가 하면 미국 시인 메리 올리버Mary Oliver는 이렇게 썼다. "겸손은 잎사귀로 만든 세상에 단비와 같다. 헛된 영광은 우리 인간에게 독이다." 이런 말들은 겸손의 가치를 이해하고 다른 이들에게 겸손을 실천하도록 권하는 수많은 사례 중 일부일 뿐이다.

이제 현대 과학이 고대의 지혜를 확인하는 지점에 이르렀다. 겸손은 강력한 변화의 힘이다. 지난 10년 동안 겸손에 대한 연구가 활발히 이루어졌다. 이제 심리학이 사적, 공적 영역에서 겸손의 강력한 역할에 대해 이야기할 때가 무르익었다. 과학적 관심과 노력은 꾸준히 증가하고 있으며, 데이터 역시 명확하고 설득력이 강하다. 겸손은 삶을 바꾼다. 건강한 관계에 도움이 되고, 직장에서도 필요한 능력이며, 성장과 변화를 모색하는 모든 사회의 중요한 일부이기도 하다.

겸손을 만병통치약으로 착각하는 위험을 막기 위해 여기서 잠시 멈추고 집단적 흥분(그리고 자아)을 억제하기로 하겠다. 자존감을 무차별적으로 권장하도록 설계된 시도가 효과를 거두지 못했듯, 겸손 역시 삶의 모든 문제를 해결할 수는 없다. 겸손에 관한 연구가 새롭고 유망한 동시에 미묘함과 맥락에 대한 이해가 필요하다는 점을 고려하면서 겸손하게 접근해보자. 어떤 사람은 삶의 한 영역(예를 들어 가족과 있을 때)에서는 겸손하지만, 다른 사람에게는(예를 들어 직장에서) 겸손하지 않을 수 있다. 같은 사람이 어느 날은 겸손했다가 다음 날에는 재수 없게 행동할 수도 있다. 겸손을 요구하며 다른 사람을 착취하거나 굴복시키려는 사람도 있다. 겸손하지 않은 것을 겸손하다고 착각할지도 모른다. 하지만 진정한 겸손은 우리를 자유롭게 한다. 변혁적이고 혁명적이다. 우리의 삶에서 갈고 닦을 만한 가치가 있다.

겸손이란 무엇인가?

연구진은 저마다 겸손에 대해 다양한 정의를 제시한다. 하지만 겸손에 세 가지 특성이 포함된다는 점에서는 비교적 의견이 일치한다. 그 세 가지란 정확한 자기 평가, 자아를 통제하는 능력, 다른 사람을 향한 관심이다.[9] 달리 말하면 겸손은 곧 자기 자신을 아는 것, 자신을 점검하는 것, 자신을 넘어서서 생각하는 것이다. 세 가지 특성을 하나씩 살펴보자.

겸손의 첫 번째 부분은 강점과 약점을 비롯하여 자기 자신을 정확히 파악하는 것이다. 다시 말해 자신을 잘 아는 것이다. 겸허한 사람은 스스로 무엇에 뛰어난지, 어떤 분야에서 성장과 개선을 위해 노력하면 도움이 될지 알고 있다. 거만한 사람은 약점을 받아들이는 데 소홀한 채 강점만 물고 늘어지며, 자기 비하가 심한 사람은 명백한 강점을 알아차리지 못한 채 약점만 파고든다. 반면 겸손한 사람은 한계를 아는 동시에 강점 또한 인정한다.[10] 겸손이란 자기 자신에서 출발해 세상을 정확히 파악하는 것이라고 볼 수 있다. 사람들은 대부분 겸손한 사람이 자신의 강점을 말하기는커녕 생각조차 하면 안 된다고 여기지만, 이는 사실이 아니다. 겸손한 사람은 기분 좋은 칭찬과 달갑지 않은 지적을 비롯하여 자신의 모습을 있는 그대로 받아들인다. 이는 곧 겸손에 상당 수준의 자기 인식이 필요하다는 뜻이다. 내 생각과 감정, 행동을 제대로 알지도 못하면서 자신을 평가하기는 어렵다. 무심하게 살아가다 보면 가벼운 이기심이 생길 수도 있다. 하지만 나에 대해서만 너무 깊이 생각하면 나르시시즘적 강박에 가까운 불건전한 자기 몰두에 빠지고 만다. 나에게 너무 몰두하지도 지나치게 반성하지도 않으면서 나를 파악하는 적절한 수준을 찾는 것이 겸손에 필요한 첫 번째 단계다.

겸손의 두 번째 부분은 자아 조절이다. 그러기 위해서는 반드시 자신을 점검해야 한다. 우리 모두에게는 이기적 성향이 있다. 존중, 칭찬, 영광을 원한다. 자존감을 향한 욕망은 뿌리가 깊다. 어떤 사람은 자존감이 인간의 가장 근본적인 동기 중 하나라고 주장한다.[11] 사실

칭찬을 받아들이고 비난을 무시하기는 쉽다. 하지만 겸손한 사람은 반대로 한다. 칭찬과 영광을 다른 사람과 나누며, 나의 성공에 많은 사람이 도움을 주었다는 사실을 인정한다. 적절한 경우에는 비난이나 비판을 기꺼이 받아들인다. 겸손에는 결과가 좋지 않은 결정에 책임지고, 책임을 회피하고 변명하려는 욕망을 거부하며, 잘못이 있으면 시인하는 일이 포함된다. 마지막으로 자아를 조절할 때는 자신의 아이디어나 성과를 어떻게 드러내는지도 중요해진다. 겸손한 사람은 자신의 성과 덕분에 특별한 관심을 받아야 한다거나 더 중요한 사람이 된다고 생각하지 않는다.[12] 겸손이란 나의 강점과 내가 잘하는 일을 파악하는 것임을 기억하라. 하지만 겸손한 사람은 다른 사람이 이 사실을 잘 알고 있는지 확인하느라 시간을 낭비하지 않는다. 그 대신 정직하고 겸허해지려 노력한다.

겸손의 세 번째 부분은 다른 사람을 향해 관심을 기울이거나 자신을 넘어서서 생각하는 것이다. 겸손한 사람은 다른 사람들을 생각하고 그들의 욕구에 신경 쓴다. 자신에게만 초점을 맞추기보다 주변 사람에게 공감할 줄 안다. 이는 시야를 더 넓은 관점으로 전환한다. 의사 결정을 내릴 때 고려하는 대상을 더 넓히고, 더 이상 자신이 중심에 있지 않도록 세상을 재구성하는 초월적인 움직임이다. 이처럼 심오한 변화는 겸손의 가장 뛰어난 사회적 기능일 것이다. 또한 우리가 겸손한 사람을 그토록 좋아하는 이유이기도 하다. 겸손한 사람은 기꺼이 우리와 우리의 욕구에 신경 쓴다. 누군들 그런 사람과 가까워지고 싶지 않겠는가?

겸손한 성격의 세 가지 특성에서 균형을 잡기 위해서는 내게 '딱 맞는 크기right size'의 겸손을 알아야 한다. 겸손한 사람은 자신의 자아 개념 및 행동을 더욱 정확하게 현실에 연결한다. 강점과 약점을 알며, 다른 사람 앞에서 으스대거나 주눅 들지 않는다. '딱 맞는 크기'를 갖추려면 자신의 가치가 변덕스러운 외부 기준이나 애매한 인정 혹은 칭찬에서 비롯되지 않는다는 사실을 이해하는 안정감이 있어야 한다. 안정감은 지금 이대로도 충분하다는 감각에서 온다. 자신에게 가치와 의미가 있음을 알고 자신감이 생기면, 외부에서 가치를 확인받기 위해 지나치게 건방지거나 나르시시즘적 행위로 과시하려는 무모하고 헛된 욕망에서 자유로워진다. 겸손은 나약함이 아니라 강인함의 지표다.

겸손은 어떤 형태를 취할까?

실생활에서 겸손이 어떤 형태를 취하는지 살펴보는 것도 겸손을 정확히 파악하는 데 도움이 된다. 학자들은 얼마나 많은 유형의 겸손이 존재하고, 그 기본적인 차원은 무엇인지에 대해 논쟁을 벌여왔다(겸손에 대한 자신의 시각을 옹호하기 위해 논쟁하는 연구진의 모순을 나도 잘 안다). 내가 보기에 겸손에 관한 연구는 사람, 생각, 삶의 방식, 삶의 궁극적 질문이라는 네 가지 주요 영역에 초점을 맞추고 있다. 겸손과 관련된 네 가지 유형(관계적·지적·문화적·실존적)에는 각기 다른 개인적

겸손의 유형	초점	경험	표현
관계적 겸손	사람	관계	타인 지향과 자아 점검
지적 겸손	생각	주변의 생각	새로운 통찰력에 열려 있으며 배움을 추구
문화적 겸손	삶의 방식	문화적 소통	다른 사람에게 배우며 자신의 문화가 우월하다고 생각하지 않음
실존적 겸손 (우주적·영적)	삶의 궁극적 질문	자연, 우주, 신 앞에서 작게 느껴지는 감정	나보다 큰 존재에 감사

[표 1]

경험과 행동상의 표현이 따른다. 이는 [표 1]과 같이 정리할 수 있다.

관계적 겸손은 다른 사람과의 상호작용에서 나타난다. 관계적 겸손을 갖춘 사람은 피드백을 잘 받아들이고, 다른 사람을 생각하며, 다른 이들의 강점과 약점을 잘 파악한다. 또한 친절하고 다정다감하기에 우리 모두 좋아하는 유형의 친구이자 동료, 배우자이기도 하다.

지적 겸손은 핵심적 가치와 신념에 관해 이야기할 때나, 새로운 통찰을 열린 마음으로 접하며 다른 사람에게 열렬히 배우려는 모습에서 드러난다. 지적으로 겸손한 사람은 틀렸을 때 솔직히 인정하며 자신의 한계를 받아들인다. 호기심이 많고, 이념에 대한 증거를 모색하기를 즐기며, 자신의 견해를 옹호하기보다 주변 세상에서 배우려 한다.

문화적 겸손은 대립적인 양상의 문화적 관점을 탐색하는 것과 관련 있다. 문화적으로 겸손한 사람은 모든 사람에게 세상을 보는 저마다의 방식이 있음을 인정하고, 다른 사람의 관점을 적극적으로 배우려 한다. 이들은 자신의 문화적 관점이 더 우월하다고 생각하지 않는다. 시간을 들여 다른 사람의 관점을 배우고, 모든 사람에게 공정한 기회가 마련될 수 있도록 부단히 애쓴다. 또한 타고난 호기심과 포용력을 지니고 있다.

실존적 겸손은 사람들이 삶에 대한 궁극적인 질문에 대답하는 방식과 관련이 있다. 죽으면 어떻게 될까? 삶의 의미는 무엇일까? 나의 목적은 무엇일까? 자연의 힘, 우주, 우주의 질서를 생각하거나 초월적 대상을 떠올릴 때 실존적 겸손을 느낄 수 있다. 이 유형의 겸손은 자신보다 큰 존재를 향한 감사로 표현된다. 실존적으로 겸손한 사람은 더 큰 질문으로 고민하고, 인간 존재에 대한 깊고 무거운 질문을 탐구하고 싶어 한다. 이들은 자신의 유한성을 인정하고 세상 속 자기 자리를 평화롭게 받아들인다.

또한 겸손의 더 작은 부분을 연구하여 자신의 흔적을 남기려 노력한 학자들도 있다. 그 밖에 '겸손의 변종'도 있을 것이다. 예를 들어 '종교적 겸손'이 존재한다고 주장하는 사람도 있다. 한 사람의 종교적 신념에 관련된 겸손일 것이다. 하지만 이 겸손은 지적, 문화적, 실존적 겸손을 결합한 데 불과할 확률이 높다. 누군가는 '정치적 겸손'이 있다고 주장한다. 정치적 이데올로기 및 표현과 관련된 겸손한 접근법일 것이나, 이 또한 지적 겸손과 문화적 겸손에 가깝다. 사람, 생각, 삶의 방식, 삶의 궁극적 질문이라는 차원에 대해 생각해보면 겸손과 관련된 수많은 교차 지점을 떠올릴 수 있겠지만, 주로 이 네 가지 핵심 요소로 함축되는 경우가 대부분이다.

겸손의 정도는 여러 영역에서 사람마다 다를 수 있다. 예를 들어 그랜드 캐니언을 바라보며 그 아름다움에 감사하는 실존적 겸손을 보여주는 사람이 있다고 가정하자. 같은 사람이 신에 대한 생각이나 우주에서의 자기 위치에 대해서는 지나친 확신과 신념을 표현하며 지적인 오만함을 드러낼 수도 있다. 마찬가지로 자신에게 중요한 상대의 욕구를 깊이 신경 쓰며 관계적으로 겸손한 배우자가 문화적 관점에서는 완고한 경향을 보이며 다른 문화권에서 제안하는 삶의 방식을 배척할 수도 있다. 직장에서는 겸손한 사람이 집에서는 거만할 수도 있다. 따라서 겸손은 흑백의 문제가 아니다. 정도의 차이가 있고, 영역과 표현에 따라서도 달라질 수 있다. 이런 점을 이해하면 더 집중적으로 겸손을 키울 영역을 파악하는 데 도움이 된다. 진정으로 겸손한 사람은 시간과 노력을 기울여 모든 방면의 겸손을 배양하려 한다.

겸손은 어떤 상황에서 필요한가?

겸손을 키우기란 고된 일처럼 보인다. 진정으로 자신을 깊이 알고, 끊임없이 자아를 점검하며, 부단히 다른 사람을 배려하는 사람이 과연 있을 수 있을까? 아마 더 중요한 문제는 '겸손해져서 좋을 게 뭐가 있나?' 하는 의문일 것이다. 당신은 이렇게 생각할지 모른다. '그래, 다

맞는 말이긴 해. 그런데 현실에서는 그런 게 통하지 않아.'

이미 겸손의 장점을 설득하기가 어렵다고 언급한 바 있다. 집단보다 개인을 우선시하는 수많은 개인주의 문화권에서는 자신을 드러내는 것을 무척 중요시한다. 종종 문화적 표준이 너무도 강력해서 마치 나르시시즘과 자기 집착으로 향하는 도로에 서 있는 것 같은 느낌마저 든다. '착한 사람이 꼴찌가 된다.' 같은 표현은 권력, 지배, 자기중심주의를 삶에서 승리하기 위한 수단으로 간주한다. 우리는 은연중에 (또는 명시적으로) 서로에게 좋은 삶이란 자기부터 생각하는 데서 비롯된다고 가르친다. 먼저 자기 것부터 챙겨야 한다는 것이다.

그래서 어떻게 되었는가? 수많은 사람이 훨씬 더 고통스러워졌다. 지난 10년간 50세 이하 사람들의 불안감이 크게 치솟았다.[13] 미국의 성인 중 4000만 명 이상이 불안에 시달리고 있으며, 이는 6명 중 1명이 넘는 비율이다. 또한 13세에서 18세까지의 청소년 중 25퍼센트 이상이 불안에 시달리는 것으로 보고되었다.[14] 미국인들이 외롭고 우울하며 정신적으로 불안하다는 사실은 여러 연구를 통해 지속적으로 보고되고 있다.[15] 정신 질환을 겪는 사람의 수가 무섭도록 치솟고 있다. 자살하는 사람의 수도 늘고 있다. 미국인들의 정신 건강 상태가 전반적으로 악화된 실정이다.[16] 전 세계적으로도 4명 중 1명이 살아오면서 정신 건강 관련 질환을 겪은 적이 있다고 밝혔다. 수많은 사람이 우울증에 걸려 인생에서 가장 중요한 시기를 놓치고, 안타깝게도 매년 100만 명 이상이 자살한다.[17] 우리는 생각이 다른 사람과 건강하게 소통하는 능력을 잃었다. 가족 역시 분열되고 있다. 인간관계가 해체되고 있다. 사람들은 불행하다. 자신에게 집착하는 경향이 이런 역효과를 부추기는 것처럼 보인다.

　나르시시즘과 자기 집착이 성행하며 불행해지는 문화 속에서 겸손이 우리에게 대안적 가치를 제공할 수 있다. 겸손은 나만 중요시하는 태도에서 벗어나 자신의 한계와 단점을 인정하게 하고 부단히 자신의 상태를 점검하게 한다. 물론 겸손이 모든 사회악을 해결할 처방은 아니다. 하지만 연구 결과를 통해 겸손해지면 인간관계가 좋아지고, 작업 능력과 생산성이 향상되며, 평소에 다투기 일쑤던 집단이 화합할 수 있다는 사실이 입증되었다. 또한 겸손은 우리와 무척 달라 보이는 이들을 비롯해 다른 사람들을 향한 개방적 태도와 호기심, 진정 어린 존경심을 키우게 한다. 겸손은 사회적 변화와 혁신, 새로운 발견을 촉진한다. 사회 전반에 깊숙이 뿌리내린 반목에도 불구하고 화합을 도모하기 위해서는 겸손이 필요하다.

미신에서 벗어나기

2019년 가을 나는 〈뉴욕타임스〉의 칼럼 담당자로부터 이메일을 받았다. 그는 내가 최근에 발표한 논문을 읽었으며 겸손의 중요성에 대한 글을 신문에 싣고 싶다고 말했다. 나는 기분이 무척 좋았고 들뜨기도 했다. 마침내 내가 10년 넘게 연구해온 겸손이 그에 걸맞은 대접을 받게 된 것이다. 내 연구가 언론의 주목을 받았다는 사실보다 겸손이 시기적절하고 강력한 주제가 되었다는 사실에 더 기뻤다. 수많은 경험적 연구에서 겸손의 장점을 알게 된 후라 사람들도 나처럼 그 장점을 깨닫게 되길 바랐다.

하지만 나의 즉각적인(다행히 입 밖으로 꺼내지 않은) 반응은 '왜 하필 나일까?'였다.

나는 마음속으로 겸손이라는 주제에 관해 글을 쓸 자격이 있다고 생각되는 나보다 훨씬 뛰어난 사람들의 목록을 훑어보았다. 나는 아직 배워야 할 점이 많았고, 나보다 겸손에 대해 훨씬 잘 아는 사람도 무척 많았다. 그런데 이때 엉뚱한 생각이 내 머리를 스쳤다. 겸손에 대해 수십 년간 전문적으로 연구해온 학자들은 섣불리 주목을 받으려 하기보다 다른 사람에게 자리를 양보할 가능성이 컸다. 결국 내가 적임자라는 사실을 깨달았다. 나는 내가 참여하고 있는 연구를 공유할 입지를 마련하기 위해 열심히 노력했다. 겸손을 실천하기가 얼마나 어려운지도 알고 있었다. 오랫동안 겸손이라는 주제를 연구했지만, 아직도 과도하거나 부족한 겸손으로 실수를 저지르곤 한다.

나는 겸손에 대한 진실을 알리는 데 도움이 되고자 이 책을 썼다. 수많은 문화적(특히 그리스 쪽) 미신이 널리 퍼져 있지만, 겸손은 나약함과는 아무 상관이 없다. 이 책을 읽어보면 진정한 겸손은 안정감에서 비롯된다는 사실을 알게 될 것이다. 겸손해지기 위해서는 안정감, 자신감, 현실적 세계관이 필요하다는 것도 알게 될 것이다. 겸손의 미덕을 실천하기 위해서는 평범하게 이기적으로 살아가는 것보다 더 많은 노력과 정성이 필요하다. 겸손해지려면 용기도 있어야 한다. 가치와 중요성에 대한 기준을 외부의 우연한 사건에서 더욱 확고하고 지속적인 무언가로 바꾸어야 하기 때문이다.

나는 사람들에게서 겸손이 자신을 보잘것없다고 생각하는 것이라는 이야기를 자주 들었다. 하지만 이 역시 잘못된 생각이다. 겸손은 자신을 너무 크지도 작지도 않게, 딱 적당한 크기로 보는 것이다. 겸손으로 가는 길 한쪽 구덩이로 가면 거만해지고, 다른 쪽 구덩이로 가면 비겁해지는 것이다. 진정으로 겸손한 사람은 다른 사람을 아끼고 존중하는 만큼 자신도 존중한다는 점을 명심해야 한다. 스스로 가치 있게 태어난 사람이라 믿는 것이다.

사람들이 겸손의 의미를 오해하여 현대 문화에서 겸손이 실질적 가치가 없는 낡은 개념이라고 생각할까 봐 우려된다. 많은 사람이 겸손의 가치를 깨닫지 못하고 실생활에 적용되지 않는다고 생각한다. 하지만 우리에게는 그 어느 때보다 겸손의 미덕이 절실하다. 우리는 그 어느 시기보다 불안에 시달리고 외로우며 고통스럽기 짝이 없다. 다른 사람과 잘 어울리지 못한다. 맹목적으로 더 많이 갖기를 추구하는 태도는 우리를 더 공허하고 불행하게 만든다. 가치를 둘러싼 시스템 전체가 자기 홍보와 겉보기에만 효과적인 나르시시즘을 중심으로 형성되고 있다. 하지만 이런 시스템은 우리에게 전혀 도움이 되지 않는다. 이제 다른 무언가가 필요하다.

그러니 이제 겸손에 대한 오해를 떨치자. 겸손은 신이 주는 형벌도 아니고 수치와 굴욕의 표현도 아니며 약한 사람이라는 뜻도 아니다. 자신과 주변 사람 그리고 세상에 당당하게 다가가는 길이다. 겸손은 우리의 삶을 더 나은 쪽으로 이끈다.

— 1부 —

겸손의 장점

humble

1장 *Awareness and Acceptance*

알아차림과
받아들임

겸손해지면 우리 자신을 알아차리고, 자신과 세상을 있는 그대로 볼 수 있다. 학자들은 현실을 알아차리고 있는 그대로 받아들이는 것이 정신 건강과 심리적 안녕감well-being을 지키는 데 핵심 역할을 한다고 오랫동안 주장해왔다.[1] 알아차림과 받아들임은 마음챙김mindfulness 에서도 중요한 역할을 하는 것으로 알려져 있다. 마음챙김이란 우리 자신과 주변의 환경을 아무 편견 없이 알아차리는 행위를 말한다.[2] 자신과 주변 환경을 있는 그대로 볼 수 있게 되면 더 많은 정보와 지혜를 바탕으로 판단할 수 있다. 그러면 더 의미 있고 풍요로운 삶을 창조할 수 있다. 간단히 말해 겸손해지면 현실을 충실히 살게 되며 여러 가지 놀라운 성과를 거둘 수 있다.

물론 현실을 받아들이기 힘들 때도 있다. 2020년 9월 배우이자 팟 캐스트 진행자인 댁스 셰퍼드Dax Shepard는 절대 밝히고 싶지 않았던 충격적인 사실을 고백했다. 그는 다시 술에 손을 댔다. 몇 달 동안 사랑하는 사람들과 청취자들에게 이 사실을 숨기다가 마침내 털어놓기로 결심했다고 한다. 16년에 걸친 금주 끝에, 그는 진통제에 중독되었고 다시 술을 마셨다고 밝혔다. 해당 에피소드를 녹음할 당시 7일간 금주를 이어왔다는 점도 언급했다. 당시 댁스는 솔직하고 친근한 '이웃집 전문가Armchair Expert'로 팟캐스트 제국을 건설했고, 자신의 취약성과 진정성에 공감하는 청취자 커뮤니티도 형성하고 있었다. 그가 굳이 알코올 중독이 재발했다는 사실을 공개한 이유도 진정성을 향한 열망 때문이었다.

솔직하게 털어놓음으로써 그가 어떤 위험에 처할 수 있는지 생각해 보자. 2019년 〈포브스〉는 댁스를 네 번째로 많은 수익을 거둔 팟캐스트 진행자로 꼽았다. 그해 댁스는 900만 달러(약 116억 원) 이상의 수익을 올렸으며, 그의 팟캐스트 월간 청취자 수는 총 2000만 명이었다. 댁스의 정체성 중 하나는 금주였으며, 그는 금주가 어렵다고 생각하는 많은 사람들에게 영감을 주었다. 어떤 사람들은 그가 다시 술을 마셨다는 사실에 배신감을 느꼈다. 그의 고백을 두고 솔직함을 내세워 신성한 연대를 모독했다고 여기는 이들도 있다. 술의 유혹에 다시 넘어간 것 자체를 용서할 수 없는 죄악으로 보는 사람도 있었다. 따라서 그의 고백은 경력이나 재정 면에서 엄청난 손실을 가져올 수 있었다.

하지만 댁스는 문제가 있다는 사실을 인정하고 현실을 받아들이는 겸손함을 보여주었다. 그도 인정하고 싶지 않았을 것이다. 숨기는 편이 낫지 않았을까 하고 생각하는 사람도 있을 것이다. 하지만 고통스러운 현실을 받아들이지 못하고 외면하면 대가를 치러야 하는 법이다. 댁스가 팟캐스트 에피소드에서도 이야기했듯이 그는 개인적 안녕감을 유지하기 어려웠을 뿐 아니라, 인간관계도 껄끄러워졌고, 더 이상 자신의 기만을 참을 수 없게 되었다. 물론 솔직하게 자신의 문제를 털어놓으려면 상당한 용기가 필요하고, 상처와 비난받을 위험도 감수해야 한다. 냉정한 자기 인식과 통찰력도 필요하며, 그 과정에 오랜 시간이 걸린다. 그렇지만 댁스는 자신의 안녕감을 되찾으려면 솔직해져야 한다는 사실을 알았다. 또한 솔직해지면 다른 사람들이 그가 맑은 정신을 유지하도록 도와줄 뿐 아니라 그 역시 자신이 한 말을 지키기 위해 노력할 것임을 알고 있었다. 실제로 사람들은 댁스를 보면서 마음을 졸였고 그를 응원했다. 그리고 이런 질문을 던지게 되었다. 우리는 과연 댁스만큼 솔직하고 겸손하게 자신의 잘못을 인정하고 한계를 있는 그대로 말할 수 있을까? 그렇게 해서 개인적으로나 사람들과의 관계에서나 더 큰 발전을 이룰 수 있을까?

겸손함으로 나아가는 길은 나를 있는 그대로 알아차리고, 나와 세상을 정직하게 파악하는 데서 출발한다. 그러기 위해서는 우선 자신의 편견을 깨닫고 약한 부분을 인정하는 동시에 나의 장점을 긍정해야 한다. 또한 나의 특권을 확인하고 한계를 받아들이며 어떤 점에서 성장이 필요한지 인지해야 한다. 정직은 자신의 내면에서 비롯된다. 나를 정직하게 볼 수 있게 되면 세상을 내가 원하는 대로가 아니라 있는 그대로 보는 방법을 깨닫게 된다. 우리의 인지적 성향과 취약한 부분을 뚜렷이 파악하면 새로운 의욕을 얻을 수 있다. 이는 우리가 방어적인 태도를 버리고 개방적이며 솔직해지도록 이끈다. 우리와 현실의 관계, 다른 사람과의 관계를 개선하여 전반적인 안녕감을 높이는 데 도움이 된다.

겸손과 건강

안녕감 가설에 따르면 겸손은 정신 건강뿐 아니라 신체 건강에도 좋다. 실제로 겸손을 갖춘 사람은 감정 생활과 신체 건강을 비롯한 삶의 여러 영역에서 더 나은 역량을 보인다는 연구 결과가 있다. 미국 노년층을 대상으로 한 연구 결과에 따르면 겸손한 사람이 그렇지 않은 사람보다 전반적으로 더 건강했다.[3] 나와 동료들은 부부처럼 긴밀한 관계에서도 겸손한 사람이 더 건강하다는 이론이 적용되는지 조사해보았다.[4] 조사에서는 처음 부모가 되어 계속 충돌하며 스트레스를 받는 부부를 대상으로 삼았다. 조사 결과 부부 둘 다 겸손한 경우, 둘 중 한 명이나 둘 다 거만한 경우에 비해 아기가 태어나고 첫 몇 달간 스트레스와 우울증에 덜 시달린다는 사실을 발견했다. 갈등이 생겨 다투는 부부를 조사했을 때도 유사한 결과가 나왔다. 겸손한 부부가 거만한 부부에 비해 서로 더 만족할 뿐 아니라 혈압 같은 생리적 반응이 더 양호하고 덜 민감했다. 이로써 연구진은 겸손이 정서 및 신체 건강에 긍정적 영향을 미친다는 결론을 내렸다.[5] 그런데 겸손이 어떻게 더 건강하고 행복한 삶의 원동력이 될까?

겸손의 첫 번째 요소가 나를 정확히 평가하여 잘 아는 것임을 상기해보자. 겸손한 사람은 자신의 강점과 약점을 알고, 잘하는 일과 못하는 일 모두에 성장의 여지가 있다는 것도 안다. 그리고 틀렸을 때는 그 사실을 인정할 수 있다. 이런 태도에는 두 가지 핵심 요소가 필요하다. 먼저 진정으로 나 자신을 알기 위해서는 자의식을 키워야 한다. 자의식이 발달한 사람은 자신에 대해 더 많이 배우고 자신이 한 일의 이유를 이해하려 한다. 또 내가 누구인지 현실적으로 파악하고 약점과 강점을 이해하려 애쓴다. 자신의 동기와 행위를 점검하여 일정한 패턴을 찾아내려 하며, 생각과 감정을 살피고 몸에도 관심을 기울인다. 즉 나를 더 잘 이해하려는 욕구에 힘입어 효율적으로 자신을 돌아볼 줄 안다. 다음으로 겸손한 사람은 주변 세상도 잘 알아차린다. 세상이 이런 식이어야 한다는 고정관념을 따라가지 않고 객관적으로 세상을 보려 한다. 그래서 경험적 증거와 데이터를 기반으로 판단한다. 현실에 불안한 점이 있더라도 상상보다 현실이 더 중요하다고 여기기 때문이다. 겸손한 이들은 사람 그리고 세상과 진실한 관계를 맺으려 하기에 불만족스럽더라도 진실을 추구한다.

나를 잘 알기 위한 두 번째 핵심 요소는 받아들임이다. 있는 그대로의 나, 나의 강점과 한계, 패턴과 동기, 성장 영역을 알아차리면 자신을 받아들일 수 있다. 진정한 받아들임은 나를 온전하고 솔직하게 알아차리고 나서야 온다. 이는 심리적 안정감을 조성하여 삶의 전반적인 안녕감을 높인다.

우리는 대부분 자기 가치를 평가하기 위해 외부 정보에 의지한다. 돈을 충분히 벌거나, 친구를 많이 사귀거나, 칭찬을 받아야 충분한 존재가 된다고 생각한다. 하지만 이렇게 자기 가치를 외부 정보에서 구하면 피곤하고 만족스럽지도 않다. 다른 사람에게 가치를 확인받으려는 욕망에 빠져 거짓으로 행동하고 기분만 상한다. 다른 사람의 인정이나 아름다움, 부, 성과에 대한 기준에서 자아감을 찾는다니 얼마나 성가신 일인가! 심지어 이 기준은 시도 때도 없이 바뀐다. 하지만 확고한 자의식을 개발하여 겸손을 갈고 닦은 사람은 이런 함정을 피할 수 있다. 내가 누구인지에 집중해서 어두운 면을 비롯해 내 모습을 있는 그대로 받아들일 수 있게 된다. 부정적 면과 긍정적 면이 두루 있는 진정한 내 모습을 깨달으면 받아들임으로 나아갈 수 있다. 다른 사람의 일부와 나의 전부를 비교하면 혼란이 생기게 마련이다. 충분한 시간과 노력을 들여 기량과 기술을 갖춘 전문 운동선수와 내 운동 실력을 비교한다면 내가 뒤처진다는 느낌을 받을 수밖에 없다. 우리가 직장에 다니며 일하는 동안 운동선수는 자신의 직업인 운동에 필요한 기술을 기를 텐데 당연히 그렇지 않겠는가. 감당하기 벅찬 사회적 비교의 함정에 갇혀 있다면 휴가를 가도 소셜 미디어에서 잘나가는 유명인의 휴가와 비교하며 초라함을 느낀다. 음식도 덜 맛있고 삶전체가 밋밋해진다. 반면 나를 있는 그대로 받아들이면 안정감이 생긴다. 이는 정신 건강에 무척 중요하다.

겸손하면 외부에서 인정받으려는 습관에 맞설 수 있다. 겸손하게 내가 누군지 알아가고 나를 있는 그대로 받아들이면, 불안이 잦아들고 후회하는 버릇도 줄며 방어적인 태도에서 벗어날 수 있다. 있는 그대로의 내 모습으로 편안한 사람은 자신의 가치를 증명하기 위해 무리하지 않는다. 나는 중요한 사람이고 사랑받을 자격과 본연의 가치가 있다는 것을 알기 때문이다. 나는 나로서 충분하다.

있는 그대로 받아들이는 것은 변화를 멈춰도 된다는 것을 의미하지 않으며, 인생을 모두 파악했다는 의미도 아니다. 대신 자신의 한계를 인정하고 성장할 영역을 깨닫는 것을 요구한다. 모를 때는 배워야 하고, 두려울 때는 용기를 내야 하고, 의심이 생길 때는 믿어야 한다는 사실도 알게 된다. 겸손은 근거 없는 자신감도, 집착에 가까운 확신도 아니다. 나를 있는 그대로 받아들이고, 내가 가치 있고 의미 있는 사람이라고 믿는 것이다. 사랑받거나 인정받기 위해 애쓸 필요가 없다. 나는 그저 나로서 충분하다. 이런 사실을 알면 해방감이 들면서 차차 삶이 바뀔 것이다.

알아차림과 받아들임은 왜 그리 실천이 어려운가?

편견 없이 현실을 마주하거나 온전히 객관적으로 자신을 바라보는 사람은 드물다. 우리는 깊이 뿌리내린 선입견을 뒷받침하는 방식으로 자신과 세상을 인지한다. 알아차림과 받아들임에는 두 가지 큰 적이 있다. 수치심과 턱없이 높은 자존감을 향한 욕망이다. 수치심은 번번이 우리가 자신과 주변 세상을 솔직히 보지 못하게 막는다. 원치 않거나 잘못된 행동을 했을 때 나를 부정적으로 평가하는 감정이기도 하다.[6] 자주 수치심을 느끼는 사람은 어떤 잘못을 했을 때 잘못된 행위에 문제가 있는 것이 아니라 나라는 사람 자체에 문제가 있다고 생각한다. 간단히 말해 수치심은 어떤 기준을 충족하지 못해 스스로 가치 없다고 느낄 때 드는 감정이다. 이런 기준은 얼마든지 상상할 수 있지만, 그 기준에 도달하기란 불가능하다. 예를 들면 아주 매력적이고, 운동 신경이 대단히 뛰어나며, 엄청난 부자에 지식이 풍부하고, 한 번도 사회적·지적·도덕적으로 실수하지 않는 사람이 되겠다는 기준을 세우는 것이다. 수치심은 스스로 꼭 달성하거나 뛰어넘어야 한다고 생각하는 이상을 충족하지 못했을 때 생긴다. 성과를 기반으로 자기 가치를 만드는 내면화된 완벽주의에서 발생하기도 한다. 우리는 어떤 기준을 충족해야만 다른 사람들이 날 사랑해준다고 생각한다. 그래서 결점이나 비판을 받아들이려 하지 않는다. 사랑스럽지 않거나, 쓸모없는 존재가 될까 봐 두렵다. 성장이 필요한 영역이 있다는 사실도 모른 척한다. 그런 영역을 내가 기준에 못 미치는 증거로 보기 때문이다. 일할 때 문제가 생기면 자신을 탓하고 수치심에 사로잡힌다. 그래서 어떤 일이든 잘못될 수 있다는 사실을 아예 인정하려 하지 않는다. 일종의 보호 기제로서 긍정적 편견positive bias을 선택하는지도 모른다.

수치심은 불안에서 비롯되며 우리가 현실을 왜곡하거나 방어적인 태도를 취하게 한다. 한편으로는 수치심 때문에 이상에 부응하지 못해 생기는 부정적 감정을 피하고자 자신이나 현실에 대한 관점을 왜곡하기도 한다. 그리고 자신을 부정적으로 보는 시선을 거부하기도 하는데, 나를 부정적으로 본다는 것을 수치스러운 일로 여기기 때문이다. 하지만 수치심이 "기대에 미치지 못할 때" 반드시 느껴야 하는 감정은 아니다. 사실 그런 기준이 비합리적이며 우리가 있는 그대로 충분하다는 사실을 깨닫기란 그리 어렵지 않다. 수치심을 느낄 때는 자신도 모르게 변명하고 행동을 정당화하려 하거나 불안에서 비롯된 반응을 합리화하려 애쓴다. 수치심이 들면 부정적 감정에 사로잡힌다. 그래서 다른 사람을 비난하게 되고, 내가 원하는 방식에 맞지 않을 때는 자신이나 세상에 대한 정보에 방어적 자세를 취하게 된다. 수치심이 들 때는 그 어떤 부정적 피드백도 마다한다. 이런 피드백을 내가 사랑스럽지 않고 가치 없다는 뜻으로 받아들이기 때문이다. 그럴 만한 일이 아닌데 기분이 상하거나 두려움과 분노를 터트릴 수도 있다. 나의 관점이 부정확하다는 암시에 저항하며 왜곡된 관점을 보호하려 할 수도 있다. 그러면 잠시나마 수치심을 가라앉힐 수 있기 때문이다. 우리는 은밀하게 숨긴 나만의 두려움을 아무도 모르길 바란다. 누가 '진짜 나'를 안다면 그 사람은 나를 사랑하지 않을 것이라는 두려움 말이다.

알아차림을 방해하는 두 번째 장애물은 자기 고양self-enhancement과 높은 자존감을 향한 욕구다.[7] 일부 연구에서는 이러한 욕구가 일본과 같은 집단주의 문화권에서도 미국과 영국 같은 개인주의 문화권에서만큼 강력한지에 대해 의문을 제기하고 있다.[8] 하지만 대부분의 연구진은 우리가 자신을 최대한 좋은 쪽으로 보고 싶어 한다는 데 동의하고 있다. 이 욕구가 확실하다는 사실을 입증하는 한 가지 방법은 교묘한 인지 편향cognitive bias을 활용하는 것이다. 사람들의 생각은 자신에 대한 긍정적인 시각을 보호하도록 설계되어 있다. 수십 년간의 연구를 통해 인간의 기본 작동 모드는 자아에 유리한 방향으로 치우쳐 있다는 결과가 도출되었으며, 그래서 겸손을 개발하는 것은 힘겨운 도전이 될 수 있다.

이러한 욕망은 나를 보는 방식을 왜곡시킨다. 우리에게는 자신을 긍정적으로 보려는 욕구가 있다. 높은 자존감은 여러 면에서 무척 유용하기 때문이다. 예를 들어 나에 대한 긍정적 시각은 의미 있는 인생의 주요한 특성이다.[9] 내가 중요하고 가치 있는 존재라고 느끼면 인생이 더 풍요롭게 느껴진다. 사람들의 기억에 남을 만한 유의미한 차이를 만든다고 느낄 때 상징적 불멸성symbolic immortality이 확보되며, 이는 죽음을 향한 불안을 가라앉히는 데 도움이 된다. 상징적 불멸성은 내가 죽은 후에도 나의 유산과 성과 덕분에 다른 사람의 기억 속에서 계속 살아남는다는 믿음이다.[10] 나에 대한 긍정적 감각은 실존적 자원이라 할 수 있다.

우리의 동기는 세상을 인지하는 방식에 영향을 끼친다. 실제로 자기 고양은 역경과 스트레스에 대처하는 기본 반응으로 마련되어 있다. 사람들은 삶이 나아질 거라는 믿음, 역경이 닥치기 전보다 나아질 거라는 믿음, 고통을 극복할 수 있을 거라는 믿음에 집착한다.[11] 이러한 믿음은 역경에 대처하는 데 도움이 되지만, 동시에 긍정적 환상

positive illusion이라고도 불린다. 긍정적 환상에는 객관적 사실로 뒷받침할 수 없더라도 유난히 긍정적 시각으로 정보를 해석하는 일이 수반된다. 하지만 이런 전략에는 장단점이 있다. 장점은 달성하기 어려운 목표를 향해 나아가게 한다는 것이다. 특히 상당한 노력이 필요한 분야에서 꾸준히 버티면 성공할 수 있다고 믿는 사람에게 유용하다. 하지만 자신에 대한 긍정적 시각을 지키기 위해 경고 신호를 무시하거나 현실을 부인하게 된다는 단점도 있다. 긍정적 환상에서 자유로운 사람을 우울한 현실주의자depressive realist라고 한다. 이들은 긍정적 감정에 빠지고 싶은 욕구를 물리치고 세상을 더 정확히 보며 자기 고양을 도모한다.

긍정적 환상과 인지 편향에 사로잡히면 기분이 아주 좋다. 증거가 부족하다 해도 나를 보는 시각을 대체로 긍정적인 상태로 유지할 수 있다. 하지만 모든 사람이 높은 자존감을 갖고 있는 것은 아니다. 낮은 자존감이나 치료가 필요한 수준의 우울증으로 고통을 겪는 사람도 있다. 이 역시 간과할 수 없는 문제다. 우울증에 걸리면 정신이 자꾸 몽롱해진다. 안개 속에 있는 것 같고, 변하고 싶다는 의욕도, 삶이 애써 노력할 만한 가치가 있다는 확신도 사라진다. 심각한 우울증은 자해 행위로 치닫기도 한다. 일상생활에 지장을 줄 정도로 낮은 자존감을 옹호하거나, 우울증을 권할 생각은 추호도 없다. 다만 겸손이 중간 지점에 있다는 사실을 강조하고 싶다. 겸손의 한쪽 끝에는 거만한 자기 과시가 있고, 다른 끝에는 절망적인 자기 비하가 있다.

겸손은 어떻게 해서든 높은 자존감을 유지하려는 태도와 수치심이 뒤섞인 자기혐오 사이에 있는 중간 지점이다. 현실을 직시하지 않고 나에 대한 긍정적 시각만 내세우거나, 비현실적으로 높은 기준을 충족하지 못해 두려움과 수치심에 시달리면 곤경에 처한다. 두 가지 방식 모두 우리가 틀렸을 때 인정하지 않게 한다. 자존감이 너무 높거나 자기혐오가 심하면 믿을 만한 정보를 통한 피드백을 받아들이지 못하고, 분명 도움이 되는 상황에서도 변하려 하지 않는다. 다른 사람의 시각과 경험에서 배울 수도 없다. 부정적 피드백은 근본적으로 두려운 일이다. 그렇다고 이를 거부하면 사람들과 세상으로부터 단절되어 삶을 혼란에 빠뜨리고, 비참하고 불행하며 고독하다고 느끼게 된다.

솔직한 평가를 통해 내가 어떤 사람인지 알아차려야 받아들임으로 향하는 여정을 시작할 수 있다. 마찬가지로 주변 세상도 있는 그대로 파악해야 현실을 받아들일 수 있다. 이처럼 명료한 시각이 우리를 수치심 그리고 고통스럽게 외부 검증을 추구하는 습관에서 벗어날 수 있게 해준다. 겸손이 얼마나 이로운지 제대로 알기 위해서는 먼저 우리가 저마다의 편견을 품고 자신과 세상을 인지하며, 그로 인해 문제가 발생한다는 것을 알아야 한다. 즉 자신을 잘 파악하고 알아차림으로 나아가지 못하게 하는 장애물부터 파악해야 한다.

나 자신을 파악하기

지금까지 겸손이 알아차림과 받아들임을 가져온다는 사실을 살펴보았다. 이제 나와 세상을 객관적으로 보고 평가하는 과정에 방해가 되는 일반적인 정신 패턴을 점검할 차례다. 먼저 우리가 자기 삶의 공정한 조사관이 되지 못하게 막는 일반적인 장애물부터 살펴보겠다. 우리 모두에게는 이와 같은 인지 성향이 있으며, 연구에 따르면 편견을 인지하는 것이 편견에서 벗어나기 위해 필요한 첫 번째 단계다.[12] 알지도 못하면서 바꿀 수는 없다.

연약한 자아를 보호하는 첫 번째 일반적 인지 성향은 자기 위주 편향self-serving bias이다. 이는 성공에 대한 공을 자기에게 돌리고, 실패의 책임을 다른 사람에게 전가하는 경향이다. 일이 잘 풀리면 우리는 자연스럽게 내가 잘했기 때문이라고 생각한다. 하지만 계획대로 일이 풀리지 않으면 즉시 불행에 대한 책임을 전가할 다른 대상을 찾는다. 이런 식으로 어떤 일이 생기든 나에 대한 긍정적인 시각을 유지할 수 있다. 하지만 다른 사람을 탓하기만 하고 실패에 대한 책임을 감수하지 않으면 배우고 성장할 수 없다. 잘 안 되는 일이 하나도 내 탓이 아니라고 생각한다면 어떻게 앞으로 비슷한 상황을 막거나 지금까지와 다른 결과를 얻는 데 필요한 기술을 개발할 수 있겠는가? 이 편견에서는 실수를 책임지지 않는 태도도 문제지만, 외부 요소가 나의 성공에 미친 공까지 가로채게 만든다는 문제도 있다. 다른 사람의 공로를 보지 못하게 되고, 우리의 현실을 형성하는 맥락의 강력한 역할을 간과하게 된다.

이런 성향을 이해한다면 자신의 책임과 잘못에 대한 정당한 몫을 받아들이고, 다른 사람들과 칭찬과 공을 나눔으로써 편향에 대응할 수 있다. 성공에 있어 다른 사람이 기여한 몫을 인정하는 것이 겸손이다. 자기 고양적 반응이 자신도 모르게 생긴다는 사실을 알면 특정 성과를 위해 감당할 책임을 더 폭넓게 생각하고 편견에 맞설 수 있다. 그러면 다른 사람들이 우리의 안녕감에 기여하는 방식에 감사하게 될 것이다.

두 번째 편견은 서문에서 언급한 '평균 이상' 효과다. 모든 사람이 그럴 수 없다는 걸 알면서도 나만은 평균 이상이라고 믿는다면 배우고 성장하고 개발해야 한다는 사실을 받아들이지 못하게 된다. 우리는 은연중에 내가 다른 사람들보다 뛰어나다고 생각한다. 나는 운동 관련 분야에서 만큼은 내가 평균 이하라고 생각한다. 특히 농구나 축구, 선 채로 움직여야 하는 모든 활동에서(예를 들어 수상스키) 분명 평균 이하라고 확신한다. 그리고 이 사실을 잘 받아들이고 있다. 하지만 유난히 관심이 있거나 자아감에 핵심이라고 생각하는 분야에서는 편견이 다소 심하다. 나는 내가 평균 이상의 교수이자 평균 이상의 남편, 평균 이상의 러너라고 생각한다. 이런 면은 나의 자아 개념에 중요하기 때문이다. 사람들은 자신이 가장 중요하다고 생각하는 분야에서는 평균 이상이라 믿는 경향이 있다. 해당 분야에서 실력을 연마해 실제 평균 이상에 이르고, 이런 특성이 자아 개념의 핵심으로 자리

잡았을 수도 있다. 하지만 그것이 옳을 때조차 우리는 여전히 잘하는 부분을 부풀려 생각하고, 아직 배우고 성장할 지점이 얼마나 많은지에 대해서는 과소평가한다.

겸손한 사람은 뛰어나게 잘하는 분야에서도 개선의 여지를 둔다. 평균 이상인 분야가 있지만, 모든 분야에서 그런 건 아니라는 사실을 안다. 겸손은 우리가 한계를 시인하고, 성장하거나 개선할 영역이 있음을 인정하게 한다. 이를 통해 잘하지 못하거나 아직 전문 기술을 익히지 못한 분야에서 성장의 기회를 마련할 수 있다. 굳이 성과를 이루어 가치와 의미를 증명하지 않고도 안정감을 누린다. 어떤 일에서 '최고'가 되지 않더라도 타고난 가치와 의미가 있음을 안다. 그리고 성장이 필요한 영역을 알고 있기에 해당 영역에서 성장을 도모하여 더 풍요롭고 온전한 삶을 누린다.

우리를 인식의 함정에 빠지게 하는 세 번째 오류는 동전의 양면과 같은 허구적 독특성false uniqueness과 허위 합의false consensus다. 우리에게는 자신의 능력과 재능이 특별하다는 (잘못된) 믿음이 있으며, 성격과 기술 그리고 능력에 관한 긍정적인 면을 과대평가하기도 한다. 자기 위주 편향이 있는 사람과 마찬가지로 일이 잘 풀릴 때는 왜 그런지 잘 안다. 내가 잘나고 유능한 사람이며 삶을 효율적으로 살아가는 능력을 타고났기 때문이다. 하지만 일이 잘 풀리지 않을 때는 다른 사람들도 나처럼 실수하고, 그들에게도 나와 같은 결함이 있다고 지나치게 확대해석한다. 예를 들어 계획에 따라 열심히 운동하지 못할 때는 매일 규칙적으로 운동하는 사람은 아무도 없다고 말한다. 나의 의견을 일반적인 의견으로 확대해석하며, 똑똑하고 사려 깊은 사람은 모두 나처럼 생각하고 나 같은 방식으로 세상을 본다고 추측한다. 지적으로 열등한 사람만이 나와 다르게 생각할 것이라 여긴다. 여기서 문제는 나의 능력이 평범하고, 나에게도 다른 사람처럼 어두운 면이 있다는 것을 깨닫지 못한다는 데 있다. 또한 이 문제를 세심하고 주의 깊은 개개인의 성장을 통해 해결하고 개선할 수 있다는 점도 간과하게 된다.

더욱 겸손한 반응은 나의 인간적인 면을 포용하는 것이다. 겸손한 사람은 다른 사람처럼 자신에게도 단점이 있음을 안다. 다른 사람의 성과나 능력에 위협을 느끼는 대신 그들과 함께 축하하는 기쁨을 누리는 쪽을 선택한다. 그런 사람에게는 안정감이 있어 다른 이를 빛나게 할 줄 알고, 자신감이 있어 모두와 마찬가지로 나도 인간이고 실수할 수 있다는 것을 안다. 또한 자신과 사람들에게 은총과 연민을 베푼다.

네 번째로, 사람들은 자신의 능력을 과대평가하는 성향인 과신 overconfidence의 문제로 어려움을 겪는다. 평범한 수수께끼(단어 퍼즐)를 푸는 데 시간이 얼마나 걸릴 것 같은지 물으면 사람들은 대체로 필요한 시간을 크게 과소평가한다. 실제로 할 수 있는 것보다 퍼즐을 훨씬 더 잘 푼다고 착각하는 것이다. 나 역시 실제 걸리는 시간보다 훨씬 빨리 잔디를 깎거나 세탁물을 치울 수 있다고 착각한다. 자신의 능력을 지나치게 믿는 바람에 우리는 더 많은 실패를 겪는다. 곤경에 처했을 때 배우거나 도움을 요청하려 하지 않기 때문이다. 과신한 나머지 계획의 오류planning fallacy, 즉 일을 처리하는 데 걸리는 시간을 과소평가하는 오류에 빠지기도 한다. 대학생들은 이런 상황을 익히 알 것이다. 기말 과제를 할 때 시간이 얼마 안 걸릴 것이라 짐작하지만, 예상보다 시간이 더 걸리면 결국 밤을 꼬박 새운다. 정확한 계획을 세우지 못하면 과제를 끝내려 전전긍긍하는 학생처럼 더 많은 스트레스를 받게 되며 실패할 가능성도 커진다. 스트레스를 받을 때는 제대로 집중하지 못하고 성과도 부진하다. 일을 잘하겠다는 욕심에 사로잡혀 가족과 친구, 건강을 무시하는 사람도 있다.

하지만 겸손해지면 나의 능력을 명확히 파악할 수 있다. 그래서 나를 과신할 가능성이 줄어든다. 겸손한 사람에게 자신감이 부족하다는 말이 아니다. 자신의 능력을 정확히 파악하기 때문에 계획을 잘못 세울 경우가 적다는 뜻이다. 겸손한 사람은 자기 이해를 통해 세상을 정확히 파악하고, 이 정보를 활용하여 현명하고 계획적인 판단을 한다.

나의 행동을 다른 사람의 행동과 비교할 때 명확하게 드러나는 편견도 있다. 행위자-관찰자 편향actor-observer effect은 안 좋은 일이 생기면 그 원인을 스스로 통제할 수 없는 외부 환경 때문이라고 여기는 것이다. 내가 일자리를 잃은 건 경기 침체 때문이다. 하지만 다른 사람에게 안 좋은 일이 생기면 그 사람의 성격적 결함 때문이라고 생각한다. 그 사람이 게으르거나 무책임한 탓이라고 보는 것이다. 이런 편견이 있는 사람은 책임을 지지 않으려 하고, 다른 사람을 얕보며, 주변 사람보다 나의 입지를 확대해석한다. 이런 편견을 바로잡기 위해서는 다른 사람의 입장을 파악하고 어려움에 공감하는 자세를 갖춰야 한다. 우리에게는 판단주의judgmentalism로 사람과 관계를 맺으려는 성향이 있기 때문이다.

겸손한 반응은 다른 이에게 공감하는 방법 중 하나다. 남에게도 내게 하는 것처럼 판단 유예의 혜택을 부여한다면 그를 평가하지 않고 어떻게 도울 수 있을지 질문하게 된다. 다른 이를 골칫거리로 보지 않고 나처럼 최선을 다하는 사람으로 볼 것이다. 자기 회의와 불안정에서 비롯되는 판단 대신 연민과 사랑으로 사람을 보게 될 것이다.

다음은 우리가 인간으로서 겪는 인지적 약점cognitive frailty 목록이다. 안타깝게도 편견이 있다는 것을 알아차린 후에도 우리는 여전히 자신이 다른 사람처럼 편견이 심하지 않다고 생각한다. 자신의 편견에 편견을 갖는 것이다. 심리학자 에밀리 프로닌Emily Pronin은 이를 '편견의 맹점bias blind spot'이라고 부른다. 이 맹점 때문에 인지 편향을 다루고 해결하기가 몇 배로 까다로워진다.[13] 다음 목록을 살펴보면서 내게는 그런 편견이 없다고 반박하거나 자신을 변호하고 싶어질 수 있다. 몇 가지 특성이 있다고 인정하더라도 다른 사람처럼 심각한 편견에 사로잡혀 있지는 않다고 확신할 것이다. 나는 다른 사람보다 더 분별력 있고 더 공정하다고 믿기 때문이다. 하지만 이런 착각은 편견이 얼마나 교묘하고 깊은지 보여줄 뿐이다. 편견이 있다고 이야기하는 것만으로는 충분치 않다. 위와 같은 성향을 바로잡거나 책임지기 위해 적극적인 조치를 취해야 한다.

겸손한 사람은 편견이 있다는 지적에 더 유연하게 대처한다. 누구나 비슷한 어려움을 겪고 있다는 사실을 알기 때문이다. 일반적인 심리적 장애물에 대한 통찰이 자신을 향한 비난이 아니라는 것을 이해하게 되면, 우리는 이 정보를 활용하여 더 현명한 대응을 취할 수 있다. 자신의 삶에서 어떻게 편견이 드러나는지 살펴보고 편견에 대처하는 노력을 시작하게 될 것이다. [표 2]에서 편견에 치우친 성향이 어떻게 작용하고 어떻게 우리의 인식을 제한하는지 살펴보겠다.

종합적으로 살펴보면 [표 2]의 사례는 우리가 종종 자신이나 현실을 정확하고 건전하게 바라보지 않는다는 점을 알려준다. 대부분은 자신을 긍정적인 쪽으로 해석하는 경향이 있다. 이런 사고방식이 정신 건강에 도움이 되기는 하지만 거기에는 한계가 있다. 편견을 점검하지 않은 채로 둔다면 약점을 극복하지 못해 더 많은 상처를 받고 실망하게 될 것이다. 우리의 정신 시스템이 현실을 부정하고, 다른 사람을 깎아내리고, 항상 나의 행동을 긍정적으로 받아들이도록 설계되어 있다면 어떻게 될까? 비판, 반대 견해, 상실, 슬픔, 시련, 관계에서 오는 스트레스 등 모든 형태의 정서적 고통이라는 가혹한 현실에 직면했을 때 이에 올바르게 대처할 수 없을 것이다. 우리는 회복탄력성이 부족하여 삶에서 맞닥뜨리는 부정적 피드백을 흡수하거나 부정적 상황에 대처할 수 없을 때가 많다. 세상을 지나치게 긍정적 시각으로

편견 성향	어떻게 작동하는가?	왜 우리의 시야를 제한하는가?
자기 위주 편향	성공에 대한 공은 나에게, 실패에 대한 책임은 다른 사람이나 상황에 돌린다.	책임을 감수하지 않으면 결코 배우고 성장할 수 없다.
평균 이상 효과	내가 평범한 사람보다 낫다고 생각한다.	나의 실제 모습과 발전이 필요한 영역에서 솔직하지 않다.
허구적 독특성	나의 기술과 능력이 자신만의 고유한 것이라고 생각한다.	자아를 지나치게 확장시키고, 다른 사람의 능력과 기술을 인정하지 않는다.
허위 합의	다른 사람이 나와 같은 생각을 한다고 믿는다.	다른 사람이 어떻게, 왜 다른 신념을 따르는지 이해하지 못한다.
과신	나의 능력을 과대평가하고 장애를 과소평가한다.	처리할 수 있는 것보다 더 많이 할 수 있다고(더 잘할 수 있다고) 착각하고, 나에게 충분한 시간을 주지 않는다.
행위자-관찰자 편향	내가 잘못하면 변명하지만, 남이 잘못하면 단점을 지적한다.	자신에게는 아량을 베풀어도 다른 사람에게는 그렇지 않다.
편견의 맹점	편견을 알고 난 후에도 내심 나는 다른 사람처럼 편견이 심하지 않다고 생각한다.	비판적 정보를 받아들이는 것을 거부한다. 심지어 자신에게 이롭다 해도 그렇다.

[표 2] 일반적인 편견의 사례

만 보면 결국 상처받고 고통을 겪게 된다.

　우리는 자의식이 부족한 데다 현실과 어긋난 관계를 맺은 탓에 너무 많은 감정적 고통에 시달린다. 초기 심리학자들은 사람들이 차갑고 고통스러운 현실에서 자신을 보호하기 위해 활용하는 수많은 방어기제 목록을 작성한 바 있다. 세상을 있는 그대로 보지 못하고, 세상 속에서 자신의 자리를 제대로 알지 못하면 불행하고 불만족스러우며 단절된 상태가 된다. 일부 학자들은 역경과 고난에서 의미를 찾기 위해서는 받아들일 줄 알아야 한다고 주장한다.[14] 우리와 세상을 있는 그대로(좋은 면과 나쁜 면 모두) 받아들이기 위해 노력하는 자세는 정신 건강과 안녕감을 키우는 길이다. 겸손은 우리를 이 길로 이끈다.

알아차림과 받아들임은 어떻게 안녕감을 키우는가?

겸손을 기르면 현실에 단단히 뿌리내린 세상의 모습을 받아들이고 알아차릴 수 있다. 노력이 필요하긴 하지만 충분한 가치가 있다. 나 자신과 세상을 제대로 이해하지 못하면 문화가 강요하는 나르시시즘의 함정에 빠지고 거짓 망상에 시달릴 것이다. 성장을 멈추고 다른 사람들과 경쟁하면서 공허한 확인과 칭찬을 받는 데 에너지와 노력을 낭비할 것이다. 얼핏 듣기에 상관없어 보일지 모르지만, 나를 잘 알고 세상을 올바르게 파악하며 긍정적 편견을 줄이려는 노력은 안녕감을 높이는 것과 관련이 있다. 어떤 관련이 있는지 살펴보자.

겸손은 우리에게 자율성을 준다. 자기 통찰을 개발하는 일은 무척 중요하다. 나에게 잘 맞는 것(그리고 잘 맞지 않는 것)이 무엇인지 알고 삶을 최대한 누리기 위해서는, 나 자신을 잘 알고 현실 속에서 나의 자리를 올바르게 파악할 수 있어야 한다. 내가 뭘 못하는지 알고 인정하면 엉뚱한 데서 시간을 낭비하는 일을 막을 수 있다. 예를 들어 어떤 대학생들은 부모의 의사에 따라 전공을 선택한 후 그 전공이 삶의 목적과 열정에 부합하지 않는다는 사실을 깨닫는다. 나는 대학에서 경제학을 전공했지만 이내 경제학에 만족할 수 없음을 깨달았다. 부모님께 전공을 심리학으로 바꾸겠다고 말씀드리는 데는 용기가 필요했다. 자신의 실수를 인정하거나 다른 사람을 혼란스럽게 하는 결정을 하기보다 주어진 의무를 따르며 채워지지 않는 삶을 살아가는 학생들도 있다는 것을 안다. 하지만 나는 경제학에 입문하겠다는 나의 첫 번째 판단을 밀고 나가는 쪽을 상상조차 할 수 없었다. 나를 힘들게 할 선택임에 틀림없었다. 겸손은 우리를 자유롭게 하여 가치와 재능에 부합하는 삶을 살아가게 하며, 개발하고 개선해야 할 분야를 알 수 있게 한다. 자의식을 갖추면 주변 세상에 소극적으로 반응하기보다 능동적으로 내 삶을 만들어나갈 수 있다.

겸손해지면 나의 한계를 제대로 알고 나에게 맞는 영역을 설정할 수 있다. 알아차림은 내가 무엇을 모르고 있는지 알 수 있게 해준다. 연구에 따르면 지적으로 겸손한 사람은 거만한 사람에 비해 자신이 무엇을 못하는지 파악하는 데 더 능숙하다.[15] 겸손한 사람은 지식의 폭과 한계를 더 잘 이해한다. 그래서 배우고 성장하기 위해 노력하는 법과 도움을 청할 때를 안다. 답을 모르더라도 부끄러워하거나 당황하지 않는다. 그 자리에서, 그것도 열정적으로 도움을 청하고 배우려한다. 모든 걸 다 아는 사람은 없다. 사람에게는 저마다 고도의 훈련과 의식적인 노력으로 개발한 전문 지식이 있고, 심지어 한 분야의 전문가인 사람도 있겠지만, 그래도 모든 분야를 아우르는 지식과 기술을 갖추겠다는 바람은 비현실적이다. 자의식을 개발하면 한계 범위를 파악하는 데 도움이 되고, 겸손해지면 이 범위를 한정 영역이 아니라 흥미로운 성장의 '기회'로 볼 수 있다.

이와 비슷한 맥락에서 알아차림과 받아들임을 통한 겸손은 더 현실적인 목표를 세우는 데도 효과적이다. 능력과 한계를 알면 자신이 쉽게 이룰 수 있는 목표를 세울 수 있다. 그런 다음 발전을 거듭하면서 그에 따라 목표를 더 높은 곳으로 조정한다. 연구에 따르면 자존감이 강한 사람은 위협받는다고 느낄 때 지나치게 높은 목표를 세운다. 위협을 느끼지 않을 때는 상당히 정확한 예측을 하고 복잡한 업무도 능숙하게 소화한다. 하지만 자아가 위협받을 때는 두 배로 열심히 일하고 무리한 도전을 감행한다. 자신이 쉽게 이룰 수 있을 것 같다고 믿겠지만, 실제로는 목표가 너무 높아 이루지 못한다.[16] 자신을 너무 과대평가하면 위기의식을 느껴 스스로 얼마나 대단한지 증명하기 위해 무리하게 된다. 통제되지 않은 채 위협받는 자아는 우리를 괴롭힌다. 자신과 다른 사람에게 내가 얼마나 대단한지 보여주겠다는 일념에 너무 많은 일을 하려들기 때문이다. 자신을 잘 모르거나 자신에게 푹 빠지면 취약한 자아를 보호하려 필사적으로 노력하다가 성장과 발전의 기회를 놓친다. 그리고 일이 뜻대로 풀리지 않을 때는 다른 사람을 탓한다. 명심하라. 겸손해지기 위해서는 나를 잘 알고 받아들이는 데서 생기는 안정감이 중요하다. 나를 잘 알면 내가 감당할 수 있는 목표를 세우며, 그 과정에서 발전 사항을 평가하고 뒤처지거나 도움이 필요할 때 인정할 수 있게 된다.

겸손은 개인의 성장을 촉진한다. 솔직한 피드백을 거부하거나 세상을 정확하게 보지 못하는데 어떻게 배우거나 성장할 수 있겠는가? 모르고 있다는 사실도 모르면서 어떻게 새로운 발견을 하고 지식을 흡수할 수 있겠는가? 언제나 긍정적인 환상을 멀리하고, 자의식과 세상을 있는 그대로 보는 방식을 유지하기 위해 노력해야 한다. 겸손은 세상을 있는 그대로 마주하게 해 진정한 개인의 성장을 도모한다. 피드백을 좀 더 적극적으로 흡수하면 성장의 발판을 마련할 수 있다. 더욱이 한 사람의 특성을 고정된 불변의 것으로 보기보다 바꿀 수 있다고 믿는 점진적 사고방식을 도입하게 된다. 이는 연구진이 행복과 성공에 있어 무척 중요하다고 강조한 사고방식이다.[17, 18]

겸손에는 또 다른 장점이 있다. 알아차림과 받아들임은 우리를 자기 자비self-compassion(자기를 비난하는 대신 너그럽게 스스로를 이해하고 돌보는 태도–옮긴이)로 이끈다.[19] 단순히 차갑고 가혹한 세상을 그대로 직면하는 것이 아니라 자비의 미덕을 발휘할 수 있게 한다. 연구에 따르면 겸손과 자기 자비 사이에는 긍정적인 연관성이 있는 것으로 밝혀졌다. 나와 세상에 더 정직한 사람은 자신을 더 자비롭게 대한다. 이 연구의 한계는 진실하게 자신을 보는 태도가 자비심을 느끼게 하는지, 자기 자비가 우리를 더 정직하게 바라보는 데 필요한 요소인지,

아니면 다른 무언가가 두 가지의 원인이 되는지에 대한 설명이 빠져 있다는 것이다. 어느 쪽이든 겸손과 나 자신을 온화하게 대하는 태도 간에는 밀접한 관련이 있다. 자기 인식에서 자비와 받아들임으로 발돋움하는 것은 세상을 더 객관적이고 덜 방어적으로 마주하는 데 있어 핵심 요소다.

다른 조사도 위의 주장을 뒷받침한다. 스트레스가 안녕감에 해를 끼치기는 하지만, 몇몇 연구에 따르면 겸손한 사람은 역경이 닥칠 때 더 잘 견뎌내는 것으로 나타났다. 미국 전역에 걸친 주요한 연구에 따르면 스트레스는 더 낮은 수준의 행복 및 삶의 만족도, 심각한 불안과 우울증에 지속적인 영향을 끼친다.[20] 하지만 겸손한 사람에게는 이와 같은 부정적인 영향력이 줄어든다. 겸손한 사람은 그렇지 않은 사람보다 스트레스를 받을 때도 안녕감과 정신 건강을 확고히 지킬 수 있다. 또 다른 연구에서는 겸손의 완충 효과가 종교적 신념에서 비롯되는 회의감을 가라앉히는 데도 도움이 된다는 사실을 발견했다.[21] 겸손해지면 종교적 신념을 위협받는다고 느끼지 않으면서도 객관적인 삶의 현실에 적응할 수 있다. 겸손한 사람은 세상을 있는 그대로 보고 받아들이며 스트레스도 효율적으로 다룬다.

겸손을 향하여

알아차림과 받아들임은 겸손의 기본 장점일 뿐이다. 자기 인식을 높이고 있는 그대로를 받아들이면 겸손이 얼마나 유용한지 깨달을 것이다. 수치심을 극복하고 허영심을 버리면, 자율적으로 행동하고 적절한 한계를 설정하며 현실적인 목표를 마련할 수 있다. 성장을 추구하면서도 자신을 자비롭게 대할 수 있다. 우리의 타고난 정신 성향으로는 세상에 객관적으로 접근하기가 어렵다. 겸손으로 향하는 첫걸음은 나와 내가 처한 현실을 정직하게 평가하는 일이다. 편견에서 벗어나려는 노력이 고통스러울 수 있다. 모든 편견은 나에 대한 긍정적 시각을 상처 없이 보호하기 위해 발달한 것이기 때문이다. 지금 당장은 자기관self-view을 높이고 선입견에 맞추어 세상을 보는 방식이 편할 것이다. 하지만 편견으로 지은 세상은 거짓 세상일 뿐이다. 겸손은 내 모습을 있는 그대로 용감하게 받아들이고, 세상 속에서 지금 내가 처한 자리를 관대하고 진실하게 받아들이도록 이끈다. 그렇게 할 때 우리는 더 진실하고 의미 있는 삶을 누릴 수 있다.

2장 Authentic Relationships

진정한 관계

겸손은 우리의 관계를 개선한다. 인간은 기본적으로 사회적 동물이며, 무엇이 삶을 의미 있게 만드느냐는 질문을 받으면 대체로 관계를 가장 우선에 둔다. 가장 소중한 기억, 은퇴 후에도 떠오르며 희미해지면 아쉬움과 그리움에 젖게 하는 기억에는 주로 다른 사람이 함께 있다. 우리는 사람과의 관계에서 의미를 찾으며, 깊고 오래가는 즐거움을 얻는다. 하지만 그 이상으로 관계에서 상당한 불화를 겪기도 한다. 다른 사람과 진지한 관계를 맺기 힘들어하는 사람이 있는가 하면, 끊임없는 충돌과 고통에 시달리는 사람도 있다(안타깝게도 미국의 이혼 시장 규모는 연간 약 120억 달러, 한화로 16조 원에 달하고, 이혼율은 1970년 이후 두 배로 증가했다). 왜 어떤 관계는 시간이 갈수록 무르익는데, 어떤 관계는 삐걱거릴까? 왜 어떤 사람은 친구와 깊고 의미 있는 유대를 쌓는데, 어떤 사람은 친밀한 관계에 어려움을 겪을까? 어떻게 하면 삶의 다양한 영역에서 관계를 개선할 수 있을까?

건강한 관계에서 자아가 걸림돌이 된다는 사실은 어찌 보면 당연하다. 나에게 지나치게 관심을 쏟으면 피드백을 수용할 수 없거나 계속 방어적으로 행동하거나 다른 사람의 욕구를 고려하지 않게 된다.

이런 행동은 관계에서 재앙을 일으킨다. 허약한 자아를 보호하기 위해서는 상당한 노력이 필요하다. 그 노력이 우리가 사랑하는 사람에게 상처를 주는 방식으로 나타날 때도 많다. 10년에 걸친 심리학 연구는 겸손이 친구, 동료, 가족, 연인에 이르기까지 모든 유형의 관계에서 무척 바람직한 특성이라고 주장한다. 또한 자의식을 갖추고 자신의 한계와 실수를 인정할 때, 자아를 점검하고 이기심을 향한 욕망을 제어할 때, 다른 사람의 욕구를 배려할 때 다른 사람과 잘 지낼 수 있다고 주장한다. 우리는 이와 같은 특성이 있는 사람들에게 끌리며, 이들과의 관계는 풍성하고 깊으면서도 역동적이다. 진정한 관계를 맺고 유지하는 데 겸손이 어떤 도움을 주는지 살펴보자.

겸손은 어떻게 관계를 강화하는가?

겸손의 모든 장점 중 가장 분명한 것은 관계를 바꾸는 방식에 있다. 사회적 유대 가설social bonds hypothesis에 따르면 겸손은 우정이 싹트고 매력을 느끼는 초기, 엎치락뒤치락하며 위기를 겪고 스트레스를 받는 시기, 장기간의 교류에 전념하는 관계에 이르기까지 여러 시기에서 다른 사람과의 관계를 발전시키는 데 도움이 된다. 겸손한 사람은 자아를 억제하고 주변 사람의 욕구와 안녕감을 챙기기 때문에 이들의 관계는 항상 풍요롭다.

나는 대학원에서 케빈이라는 친구를 처음 만났다. 우리 두 사람을 잘 아는 친구가 소개해주었는데, 그는 우리가 좋은 친구가 될 수 있을 것 같다고 말했다. 케빈과 나는 여러모로 많이 달랐다. 케빈은 드럼 연주자이자 작은 교회의 목사였으며 사진 찍기를 좋아하고 열렬한 새 마니아였다. 서로 관심사가 달랐음에도 서로 친해지고 지금까지 친분을 유지할 수 있는 가장 큰 이유는 케빈이 놀랍도록 겸손하기 때문이다. 케빈은 진심으로 나를 알고 싶어 했다. 내 가족들에 대해 물어보고 내 연구에 관심을 보였으며 내가 어떻게 지내는지 정기적으로 확인했다. 대학원 시절 마지막 학기 직전에 형이 세상을 떠났을 때도 케빈은 사려 깊고 친절한 친구가 되어주었다. 몇 년 후 그는 내게 감동적인 시를 알려주었고, 나는 그 시를 우리 아버지를 위한 추도문에 넣었다. 케빈은 공감 능력이 뛰어나고 배려심이 깊었다. 여느 목사들과 다르게 확실하지 않거나 잘 모를 때는 순순히 인정하며 그냥 모른다고 말했다. 항상 다른 사람을 챙기고, 더 나은 사람이 되기 위해 피드백을 요청했다. 진실하며 다른 이들과도 진정한 관계를 맺길 원했다. 케빈이 완벽한 사람이라고 할 수는 없지만, 나는 그가 겸손의 표본 같은 사람이라는 생각을 자주 한다. 케빈과 친구가 될 수 있어서 행운이라고 생각한다.

건강하고 행복한 관계에 필요한 요소 중 겸손은 가치관을 공유하는 것과 더불어 내가 꼽는 최상위 두 가지에 속한다. 심리학 연구에 따르면 겸손은 건강하고 관계 친화적인 특성의 원천이다. 낭만적 관계에 관한 초기 연구에서는 사람들이 자신의 욕구를 우선시하는 기본적인 성향에 따라 관계를 시작하는 경우가 많다고 주장했다.[1] 사람들은 종종 독립적으로 행동하며 자신의 행복과 만족을 최대한 늘리려 애쓴다. 이런 접근법은 일시적 관계에서 단기간의 전략으로 괜찮을지 모르지만, 장기적 관계에서 건전하고 공평한 분위기를 조성하는 데는 효과적이지 않다. 그러므로 동기를 바꾸어 이기적이고 독립적인 초점에서 관계 중심의 상호 의존적인 초점으로 전환해야 한다.[2] 즉 전적으로 나만 생각하는 방식에서 상대와의 관계를 고려하는 방식으로 전환해야 한다. 그렇게 함으로써 나의 욕구와 더불어 상대의 욕구를 고려하여 상호 의존적으로 행동할 수 있게 된다.

겸손은 관계가 성숙해지도록 돕는다. 겸손이 심각하게 부족한 나르시시스트는 게임 전략을 짜듯이 관계를 맺지만, 겸손한 사람은 훨씬 더 진실하게 관계에 접근하며 상대방을 배려하고 연결의 질에 관심을 기울인다.[3] 더군다나 자신을 잘 알면(심리학자들은 이를 '자기 개념 명확성'이라고 한다) 관계의 질을 대폭 개선할 수 있다.[4] 겸손한 사람은 자기가 어떤 사람인지 알기 때문에 뒤에 숨어서 게임을 하기보다 상대방과 안전하게 소통한다.

겸손은 관계의 번영에 기여하며, 겸손한 사람은 가장 높은 평가를 받는 연인이 되곤 한다. 겸손은 관계에서 다른 사람에게 자신이 어떻게 대접받을 수 있는지를 알려준다. 무모하고 자기한테만 몰두하는 나르시시스트는 관계 초기에 매력적으로 보일지 모르지만, 나르시시즘에 도취된 연인은 허약하고 지나치게 부풀려진 자아를 보호하기 위해 자신의 우월성을 정당화하는 데 노력을 쏟고 점점 그 매력이 시들해진다. 진정한 자신감은 나를 낮추는 것도, 남을 경멸하는 것도 아니다. 진정한 자신감은 정직과 안정감을 기반으로 삼는다. 안정감이 있는 사람만이 상대의 성공을 축하하고, 자신이 틀렸을 때 인정하며, 자신의 행동이 상대에게 끼치는 영향을 헤아릴 수 있다. 어떤 사람의 자아감이 딱 맞는 수준이라면, 즉 지나치게 자아를 부풀리거나 보호하지 않고 관계에서 지나치게 소극적이거나 위축되지 않는다면, 활기차고 서로 도움을 주고받으며 상호 의존적인 관계를 구축할 수 있다. 개선에 대한 까다로운 의견을 받아들이고, 지나치게 부풀린 자아감을 항상 확인받지 않으며, 기꺼이 상대방의 욕구를 존중할 수 있다.

연구에서도 겸손이 장기적인 관계에서 바람직한 파트너의 중요한 특성으로 간주된다는 주장을 뒷받침했다. 900명 이상이 참여한 대규모 연구에서는 이상적인 연인에게 필요한 자질 중에서 겸손이 감수성, 친화력, 성실성, 개방성 등 다른 모든 성격 특성보다 더 중요하다고 평가되었다.[5] 이와 같은 양상은 장·단기 관계 모두에 해당하지만, 전자에서 더욱 뚜렷하게 나타난다. 연구 저자들은 신뢰성이 낭만적인 관계를 정의하는 주요 특성일 수 있으며, 겸손은 상대를 믿을 수 있는지 알려주는 지표라고 결론을 내렸다.

이처럼 겸손이 관계를 개선하기는 하지만, 우리가 자신이나 다른 사람을 대할 때의 기본적인 접근 방식은 아니다. 많은 사람이 우발적인 외부 상황에 따라 자신의 가치를 쌓아왔다. 그런 식으로 카드의 집처럼 흔들리는 연약한 자아를 형성하고, 비판이라는 바람에 무너지기만을 기다린다. 게다가 우리에게는 인지 편향이 있어 세상을 보는 방식을 왜곡하고 긍정적인 자기관을 보호하며 사람들의 충고를 건설적으로 받아들이기를 꺼리거나 불가능하게 만든다. 겸손으로 진정한 변화를 꾀하려면 허약한 자아와, 이를 끈질기게 방어하려는 문제를 해결해야 한다.

관계에서의 자아 문제

허약한 자아ego는 관계를 망친다. 사람들은 많은 시간과 에너지를 들여 실제보다 지나치게 돋보이는 자신에 대한 시각을 굳건히 유지하려 한다. 그러나 이러한 부풀려진 자기관과 그에 따라 필수적으로 따라오는 방어적인 태도는 마음 속 깊은 곳에 자리한 불안정성과 허약함에 그 뿌리를 두고 있다. 이러한 성향은 다른 사람과 상호작용하는 방식에 피해를 준다. 외부의 칭찬이나 인정 없이 내가 어떤 사람인지 잘 알 수 없을 때, 우리는 있는 그대로 충분한 존재라고 믿기보다 자신의 가치에 대한 증거를 수집하려고 애쓰게 된다. 이 과정에서 나에 대한 긍정적 시각을 유지하기 위해 방어적으로 행동하고, 그래서 관계에 금이 간다. 확인되지 않거나 연약한 자아는 이기심, 불안, 해로운 갈등, 정체라는 네 가지 위험한 관계 패턴을 낳는다.

자아가 허약한 사람은 무엇보다 이기적으로 행동한다. 나의 욕구를 충족하고 말겠다는 태도가 꼭 나쁘지만은 않다. 실제로 욕구를 충족하는 일은 건전하다. 하지만 지나치게 자기 욕구를 내세우며 다른 사람에게 피해를 주는 것은 문제가 있다. 자아가 허약한 사람은 자기 욕구만 채우려고 한다. 다른 사람의 욕구에 상관없이 원하는 것을 반드시 얻으려 하며, 가족이나 친구의 감정은 신경 쓰지 않는다. 내가 잘될 수 있다면 남을 짓밟아도 아무 상관없다. 칭찬받기에 급급하고, 책임이나 비난은 좀처럼 감수하지 않으려 하며, 다른 사람을 탓하고 책임을 회피한다. 가장 자주 하는 말은 "난 잘못 없어."다. 친구, 연인, 동료가 잘못에 대한 책임을 인정하지 않거나 자신이 한 일에 책임지기를 거부한다면, 이는 건강하지 못한 관계 패턴에 빠진 것이다. 이런 유형의 이기심은 다른 사람에게도 이기심을 부추겨 모두 자기만 생각하는 끔찍한 패턴을 형성한다. 모든 사람이 자기만 챙긴다면 경쟁이 판을 치고 협력은 사라진다. 연인 관계라면 이처럼 미성숙한 이기주의에 금세 질려버릴 것이다.

자아가 허약한 사람은 친구나 연인과의 관계를 불안정하게 만든다. 자신이 충분하다는 사실을 결코 믿지 못하기 때문에 다른 사람에게도 불안정성이 드러나는 방식으로 이야기한다. 연인을 신뢰하지 않을 때도 많다. 연인을 통제하려 하거나 솔직하게 대하지 못한다. 진정한 자아를 숨기려 전전긍긍한다. 거짓으로 행동하거나 자신의 일부를 숨긴다. 나를 있는 그대로 사랑하지 못하는 사람은 다른 사람이 자신을 있는 그대로 사랑할 것이라고 믿기 어렵다. 이런 사람은 연인에게 불안한 마음으로 이야기하고, 매달리거나 질투하거나 집착한다. 끊임없이 연인의 근황을 확인하고, 연인이 한 말의 의도나 동기를 묻는다. 결국 진정한 친밀함을 피하게 된다. 표면적으로 소통을 유지하고 가벼운 소통만 하며 딴전을 피우거나 일이나 다른 중요한 문제에 파고든다. 이 모든 속임수는 진정한 친밀감과 깊은 관계를 표현하고 받아들이는 데 방해가 된다. 방어 성향 때문에 관계의 온전한 즐거움이나 기쁨을 누리지 못하게 된다.

자기 중심적인 자아는 해로운 갈등도 일으킨다. 자신의 자아만 내세우는 사람은 다른 사람의 의견이나 새로운 정보에 귀를 기울이는 대신 자신의 견해가 옳다고 증명하기에 바쁘다. 다툼이 생길 때는 연인의 말을 듣거나 다른 사람의 입장을 살피려 하기보다 어떤 대가를 감수하더라도 자기 입장을 변호하려 한다. 이들에게는 자기 견해가 올바르다는 사실이 올바른 관계를 만들어가는 것보다 중요하다. 피드백을 들을 때는 방어적 성향을 보이며, 피드백을 흡수하여 변하려 노력하기보다 자신의 행동을 정당화하고 합리화하려 한다. 잘못했을 때 인정하거나 잘못한 행동에 대해 사과하기가 어려울 수도 있다. 하지만 이들의 기본 성향 자체가 상대의 잘못된 행위에 보복하는 것일 때가 많다. 연인이 실망해서 불만을 털어놓으면 이들은 한술 더 떠 날카롭게 맞받아친다. 다른 사람에게 영향력이나 권력을 행사할 수단을 찾기도 한다. 자신에 대한 긍정적 시각이 환상에 그칠까 두렵고, 가치를 확인하기 위해 높은 지위가 필요하기 때문이다. 이런 행동이 전부 쌓여 갈등을 고조시킨다. 자아와 관련된 문제에서 사람들은 논리적으로 사고하지 못하고, 갈등을 풀려 하기보다 싸움에서 이기는 데 더 신경 쓴다. 피드백에 저항하며 상대가 받아야 할 존중을 베풀지 못한다. 게다가 자기 입장과 행동만 옹호하고 좀처럼 용서할 줄 모르며 권력을 차지하려 다툰다. 이런 패턴은 서로에게 해로운 영향을 끼쳐 관계에 금이 가게 만든다.

마지막으로 이런 성향은 자아가 허약한 사람이 관계에서 정체를 겪게 한다. 이들은 성장하거나 변하려 하지 않는다. 이들에게는 어느 면에서 성장해야 할지 스스로 질문을 던지는 통찰력이 부족하고, 자신을 충분히 잘 알지 못하거나, 단점을 인정할 안정감이나 용기가 부족하다. 강점에만 집중하고 무조건 잘하고 있다고만 생각한다. 더욱이 피드백을 마다하고 방어 성향에만 갇혀 있으려 해서 새로운 관점을 접하거나 배울 수 없다. 나의 생각을 보호하느라 여념이 없을 때 새로운 생각에 호기심을 품기는 어렵다. 그리고 자아에 문제가 있으면 성장을 빚어내는 유의미한 방식으로 관점을 바꾸기 위해 적응하거나 조정할 수 없다. 그래서 정체 상태에 빠진다. 그런데 다른 사람이 성장하는 동안 자신은 친구나 연인을 능가하고 있다고 착각하기도 한다.

겸손의 변혁적 능력

겸손은 자아 중심적인 관계의 네 가지 특징에 직접적으로 맞선다. 겸손은 안정감과 스스로 충분하다는 느낌을 얻는 데서 시작한다. 겸손한 사람은 박수나 인정 같은 외부의 우연성과 별개로 자신에게 본질적인 가치와 의미가 있다고 믿는다. 겸손에는 정확한 자아감과 자아를 통제하는 능력, 다른 사람의 안녕감을 중요하게 생각하는 태도가 따른다. 겸손의 이와 같은 면을 관계에 적용하면 상호 이익과 심리적 안정감, 건강한 갈등, 성장을 우선순위로 삼게 된다. 자아만 중요시하는 관계와 겸손을 밑바탕으로 하는 관계의 차이점은 [표 3]에서 확인할 수 있다.

겸손한 연인들은 각자의 자아를 통제할 수 있으므로 서로에게 도움이 되는 관계를 원한다. 이들은 상대의 욕망과 욕구를 배려하고 서로의 안녕감을 챙긴다. 권력을 차지하거나 상대의 약점을 이용하려는 관계가 아니라 상호 의존적이고 평등한 관계를 바란다. 이들은 각자의 욕구가 충족되지 못할까 봐 걱정하지 않는다. 상대의 욕구나 욕망을 배려하는 동시에 자신의 욕구도 살피기 때문이다. 겸손한 사람은 있는 그대로 충분하다고 믿기 때문에 친구, 연인과도 안정감 있는 관계를 맺는다. 다시 말해 심리적 안정감이 있어 내면을 들여다보고 한계를 인정한다. 주변의 피드백을 수용하고 흡수하며 자기 몫의 비난과 책임을 받아들인다. 겸손한 사람은 다른 사람을 신뢰한다. 구차한 질투심으로 파트너를 구속하지도, 친밀감이나 자기 노출을 꺼

자아 중심적 관계	겸손이 중심인 관계
이기심: 나의 요구를 우선시하며 다른 무엇보다 더 간절히 원함	상호 이익: 나와 상대의 욕구와 욕망을 모두 고려함
불안정성: 남을 믿지 못하고 제압하거나 피하려 함, 정직하지 않고 지나치게 신중함	안정감: 남을 믿고 진실하며 개방적임, 친밀감과 자기 노출을 지향함
해로운 갈등: 방어적이며 피드백을 거부하고 잘못을 부정하며 권력을 차지하려 함	건강한 갈등: 개방적이며 피드백을 요청하고 다른 사람의 관점을 궁금해하며 평등을 추구함
정체: 성장하거나 변하려 하지 않음, 일정한 행동 패턴에 고착되어 있음	성장: 새로운 생각에 열려 있으며 피드백을 반영하여 변하고 성장하고 적응함

[표 3] 두 가지 관계의 특징

리지도 않는다. 진실하게 상대와 교류하여 깊고 의미 있는 관계를 구축한다.

겸손한 연인이라고 완벽하지는 않다. 여느 관계에서처럼 다툼도 잦다. 하지만 겸손한 연인은 건강하게 다투는 방법을 안다. 자신의 관점을 변호하는 것으로 다툼을 시작하지 않고, 상대방의 이야기를 잘 들으려 한다. 겸손한 연인은 모른다는 사실을 인정하고 열심히 배우려 한다. 다른 사람의 시각을 궁금해하며 새로운 정보를 참고하여 기꺼이 자신의 믿음을 바로잡는다. 피드백을 반기며, 끊임없이 권력을 탐하지도 않는다. 그래서 성장을 경험할 가능성도 크다. 다른 사람과 주변 세상에서 배운 내용을 바탕으로 달라진다. 현재의 모습과 앞으로의 모습이 다르다는 사실(이는 지극히 당연한 일이다)을 알고 이를 포용한다. 겸손한 사람은 변화를 즐긴다. 자아를 보호하려는 욕심을 내려놓을 때, 사랑을 경험하고 세상에 접근하는 새로운 방식에 마음을 열 수 있다.

겸손은 어떻게 관계에 이바지하는가?

그렇다면 정확히 어떻게 겸손이 관계를 더 좋아지게 할까? 심리학자들은 지난 10년 동안 이 질문을 연구했고, 상당량의 데이터를 확보했다. 연구진은 각기 다른 기법을 활용해 답을 찾았다. 사람들에게 연인이 얼마나 겸손한지 평가해달라고 하거나, 자기 보고를 통해 각자 겸손을 측정하게 하고, 겸손한 사람과 거만한 사람 중 어느 쪽을 앞으로의 연인으로 선택할 것인지 조사하기도 했다. 여러 접근법에서 나온 결과에 따르면 사람들은 겸손한 사람과 친구가 되기를 바라며[6] 겸손한 연인과 낭만적인 관계를 시작하여 유지하기를 바라고,[7] 겸손한 연인에게 더 만족하고 최선을 다한다.[8] 실제로 친밀한 연인에 관한 연구에 따르면, 자기 평가 및 동료 평가 모두 포함해서 겸손한 연인이 만족도가 더 높았다. 다른 성격의 차원을 통계적으로 고려해보았을 때도 그렇다.[9] 겸손에 상대의 요구를 중시하는 태도가 포함되어 있다는 사실을 감안하면 왜 겸손한 사람이 앞으로의 친구나 낭만적인 연인으로 매력적인지 이해가 될 것이다. 겸손은 그 사람과 관계를 맺으면 어떻게 될지 알려주는 신호와 같다. 건강하고 번영하는 관계를 형성하는 데 기여하는 수많은 특성 중 겸손은 여러 다른 특성보다 더 높은 순위를 차지한다. 그런데 겸손이 관계에서 이토록 중요한 이유를 어떻게 설명할 수 있을까?

왜 겸손이 건강한 관계에 중요한지 설명하기 위해 나는 동료들과 함께 400명이 넘는 참여자에게 연인의 겸손함과 연인과의 관계에 대한 만족도 그리고 헌신도에 대해 질문했다.[10] 이러한 조사를 통해 더 겸손한 연인을 만난 사람일수록 관계에 더 만족한다는 결과가 나왔다. 즉 겸손한 연인은 관계 만족도가 높아지는 것과 직접적인 관련이 있다. 연구에서는 관계의 만족도가 관계에 더욱 최선을 다하는 태도와도 직접적 관련이 있다고 주장한다. 사람들은 연인이 겸손할 때 관계에 더 집중했다. 이 연구는 사회적 유대 가설을 뒷받침하며, 관계에서 겸손을 신뢰의 증거로 보는 시각에도 부합한다. 겸손한 연인을 만나면 다 얻은 것이나 다름없다.

다른 연구에서도 겸손이 관계를 만족스럽게 만드는 이유를 파악하려 했다. 한 조사에서는 위의 결과를 활용하여 관계의 만족도를 설명함으로써 헌신의 중요성을 확인하며, 이에 더해 관계에 대한 감사라는 또 다른 잠재적 요소도 추가했다.[11] 이 연구에 따르면 연인이 겸손할 때 사람들은 관계에 더 감사한 마음을 품는다. 이로써 관계에 대한 만족도가 높아진다. 겸손한 연인을 두면 관계에 충실해지며 감사한 마음도 커진다. 두 가지 모두 관계의 만족에서 핵심적인 요소다.

이 연구들의 한 가지 단점은 상관관계에 의존하고 있어 인과관계를 도출할 수 없다는 점이다. 사람들은 관계에 만족할 때 연인이 겸손하다고 볼 가능성이 크다. 관계가 순조로울 때 연인이 제법 겸손한 사람이라고 여기는 것이다. 관계에 충실할 때 서로 겸손하게 대할 수도 있다. 게다가 관계가 잘 풀리기 때문에 감사함을 느낄 수도 있다. 그러므로 인과관계를 확인하기에 가장 좋은 방법은 연구의 몇 가지 특성을 조정한 다음, 사람들이 어떻게 반응하는지 살펴보는 것이다. 나는 데이트 프로필 조사를 명목으로 이와 같은 프로젝트를 이끌었다.[12]

우리는 선택권이 주어졌을 때 사람들이 거만한 연인보다 겸손한 연인을 선호하는지 확인하고 싶었다. 참여자들을 연구실로 한 사람씩 불러 데이트 프로필 조사에 참여하게 했다. 이 조사에서 사람들은 온라인 데이트 사이트에서처럼 자신을 설명하는 짧은 글을 썼다. 그런 다음 이들에게 가짜 성격 테스트를 받도록 요청했다. 조사의 신뢰성을 높이기 위한 추가 과제였다. 그런 다음 연구 참여자들에게 서로의 프로필에 점수를 매기라고 말했다. 참여자들은 다른 사람의 프로필을 읽고 평가했다. 이들은 "나는 운동을 꽤 잘하지만, 운동신경이 아주 뛰어나지는 않다."와 같이 모호한 표현으로 설명하는 대학교 2학년 학생의 거짓 프로필을 읽었다. 그리고 이 프로필에는 테스트에서 측정한 것으로 짐작되게 하는 성격에 대한 백분위 점수가 함께 제공됐다. 모든 참가자는 한 가지 결정적 차이점을 제외하고는 동일하게 작성된 프로필을 읽었다. 프로필의 절반은 컴퓨터로 입력하는 성격 테스트에서 겸손이 87백분위 점수를 받게 작성되었고, 프로필의 나머지 절반은 겸손이 24백분위 점수를 받게 작성되었다.

결과는 놀라웠다. 상대가 겸손하다고 생각한 참가자는 그 사람이 매력적이라고 평가했으며, 기꺼이 자신의 프로필을 보여주고 전화번호를 알려주길 원했다. 그 사람을 개인적으로 만나보고 싶은 욕구가 크다는 뜻이었다. 결과에 대한 신뢰도를 높이기 위해 더 큰 규모의 참가자를 대상으로 백분위 점수를 달리 하지 않고 거만한 사람과 겸손한 사람을 대조하는 식으로 같은 조사를 진행했다. 이 결과는 기존의 조사 결과를 확인시켜주었다. 겸손한 사람은 새로운 연인 관계에서 아주 인기가 많았다. 사람들은 거만하지 않고 겸손한 연인을 만나길 원했고, 겸손한 사람과 낭만적 관계를 맺기 위해 적극적으로 나섰다.

겸손은 연인 관계를 건강하게 유지하는 데도 중요하다. 우리는 겸손한 연인에게 더 끌린다. 또한 겸손은 관계의 유대를 굳건히 유지하도록 돕는다. 연인이 관계에 한결같이 헌신하게 하는 방식을 조사한 연구에서는 겸손한 연인이 거만한 연인보다 거짓말이나 착취, 속임수 같은 전략을 덜 사용하는 것으로 나타났다.[13] 겸손은 심리적 안정감과 관련 있기 때문에 겸손한 사람은 연인을 통제하려 하지 않고 연인이 떠나는 것을 막기 위해 거짓 전략을 사용하지도 않는다. 겸손한 사람은 자신이 있는 그대로 충분하며, 그만큼 존중받아야 한다는 사실을 안다. 이러한 안정감이 관계에 스며들어 정직과 상호 합의를 불러일으키고, 불건전한 조작이나 속임수를 쓸 가능성을 낮춘다. 두 사람 모두 겸손하고 있는 그대로 충분하다는 안정감 속에 상대의 의견을 받아들이는 자세로 서로를 대한다면 건강한 관계를 맺을 것이다. 가장 심한 태풍을 이겨낼 뿐 아니라 서로의 성장도 도모할 것이다.

진정한 나를 보여주기

어딘가에 소속되고 싶다는 우리의 욕망은 강력한 동기다. 인간이 가진 가장 강력한 욕구 중 하나일 수도 있으며, 그 이유는 인간이 진화적으로 적응하며 생긴 욕구이기 때문이다.[14] 번식하고 생존 가능성을 높이기 위해 우리에게는 다른 사람이 필요하다. 혼자 있을 때보다 집단에 속해 있을 때 약탈자나 다른 위협을 물리치기 더 쉽다. 혼자가 된다는 두려움은 우리의 주요한 실존적 고뇌 중 하나다.[15] 이 두려움 때문에 거절은 쓰라리고 소외는 고통스럽게 느껴진다. 우리는 소외되거나, 버림받거나, 무시당하거나, 어떤 식으로든 배척당한다는 느낌을 싫어한다.

거절당하지 않으려는 욕망 때문에 우리는 '진정한' 자아를 다른 사람들에게 보여주지 못할 때가 많다. 다른 사람이 거부할지 모른다는 두려움 때문에 내가 누구인지 나의 진정한 모습을 감춘다. 그럴싸하게 꾸며낸 모습만 보여주면서, 누군가가 날 떠나게 할 만한 단점은 내심 아무도 보지 못하기를 바란다. 우리 안에 깊게 자리 잡은 이 두려움은 거절당하는 것 자체에 대한 두려움이 아니라, 내 모습을 전부 보여줬는데도 거절당하는 것에 대한 두려움이다. 사람들이 진정한 자아, 진실하고 혼란스러우며 결함이 있는 자아를 얼핏 보고 떠나겠다고 결심할 때 우리에게는 씻지 못할 상처가 생긴다. 이러한 두려움 때문에 가면을 쓰거나 나 자신을 있는 그대로 보여주지 않으려 한다. 그리고 자신을 보호한다.

자신을 보호하려는 갈망은 우리가 즐거움을 누리지 못하게 하고, 더욱 깊고 풍요로운 사랑과 인정을 온전히 경험할 수 없게 한다. 거절당할지 모른다는 두려움 때문에 나의 진정한 모습을 감추고, 있는 그대로의 내가 온전히 사랑받을 기회를 놓치고 만다. 만약 우리를 있는 그대로 보고 기꺼이 받아줄 수 있는 사람을 만난다면 어떻게 될까? 이와 같은 사랑과 받아들임은 사람을 변화시키고 치유한다. 하지만 있는 그대로의 내 모습을 드러내지 않는다면 이를 결코 깨닫지 못할 것이다. 우리는 나의 일부를 감추면서, 나를 사랑하는 사람이 있는 그대로의 내 모습을 다 알더라도 계속 나를 사랑할지 궁금해하기만 한다.

이렇게 우리는 자신을 덫에 가둔다. 또한 거절을 두려워하기에 고통받지 않도록 보호하고자 자신을 감춘다. 하지만 나를 감추면 온전한 사랑을 경험할 수 없다. 그리고 나를 향한 다른 이의 사랑이 조건적이며, 진정한 나를 드러내면 사라져버리지 않을까 하고 항상 의심하게 된다. 이와 같은 방어적 전략은 풍요롭고 진실한 관계를 누릴 수 없게 하고, 더 깊은 사랑을 경험할 수 없게 한다. 항상 경계 태세를 늦추지 않기 때문에 온전한 고통도, 사랑도 느끼지 못한다.

겸손은 이와 같은 보호의 문제에 통찰력을 제공할 수 있다. 안정감을 확보하고 나에게 가치와 의미가 있다는 사실을 알면 다른 사람의 평가에 신경을 덜 쓰게 된다. 물론 거절의 아픔은 여전히 쓰라리다. 하지만 불안정한 느낌이 아니라 안정감을 기반으로 삼으면 용기가 생겨 진정한 자아를 드러내는 위험을 무릅쓰게 된다. 마찬가지로 좋은 면과 나쁜 면을 나눌 수 있을 정도로 자신을 충분히 잘 알면 진정한 자기 노출 과정을 촉진하는 데도 도움이 된다. 나에게 좋은 점, 나눌 만한 가치가 있다는 점을 알면 거절은 나의 문제라기보다 거절하는 사람의 문제라는 사실을 알게 될지도 모른다. 또한 다른 사람이 진정한 자아를 드러내면 보답해주겠다는 공감적 욕구를 활용하면 받아들임을 이끌 수 있다. 더불어 있는 그대로의 모습을 나눌 안전한 환경을 조성할 수 있다. 분명 겸손은 진정성으로 향하는 길을 열어준다.

겸손은 진정한 관계의 주요한 특성이다. 안정감을 얻고 다른 사람과 진정한 자아(자신의 진짜 모습)를 나누면 진실한 관계를 맺을 수 있다. 물론 관계에서의 안정감은 두 사람 모두에게서 비롯되어야 한다. 상호 겸손은 가장 안전하고 진정성 있는 관계의 핵심이 될 때가 많다. 연구에 따르면 진정성과 겸손은 다른 어떤 성격 특성보다 밀접한 관계가 있는 것으로 나타났다.[16] 다양한 관계에서 진실하게 드러나는 겸손의 사례를 찾아볼 수 있다. 이번 장에서는 관계의 흐름 전반에 따라 겸손이 어떻게 새로운 그리고 진정성 있는 관계를 형성하는 데 도움이 되는지 이야기할 것이다.

겸손은 새로운 관계를 형성하도록 돕는다.[17] 한 연구에서 나와 동료들은 대학생들을 연구실에 부르고 소그룹으로 나누어 과제를 하게 했다. 이 자리에서 처음 만난 학생들은 겸손을 훈련하기 위해 세 가지 과제를 해야 했다. 우선 리더가 그룹에 자신의 강점과 약점을 큰 소리로 설명했다. 다음으로 그룹 활동에 참여해 달로 간 우주비행사가 된 상상을 해야 했다. 우주비행사는 원래의 랑데부 포인트(인공위성이나 우주선이 우주 공간에서 만나는 지점-옮긴이)에서 300킬로미터 이상 떨어진 곳에 불시착했고, 여행을 계속하기 위해 어떻게 자원을 배분할지 결정해야 했다. 몇 차례의 논의를 거쳐 생존에 필요한 열다섯 가지 품목을 고른 후, 만장일치로 결론에 이를 때까지 다음 문제로 넘어갈 수 없는 어려운 표준화 시험 문제를 공동으로 해결하는 마지막 과제까지 완수해야 했다. 권력을 과시하고 경쟁적인 논의에 임하는 태도를 살펴보기에 적당한 상황이었다. 참가자들은 활동이 끝날 때마다 다른 학생들과 자신의 겸손을 평가했다. 연구에서는 두 가지 핵심 결론이 도출되었다. 첫째, 정말 겸손한 사람은 자신을 평가하는 점수를 과장하지 않는다. 하지만 거만한 사람은 과장해서 적는다. 즉 거만한 사람은 다른 사람이 평가한 것보다 자신이 더 겸손하다고 주장한다. 반면 겸손한 사람이 자신의 겸손을 평가한 결과는 다른 사람의 평가와 유사했다. 둘째, 더욱 중요한 사항은 사람들이 겸손한 사람을 좋아하고 존중하며 앞으로도 함께 일하기를 원했다는 점이다. 간단히 말해 겸손한 사람은 받아들여지며, 다른 사람들이 그 사람과 계속 관계를 유지하기를 바란다. 이는 첫 만남에서(특히 갈등이 생길 수 있는 공동 활동에 참여할 때) 겸손이 잠재적인 친구와 팀원을 끌어들이는 중요한 특성이라는 사실을 암시한다.

성숙한 관계 유지하기

겸손은 관계가 성숙해지도록 돕는 데도 유용하다. 겸손이 어떻게 관계 유지 기능, 즉 관계를 온전하고 건강한 방식으로 유지하는 데 도움이 되는지 조사한 연구도 있다. 겸손한 행동의 예로는 건강한 다툼(건전한 방식의 논쟁), 관계에서 문제가 생겼을 때 용서로 관계 회복하기, 연인이 이기적으로 행동할 때 건설적으로 대응하기, 신뢰 구축하기가 있다. 관계를 형성하는 것은 겸손해지려는 노력의 일부일 뿐이다. 온전하고 성숙한 관계를 유지하기 위해서는 해야 할 노력이 상당히 많다.

다툼은 어떤 관계에서든 피할 수 없는 부분이다. 그래서 다툼을 어떻게 다루는지가 중요하다. 겸손은 다툼을 건강한 방향으로 이끌 수 있다. 한 연구에서는 인종이 다른 연인이 문화에 관한 논쟁을 해결하는 데 겸손이 어떤 역할을 하는지 조사했다.[18] 인종이나 민족적 특성이 다른 연인은 문화적 차이로 다투기도 한다. 하지만 이때 다투는 방식이 중요하다. 비효율적인 다툼에 빠져 갈등만 계속되고 서로가 상대의 말을 듣거나 이해하려 하지 않는다면 관계에 대한 만족도나 헌신이 흔들린다. 하지만 겸손한 연인은 이와 같은 다툼의 패턴을 뒤집는다. 겸손한 연인은 문화적 사안에 대해 효과적으로 논쟁하고, 건강한 방식으로 다툰다. 솔직히 털어놓고 상대의 말에 귀를 기울이며 방어적이지 않은 방식으로 피드백을 수용한다. 상대의 시각을 이해하려 하며 상대를 공감과 존중으로 대한다. 더욱이 앞서 살펴보았듯이 겸손한 연인을 만나면 관계의 질이 더 높아진다. 겸손한 사람은 다투면서도 상대의 말을 듣고 인정하며 서로의 차이를 받아들인다. 겸손은 다툼을 더 나은 방향으로 이끌어 관계를 개선하는 데 이바지한다.

겸손은 관계에서 받은 상처를 회복하는 데도 도움이 된다. 가끔 우리는 사랑하는 사람에게 상처 주는 말을 하거나 무심하게 대한다. 이기적으로 행동하거나 상대를 존중하지 않기도 한다. 갈등과 스트레스는 상호 공격으로 이어질 수 있다. 하지만 겸손은 우리가 용서하도록 돕는다. 나는 동료들과 진행한 한 연구에서 직접 만날 수 있는 가까운 거리에 사는 연인을 장거리 연인과 비교해보았다.[19] 참가자들에게 상대방이 상처를 주었을 때를 떠올리고 얼마나 많이 상대를 용서했는지, 상대가 얼마나 겸손하다고 보는지 이야기해달라고 했다. 공격이 얼마나 심했으며, 참가자가 평소에 얼마나 잘 용서하는지에 대한 정보도 수집했다. 그 결과 공격의 정도, 개인의 평균적인 용서 성향을 통제해도 장거리 연인이 상대를 용서하는 정도가 더 낮았다. 단, 연인이 겸손할 때는 예외였다. 장거리 연애에서 생기는 복잡한 문제를 해결해야 하는 스트레스는 상대가 겸손할 때를 제외하고는 그 사람을 용서하지 못하게 하는 걸림돌이 되었다. 우리는 장거리 연애의 어려움에 유연하게 대처하는 겸손한 연인을 더 잘 용서한다.

겸손은 용서하는 마음을 불러일으켜 관계에 대한 만족도를 높인다. 또 다른 연구에서는 시간을 두고 표본 조사를 해 용서할 때 겸손이 가져다주는 이점을 살펴보았다.[20] 나와 동료들은 여기에 지난 두 달 동안 연인에게 자주 공격당하거나 상처받은 사람들을 동원했다. 참가자들은 그들이 받은 공격과 상대방에 대한 글을 썼다. 그런 다음 이들을 대상으로 6주 동안 매주 조사를 진행하여 공격을 받았을 때 얼마나 많이 상대를 용서했는지, 상대에 대한 시각이 얼마나 달라졌는지 물었다. 조사 결과 겸손의 힘에 대한 강력한 증거가 나왔다. 조사를 진행하는 동안 상대가 겸손하다고 평가한 사람은 더 많이 상대를 용서할 수 있는 것으로 예측되었다. 겸손에는 상대를 용서하게 하는 힘이 있는 것이다.

연인의 기분을 상하게 한 후 그 잘못에 대한 책임을 감수한 여성들에 관한 연구에서는 용서의 중요성을 강조한다.[21] 겸손한 연인은 자신이 잘못했을 때 인정하고, 그 책임을 감수하며, 상대가 잘못했을 때도 잘 용서한다. 자신도 틀릴 수 있다는 것을 알고 상대의 관점을 이해하려 하기 때문이다. 이와 같은 패턴은 관계를 유지하면서 두 연인 모두가 만족하도록 돕는다.

겸손은 또한 신뢰를 구축한다. 겸손과 신뢰는 동전의 양면 같으며, 연구에 따르면 겸손한 사람은 연인을 더 잘 신뢰한다. 겸손하지 않은 사람은 남을 잘 믿지 못하며, 친구들에게 연인이 바람을 피우지 않는지 확인해달라고 도움을 청하기도 한다.[22] 겸손한 사람이 상대를 신뢰할 수 있는 이유는 스스로 관계에서 더 안정감을 느끼기 때문일 수도 있고, 자기보다 상대가 더 관계에 만족한다고 인지하기 때문일 수도 있다. 어느 쪽이든 겸손한 연인과 관계를 맺으면 안정적이고 지속적인 관계를 형성할 수 있다. 겸손한 사람과의 관계에서는 게임을 하거나 전략을 짜는 대신 서로를 신뢰와 존중으로 대하며 관계에 헌신할 수 있다.

마지막으로 겸손은 오랫동안 헌신하는 관계의 핵심이다. 부부 사이에서도 겸손이 신뢰를 구축하고 보상 전략을 활용하게 하여 만족도를 높인다는 연구 결과가 있다.[23] 이는 배우자가 겸손하다고 볼 때 그 사람을 신뢰할 가능성이 높고, 관계에 생긴 틈을 메우기 위해 더 자주 노력한다는 뜻이다. 중요한 사실은 상대방이 배우자를 겸손하다고 인식한 수준이 배우자 자신이 직접 답한 수준보다 실제 결과와 더 일치했다는 점이다. 나 스스로 겸손하다고 생각하는 것으로는 부족하다. 배우자도 내가 겸손하다고 느껴야 한다. 배우자가 나를 겸손하다고 느낄 때 결혼과 같은 장기간의 관계가 진실하고 만족스러워진다.

잠재적인 관계의 함정 피하기

겸손한 연인과도 관계의 함정에 빠질 수 있다. 자신을 너무 낮추어 생각하면(겸손이 아니라 부정확한 자기관에 사로잡힌 유형이다) 관계를 해칠 수 있다. 이런 사람은 자신의 욕구를 전혀 고려하지 않기 때문이다. 명심하라. 겸손한 사람은 자기를 낮추거나 자기 비하적으로 평가하지 않고 정확하게 평가한다. 타인의 욕구를 중요하게 여기지만 나 자신의 안녕감이나 건강한 관계를 희생하지 않는다. 예를 들어 한쪽이 관계에서 항상 베풀기만 하고 자신의 욕구나 욕망을 전혀 고려하지 않는다면, 서로 간에 경계가 희미해지거나 상호 의존이 위태로워진다. 명확한 경계를 설정하는 것은 건강한 관계에서 필수다. 모든 사람은 어디서 자기가 끝내고, 어디서 상대가 시작할지 알아야 한다. 물론 목표는 상호 의존이다. 나는 상대에게 영향을 주고 상대도 나에게 영향을 준다. 우리는 서로를 깊이 아낀다. 하지만 나의 자아감은 상대에게 묶여 있지 않다. 나는 상대와 다른 사람이다. 그러므로 겸손으로 관계에서 길을 잃지 않는 것이 중요하다. 겸손한 사람에게는 안정감이 있어 자신이 누구인지 알고, 상대에게 공감할 수 있으며, 안정감에서 비롯되는 사랑을 나눌 줄 안다.

이와 관련된 함정은 겸손한 사람이 거만한 연인에게 휘둘릴 때 빠진다. 대부분의 연구에서는 개인적 수준에서 겸손을 조사한다. 겸손이 관계에 어떤 영향을 미칠지 고려할 때도 두 사람 모두 겸손한 것이 중요한지를 검토한 연구는 거의 없다. 그래서 나는 동료들과 직접 이 주제를 다루었다.[24] 박사후 연구의 일부로 용서 전문가 에버렛 워딩턴Everett Worthington과 함께 스트레스를 받는 상황에서 용서와 겸손의 역할을 파악하기 위해 이제 막 부모가 된 사람들에게 초점을 맞추었다. 워딩턴 박사는 스트레스가 많은 사건을 겪기 전의 겸손함이 사건 도중과 사건 후에 더 나은 결과를 불러오는지 알아보고자 했다. 처음으로 부모가 된다는 것은 인생에 몇 안 되는 독특한 상황이라 할 수 있다. 이 시기는 (a) 명백한 '사전 스트레스' 기간으로 삶에 큰 변화가 생겨 긴장하게 되며 해당 사건이 생기기 전에 참여자를 실험실에 부를 수 있다. (b) 이 시기에 어느 정도 스트레스가 심하다는 점은 거의 확실하다. 한 연구 분석에서 우리는 출산 3개월 전에 부모가 될 사람을 평가한 후 아기가 태어나고 3개월, 9개월, 21개월(초기 '기준' 평가 후 2년)이 될 때마다 다시 평가했다.[25] 연구에 따르면 사람들은 대부분 시간이 지나면서 스트레스가 커졌으나 겸손한 배우자를 둔 경우(배우자가 겸손하다고 보는 경우) 더 적은 스트레스를 겪는 것으로 나타났다. 별도의 분석을 통해 아기의 출생 전과 후 부부의 적응 면에서도 유사한 패턴이 드러난다는 점을 확인했다.[26] 겸손은 아기가 태어나면서 생기는 스트레스를 막고, 부부가 새로운 삶에 적응하는 방식을 개선하는 데 도움이 된다.

이 연구 결과에 따르면 부부 모두 겸손한 경우 첫 아이가 태어난 후 스트레스가 심한 시기에 정신적으로 더 건강했고, 관계 만족도 및 갈등에 대한 심리적 반응도 더 좋았다. 하지만 이 결과에는 조건이 있다. 부부 모두 겸손할 때만 해당한다는 점이다. 두 사람 중 한 사람이 거만하면 효과는 사라진다. 양육 혹은 지속적인 싸움 등 불안이 커지는 상황에서는 거만한 배우자가 겸손한 배우자를 통제하거나 심한 경우 착취할 수 있다. 부부 중 한 사람이 항상 베풀고 심지어 베풀면서 져주기만 한다면, 그 사람에게는 억울함이 쌓이게 되고 결국 이 부부는 감정적 비용을 대가로 치른다. 처음 부모가 되는 시기처럼 긴장감이 높은 상황에서 무엇보다 필요한 것은 배우자 간의 상호 겸손이다. 두 사람 모두 상대방을 배려하는 겸손한 부부는 훨씬 더 높은 수준의 개인적 이익과 튼튼한 관계를 쌓을 수 있다.

이 연구에는 몇 가지 중요한 의미가 있다. 첫째, 배우자를 선택할 때는 신중해야 한다. 겸손은 모든 관계에서 중요하지만 겸손한 배우자를 만나는 것은 특히 중요하다. 삶에서 스트레스가 커지거나 두 사람이 돈이나 섹스, 소통 문제로 다툴 때 배우자가 겸손하면 원만하게 문제를 풀어갈 수 있다. 연구에서는 관계적 가치를 형성하는 것이 얼마나 중요한지도 강조한다.[27] 배우자가 서로를 가치 있는 존재로 여기고, 상대방의 삶에서 중요한 역할을 할 수 있도록 허용할 때 관계적 가치가 형성된다. 관계에서 보람도 느낄 수 있다. 배우자와 관계 모두 그들에게 중요하다. 관계적 가치는 원망과 보복뿐 아니라 착취에서도 서로를 보호한다. 사람들이 관계와 배우자 모두를 소중히 여길 때, 상대를 착취하거나 지배적으로 행동할 가능성이 훨씬 줄어든다. 마지막으로 이 연구는 겸손의 경계 조건을 보여준다. 겸손이 관계의 모든 어려움을 해결할 수는 없다. 거만한 배우자는 겸손하게 행동하려는 상대의 노력을 무산시킬 수 있다.

흔히 그렇듯이 겸손은 우리가 의지할 수 있는 수많은 미덕 중 하나일 뿐이다. 용기와 정의를 앞세워야 할 때를 알기 위해서는 지혜가 필요하다. 신뢰가 깨지고 관계가 안전하지 못하다고 느낄 때는 겸손이 가장 유용하거나 건전한 우선순위가 아닐 수도 있다. 한 사람의 경계를 유지하고 욕구를 해결하며 개인적 안녕감을 충족해야 할 때는 독선적인 배우자에게 맞설 용기, 그리고 관계가 착취의 패턴에 빠지지 않게 막는 강력한 동기가 필요하다. 자의식을 갖추어 관계가 더 이상 안전하지 않을 때를 알고, 안정감을 확보하여 관계의 급진적 조정이나 와해가 필요할 때 이를 실천하는 태도가 겸손한 반응이 될 수도 있다.

거만과 자기 비하에서 벗어나 안정감 있고 겸손한 관계를 유지해야 관계에서 얻을 수 있는 잠재적 혜택이 커진다. 나를 착취하는 배우자에게서 스스로 보호하기 위한 경계를 형성하고 관계에서 가치를 배양하기 위해 노력하면, 두 사람 모두 안전하게 자기 자신이 되고 서로의 성과를 축하하고 고통을 나눌 수 있는 환경이 조성될 것이다. 건강한 관계는 평등 의식과 상호 이익, 상호 의존을 기반으로 한다. 이와 같은 특성은 우리와 다른 사람과의 관계에도 큰 영향을 끼친다.

건강한 관계를 희망하며

겸손이 관계의 모든 문제를 해결하지는 못한다. 하지만 여러 강점 사이에서 중심적인 자리를 차지하는 미덕의 역할을 한다. 방어 성향보다 안정감에서 출발하여 자신의 모습을 진실하게 털어놓고 상대의 욕구를 중요하게 여기며 서로를 신뢰와 존중으로 대하면, 관계에 더 헌신하고 감사하며 만족을 얻을 뿐 아니라 더 건강한 관계를 맺을 수 있다. 겸손한 사람이 더 좋은 친구와 동료, 배우자가 된다. 겸손한 사람은 피드백을 열린 마음으로 받아들이며 기꺼이 변하고 성장하려 한다. 고립감과 외로움이 커지는 상황에서 관계를 강화할 방법을 찾는 것은 분명 가치 있는 여정이다. 안전하고 건강한 관계로 나아가는 것은 삶을 더욱 의미 있게 만드는 데 도움이 될 것이다.

3장 *Ambition and Achievement*

야망과 성취

척 피니Chuck Feeney는 노동자 계층 집안에서 자랐다. 코넬대학교 졸업 후 듀티 프리 쇼퍼스Duty Free Shoppers를 공동 설립했다. 이 기업은 400곳이 넘는 지역으로 확장되었고, 그는 기업인으로 일하는 동안 80억 달러(약 10조 8000억 원) 이상의 수익을 올렸다. 수많은 국제 관광객이 주요 공항에서 척 피니의 면세점을 접하면서 듀티 프리 쇼퍼스라는 브랜드에 친숙해졌다. 이렇게 척 피니가 치열한 노력과 집념(그리고 약간의 행운)으로 일가를 이룬 과정보다 더 인상적인 점은 그가 평생에 걸쳐 모은 재산의 거의 전부를 기부했다는 사실이다. 그것도 비밀리에 아주 큰 액수를 기부했다.

부자가 재산 일부를 기부하는 일은 제법 흔하다. 하지만 전 재산을 기부하는 사람은 거의 없거나 있더라도 소수이며, 많은 사람이 자신의 이름을 넣은 재단을 통해 기부하거나 기증 여부를 알리는 방식으로 했다. 병동과 대학 건물 이름은 흔히 주요 기부자의 이름을 따서 지어진다. 하지만 피니는 달랐다. 〈포브스〉는 그를 '자선 사업계의 제임스 본드'라고 불렀다. 1990년대 후반, 사업상 분쟁이 있고 나서야 전 재산을 기부하는 자선 재단과 그와의 관계가 밝혀졌다. 〈뉴욕타임스〉는 그가 재산을 기부한 업적을 소개하면서 항상 소박한 삶을 살았고, 비행기도 가장 저렴한 좌석을 탔으며, 고급 레스토랑 대신 작은 카페에서 햄버거를 먹었다는 점에 주목했다. 그는 기부할 때 자신의 공적이 드러나면 안 되고, 그의 기부로 지원되는 어떤 프로젝트에도 이름을 밝히지 않는다는 조건을 붙였다. 그는 아내와 함께 방 두 칸짜리 소박한 아파트에서 조용한 삶을 살다가 2023년 10월에 세상을 떠났다. 많은 사람이 척 피니를 겸손의 표본이라고 생각한다. 대중의 칭찬이나 박수갈채를 원치 않고 기부를 해왔기 때문이다. 그가 겸손했기 때문에 사업가로서 성공했다고 생각할 수도 있을까?

겸손을 비판하는 사람들은 겸손을 야망이 부족하거나 평범한 수준에 안주하려는 태도와 동일시한다. 누가 봐도 자기도취에 빠져 관계를 망치기 일쑤던 스티브 잡스는 성공적인 대기업 애플 제국을 세웠고, 유용하면서도 널리 적용된 기술 발전에 공헌했으며, 그 과정에서 자신과 주주들이 상당한 돈을 벌게 했다. 잡스의 일화는 자아가 충분히 제 능력을 발휘한 사례로 보인다. 그렇지 않은가? 하지만 이러한 주장은 몇 가지 이유에서 다분히 논쟁적이다. 첫째, '성공'을 너무 좁은 시각으로 보고 있다. 일원적이고 자본주의적인 관점에서 보는 것이다. 돈이나 직업적 성공은 안녕감의 가장 뛰어난 지표도 아니고, 인간관계에 반드시 유용하지도 않다. 둘째, 겸손과 성과를 갈등 관계로 설정했다. 하지만 연구에서 밝혔듯이, 겸손은 어느 정도의 성공을 거둔 집단과 기업에서 반드시는 아니더라도 흔히 나타나는 특징이다.

겸손은 변혁적 리더십의 바탕이 되는 요소다. 셋째, 위의 주장은 겸손을 소심함과 착각하고 있다. 야망과 성취의 영역에서 자아가 필요하기는 하지만 자아만으로는 부족하다. 자신감과 역량 역시 개인의 성공에 핵심 역할을 하지만 두 가지만으로는 부족하다. 너무 열심히 일하는 리더는 직원들을 지치게 할 수 있으며, 지나치게 유능한 동료는 겸손하지 않으면 종종 같이 일하는 사람들의 짜증을 불러일으킨다.

척 피니의 사례가 보여주듯이 야심과 성취 없이는 지속적인 사업으로 80억 달러 이상의 돈을 벌 수 없다. 그렇다면 피니의 성공에서 겸손은 어떤 역할을 했을까? 폭넓게 말하자면 겸손이 어떻게 탁월함으로 이어질 수 있을까? 어떻게 열심히 일하는 야심 찬 개인, 그룹, 기업이 성공하도록 도울 수 있을까? 짐 콜린스는 그의 저서 《좋은 기업을 넘어 위대한 기업으로》에서 '레벨 5'의 흔들림 없는 비전과 겸손을 갖춘 리더에 대해 이야기한다. 겸손한 리더는 개인의 이득보다 회사의 가치와 번영을 우선순위로 삼는다. 이는 직원들의 강력한 신뢰와 사명감을 불러일으킨다.[1] 최근 연구에서는 직장 내 겸손의 중요성과 완전히 자족적으로 일하는 것의 위험성을 강조하고 있다. 사업의 성공은 근본적으로 관계에 달려 있다.[2] 그래서 학자들이 리더와 매니저의 주요 덕목이자 모든 직원에게 중요시되는 특성으로 겸손을 꼽는 것이다.[3] 겸손은 으레 뛰어난 고객 서비스, 높은 고객 만족도, 더 강한 조직 회복력과 관련이 있다. 그렇지만 기업 환경에서 자주 간과된다.[4] 이렇게 간과하다 제법 값비싼 대가를 치르기도 한다.

겸손과 권력

겸손은 권력이 큰 높은 자리에 올랐을 때처럼 가장 실천하기 어려울 때 필요하다. 사회적 윤활유 가설에서는 권력의 차이가 있거나 갈등 가능성이 큰 상황에서 관계에 어려움이 생길 때 겸손이 도움이 된다고 주장한다. 이 주장은 리더십의 본질에서도 명확히 드러난다. 리더는 명확한 서열이 있는 관계에서 상당한 권력을 쥐고 있는 경우가 많기 때문이다. 이런 상황에서는 끊임없이 갈등이 발생할 수도 있다. 그렇다면 겸손한 리더십은 어떤 형태를 취할까? 경험 연구에 따르면 겸손한 지도자는 섬김(물러설 줄 아는 능력)과 실행(다른 사람에게 힘을 실어주기, 책임 부여하기, 자원 할당하기)이라는 상충하는 목표 사이에서 균형을 잡는 사람이다.[5] 이는 사람을 앞으로 나아가게 하면서 자신은 뒤로 물러나 있는 형태와 무척 유사하다. 무엇보다 이 연구에서는 리더에게 아주 큰 권력이 있을 때 겸손이 가장 중요하다고 밝혔다. 서열이 뚜렷한 직장일수록 겸손이 직원의 에너지와 헌신, 참여도에 미칠 영향력이 커진다. 달리 말하자면 상당한 권력을 쥔 상황에서는 겸손한 리더가 더 큰 능력을 발휘한다.

겸손한 리더는 다른 사람의 욕구에 초점을 맞추기 때문에 더욱 뛰어난 리더가 된다. 자신을 따르는 사람들의 욕구에 적절하게 대응하며 그들의 대응 방식을 조정하여 건강한 근무 환경을 조성한다. 책임을 감수하는 것과 칭찬을 나누는 것, 잘하고 있는 점과 변화가 필요한 점에 대한 피드백을 받는 것의 중요성도 알고 있다. 우리는 갈등이 심하거나 권력 차이가 클 때 어떤 대가를 감수하더라도 자아를 지키려 한다. 다른 사람의 눈에 띄고 공로를 인정받길 바라며, 동료를 잃더라도 나의 의견을 인정받길 원한다. 물론 동료로부터 인정받고 공과 자원을 적절하게 배분하는 일은 중요하다. 하지만 부담이 큰 상황에서는 자아가 받는 위협이 커진다. 너무 많은 이해관계가 걸려 있다고 느끼기 때문이다. 그러다 보면 관계에 큰 차질이 생길 수 있다. 이럴 때 겸손한 입장을 취하면 지나친 야심을 견제하는 수단으로서 아주 유용하다. 야심과 겸손은 아주 잘 맞는 한 쌍이다.

겸손은 종종 리더의 스타일이나 비효율적인 조직 구성으로 문제가 생길 때 균형을 잡아주는 역할을 한다. 겸손하고 친근한 상사가 권력을 남용하는 것으로 보일 가능성은 적다.[6] 마찬가지로 겸손한 리더는 구성원(또는 직원)들에게 더 큰 권한을 부여하며, 이러한 관계는 일반적으로 계층 조직의 권력 역학을 받아들이는 리더와 구성원 모두에서 더 강하게 나타난다.[7] 겸손은 개인에게 권력이 있을 때 그 권력을 점검하는 데 도움이 될 수 있다.

한 연구 조사에서도 권력의 균형을 잡는 데 겸손이 얼마나 중요한지 확인된 바 있다. 연구진은 권력의 불균형이 나타나는 경제적 게임을 활용했다. 참가자들이 서로 간에 그리고 가상의 상대와 어떻게 돈을 나눌지 결정해야 하는 독재자 게임에서 겸손한 사람은 착취 행위를 하는 경우가 적다는 결론을 얻었다.[8] 절대적 권력을 가질 수 있는 자리에서 겸손한 사람은 자기만 생각하기보다 다른 사람을 생각하는 관대함을 보일 수 있다. 권력은 민감한 문제이며, 권력이 있는 사람은 다른 사람을 쉽게 이용하거나 아예 관계를 정리할 수 있다. 하지만 겸손한 권력자는 이처럼 값비싼 실수를 저지르지 않는다.

나에서 우리로

겸손한 리더는 나만 생각하는 태도에서 우리를 생각하는 태도로 전환한다. 연구진은 겸손이 카리스마 리더십의 핵심 요소라고 주장한다. 카리스마가 있는 리더는 자신에게 초점을 덜 맞추고 다른 사람의 관점을 더 열린 마음으로 수용하기 때문이다.[9] 용서 그리고 성실성과 더불어 겸손은 변혁적인 리더십을 구축하는 주요 특성이다. 변혁적 리더십은 구성원에게 영감을 주고 개개인의 성장을 독려하며, 독보적인 결과를 창출하고, 리더를 따르는 사람들의 의지를 북돋는 리더십이다.[10] 겸손은 관점을 확장하여 나만 생각하는 태도에서 다른 사람과 더 규모가 큰 조직이나 지역사회의 요구를 고려할 수 있게 한다.

겸손한 리더의 '나에서 우리로'의 전환은 직원들에게 명백한 영향을 미친다. 겸손한 리더십 아래서 직원들은 자신의 목소리를 반영하여 생산적인 도전과 개선을 위한 혁신적 아이디어를 공유할 가능성이 크다. 이런 참여가 구성원의 역할 중 하나라고 느끼기 때문이다.[11] 겸손한 리더가 있으면 직원들은 더 높은 개인적 역량을 발휘한다.[12] 이로써 그들은 목소리를 더 높이고, 솔직하게 표현하는 것을 권장받는다는 사실을 알게 된다. 이처럼 리더가 직원들에게 권한을 부여하면 어떤 변화가 일어날까? 팀 전체가 진취적으로 바뀐다. 50명 이상의 리더와 300명의 구성원을 대상으로 한 연구에서, 구성원들이 리더를 겸손하다고 평가할 때 심리적으로 더 권한을 부여받는다고 느낀다는 결과가 나왔다. 이에 따라 직원들이 더 진취적으로 행동하게 된다.[13] 겸손한 리더는 권력을 공유하며 관계에서 모든 사람이 혜택을 보게 해 더 강한 팀을 만든다는 사실이 입증된 것이다.

겸손한 리더십의 장점은 스트레스가 심한 상황에서 가장 뚜렷이 드러난다. 나는 동료들과 연구를 진행하여 인권 단체 리더들에게 겸손이 어떤 이득을 주는지 정리해보았다. 인권 단체는 위기 상황에서 재앙이 거듭되는 가운데 일할 때가 많다.[14] 인권 단체의 리더들은 개방적이고 배우려는 의지가 강하며 인도주의적 소명에 충실할 뿐 아니라 도덕적이다. 공로를 나누고 실수를 인정하며 다른 사람에게 초점을 맞춘다. 겸손한 리더는 직원과 동료, 조직과 후원단체에 끝도 없는 이익을 제공한다. 일을 더욱 의미 있게 만들어 직원들의 동의를 얻고 일의 질을 높인다. 그러면 조직이 건강해지고 번아웃에 시달리는 일도 줄어든다. 무엇보다 직원들이 리더가 자신을 중요하게 생각한다고 느끼게 된다.

스트레스가 심한 상황에서 리더는 오래되고 안정적인 사고방식에 빠지며, 이로써 시간과 노력은 절약되지만 중대한 실수를 저지를 수 있다. 새로운 정보를 모색하거나 알아차릴 가능성이 줄어든다. 자신이 알던 대로 믿고, 하던 일을 반복하면서 일하게 된다. 그 결과가 대체로 비효율적인데도 말이다. 스트레스를 받으면 정체 상태에 머물게 된다. 하지만 겸손한 리더는 다른 결과를 내고 더 큰 효과를 얻는다. 결정을 내릴 때 객관적인 데이터를 찾고 고민하기 때문이다. 연구진은 이 과정을 '균형적 사고balanced processing'라고 부른다.[15] 겸손한 리더는 직원과 동료, 상사를 비롯하여 다방면에서 오는 피드백에 열려 있다는 사실이 증명되었다. 미숙한 데다 거만한 리더는 융통성이 없고 폐쇄적인 태도를 취한다. 하지만 겸손한 리더는 유연하며, 새로운 생각을 열린 마음으로 받아들인다. 탐구하고 배우고 잘 들음으로써 미숙함을 극복한다.[16] 조직을 위해, 더 나은 결과를 얻기 위해 자아를 잠시 제쳐놓는다.

이처럼 열린 마음은 여러 가지 방식으로 드러난다. 비즈니스 리더를 대상으로 한 연구에서는 성장형 사고방식과 관계적 자아정체성relational identity이 겸손한 사람의 핵심 특성이라고 밝혔다.[17] 성장형 사고방식은 사람의 개성과 특성이 고정되어 있거나 변하지 않는다고 생각하기보다 영향을 받거나 변할 수 있다고 믿는 사고방식이다. 성장형 사고방식을 따르는 사람은 이렇게 말한다. "지금은 잘 못하지만 배우면 되지." 관계적 자아정체성은 자신이 다른 사람과 연결되어 있다고 생각하며, 두 사람의 관계든, 큰 그룹이나 조직이든 더 크고 집단적인 관계의 활력과 그 역할을 중요시하는 시각이다. 겸손한 리더는 스스로 특성과 능력을 개발할 수 있다고 생각하며, 자신보다 큰 존재의 일부이며 책임을 져야 한다는 것을 안다. 그래서 구성원들이 관계에서 더 큰 에너지를 받고 감정적으로 덜 지치는 것으로 보고된다. 그 결과 업무 능력이 향상되며 객관적으로나 주관적으로 더 높은 평가를 받게 된다. 리더가 겸손할 때 사람들은 우수한 성과를 내는 능력이 더 커진다.

직장에서의 겸손에는 어떤 장점이 있을까?

지금까지 겸손한 리더십은 직원들이 더욱 우수한 성과를 내게 한다는 사실을 살펴보았다. 그렇다면 조직에서는 어떨까? 연구에 따르면 겸손한 리더와 함께 있으면 사람들이 더 열심히 일하고, 직업 만족도가 높아지며, 팀의 목표를 더 중시하고 자발적인 이직율도 낮아진다.[18] 사람들은 겸손한 리더와 함께 일하기를 원한다. 겸손한 CEO는 최고 경영진에서 더 강하게 임금 평등을 실현하고, 이는 조직의 더 나은 재무 성과로 이어진다.[19] 부를 확산하여 회사가 더 많은 돈을 벌게 되고 더 많은 이익을 창출하는 셈이다. 겸손한 리더는 부를 나눌 뿐 아니라 공유의 리더십을 실천할 가능성도 크다. 공유의 리더십은 팀 구성원들이 서로 의지하고, 조직의 목표를 향해 나아가는 방식을 집단적으로 판단하며 소통하는 협업 방식을 일컫는다.[20] 겸손한 리더십은 사업에도 유용하다.

일에 겸손을 더했을 때 나타나는 주요 결과 중 일부를 살펴보도록 하자. 일이란 원래 관계적이기 때문에, 2장에서 다룬 주제인 '겸손이 관계를 친밀하게 개선하는 방식'과 유사한 내용이 언급된다는 점을 염두에 두길 바란다. 무엇보다 이 연구는 직장 내 환경에서 시행되었으며 현장에서 효율적인 리더십을 관찰한 결과다. 이러한 연구 결과를 폭넓은 시점에서 관찰한 내용을 소개하겠다.

겸손은 진정성 및 성실성과 관련 있다. 일련의 연구에서 리더가 겸손하면 구성원들이 더 안전하고 위협을 덜 받는다고 느끼며, 진심을 느끼고 진정성 있게 행동한다는 결과가 나왔다.[21] 겸손은 리더에게만 중요한 특성이 아니다. 직원 역시 겸손으로 혜택을 얻는다. 겸손한 사람은 '이미지 관리' 혹은 다른 사람을 조종하려는 행위를 하지 않는다는 연구 결과가 있다.[22] 아주 겸손한 사람은 자기 홍보(자랑이나 과장), 환심(잘 보이려 다른 사람의 비위를 맞추는 것), 위협(권위적으로 보이려 애쓰거나 협박하는 것), 실증(과도하게 열심히 일하는 모습을 보이는 것), 간청(약점을 드러내어 절박하게 보이고 연민을 자아내는 것)을 할 가능성이 적다고 보고되었다. 이 결과를 통해 일터에서 겸손한 사람이 성실하다는 결론을 내릴 수 있다.

대인관계에서처럼 겸손은 직장에서도 신뢰를 불러일으킨다. 275명 이상의 직장 동료를 대상으로 한 연구에서 구성원들은 리더가 거짓으로 겸손하게 행동하지 않는 한 겸손한 리더를 신뢰한다고 밝혔다.[23] 신뢰는 조직 안팎 모두에서 중요하다. 나의 개인적인 연구에서도 사람들은 겸손한 리더를 더욱 신뢰한다는 결과가 나왔다. 그래서 그들의 소명에 더 많은 돈을 기부하게 된다고 한다.[24] 어떤 사람은 비영리단체 같은 조직에 기부할 때 애써서 번 돈인 만큼 그 리더(와 조직)를 신뢰할 수 있는지를 평가 기준으로 삼는다. 겸손은 신뢰의 척도다.

겸손은 혁신과 창의성을 낳는다. 150명이 참여한 연구에서 겸손한 리더는 직원에게서 더 많은 혁신을 이끌어낼 가능성이 크다는 사실이 밝혀졌다.[25] 다른 연구에서는 겸손한 리더가 직원들의 창의성에 긍정적 영향을 끼치는 방식이 확연하게 나타난다.[26] 이와 같이 창의성이 높아지는 이유는 사람들이 정보를 공유하는 게 안전하다고 느끼고, 이에 따라 더 많은 정보를 공유하게 되어 색다른 아이디어가 더 많이 나오기 때문이다.[27] 특히 다양한 팀에서 더 많이 의견을 나누고 서로 더 많은 피드백을 제공하면 아이디어가 제공되는 폭이 넓어진다.[28] 겸손은 편견 없이 아이디어를 나눌 수 있는 소통의 공간을 제공하며, 자유롭게 브레인스토밍을 할 수 있게 이끌어 팀에서 다양한 사고방식을 활용할 수 있게 한다.

겸손한 리더는 회복탄력성이 뛰어나며 성장 지향적인 팀을 개발시킨다. 현장 연구와 경험 조사 모두에 따르면 리더가 겸손할 경우 구성원이 더 큰 회복탄력성을 보이는 것으로 나타났다.[29] 이는 특히 조직 내 위험 부담이 큰 상황에 처했다고 느끼는 환경에서 더욱 중요하다.[30] 이런 환경은 위험할 수 있지만 겸손한 리더십은 사람들이 더 큰 회복탄력성을 발휘하도록 이끌면서 부정적 영향을 줄인다. 더욱이 겸손한 리더들은 확장과 성장을 도모한다.[31] 결과적으로 현장 적응성이 커지며, 회사 수익에도 긍정적 영향을 끼친다.[32] 사람들이 스트레스에 적응하며 어려움을 극복하는 문화가 조성되면 조직은 민첩해지고, 새로운 과제를 해결하기에 더 나은 환경을 갖출 수 있다.

이 모든 장점은 직장에서 더욱 뛰어난 성과로 연결된다. 2만 2000명 이상이 참여한 77가지 연구를 분석해 겸손이라는 성격 특성과 업무 성과의 연관성을 메타 분석한 연구 결과는 다음과 같다. 겸손은 비생산적인 업무 행태를 줄이고, 조직에 기여하는 시민의식과 긍정적으로 연관되어 있는 것으로 나타났다.[33] 이와 같은 겸손의 긍정적 효과는 성격과 지능, 심지어 성실성보다 강력하다. 겸손에는 우리가 더 효율적으로 일하고 더 나은 팀원이 되고 싶게 만드는 효과가 있다. 다른 연구에서도 겸손한 리더십은 구성원이 더 열심히 참여하게 하며, 더 큰 심리적 안정감을 느끼게 한다는 결과가 나왔다.[34] 직원이 실수한 뒤 질책받을까 걱정하지 않고, 리더가 개방적인 태도로 앞장서며, 잘못했을 때 인정하고 계속 배우려 한다면 사람들은 더 큰 안정감을 느끼고 일에 더 몰두할 수 있다.

마지막으로, 조직 내 겸손은 전염성이 강하다. 중국에서 13개 조직의 200명 이상 직원을 대상으로 한 설문조사에서 겸손한 리더를 따르는 사람들은 직업 만족도와 업무 참여도가 훨씬 높은 것으로 나타났다. 또한 겸손한 리더와 일하는 구성원은 스스로 겸손하다고 평가해, 겸손한 리더 밑에 겸손한 직원이 있다는 사실을 일깨우기도 했다.[35]

이런 연관성은 아주 효율적인 리더에게서 더 뚜렷이 나타난다. 80개 팀을 조사한 연구에서 겸손한 리더가 겸손한 팀을 만들고, 겸손한 팀의 업무 효율성이 더 높다는 결과가 나왔다.[36] 겸손한 리더는 구성원의 업무 환경을 개선할 뿐 아니라 그들 사이에 겸손의 감각을 키우는 데도 한몫한다. 겸손은 겸손을 낳는다.

여기서 두 가지 주의사항을 살펴보도록 하자.

첫째, 직원의 겸손과 상사의 겸손이 엇갈리는 상황은 고통스러울 수 있다. 사람들은 리더보다 자신이 훨씬 겸손하다고 느끼면 힘들어한다.[37] 충분히 그럴 만하다. 자기는 겸손해지려 노력하는데 거만한 상사 밑에서 일하고 싶은 사람이 있겠는가? 그런 사람은 상사에게 이용당하기 쉽다. 그러므로 리더 자리에 있는 사람들이 겸손해지려 노력하는 것이 중요하다.

둘째, 겸손이 귀중한 가치이며 그 영향력이 저평가되고 있다고는 해도, 겸손만으로는 일에서 성공을 거둘 수 없다. 성공하려면 능력과 비전, 투철한 직업의식이 있어야 한다. 겸손으로 프로젝트에 대한 투자 부족이나 개발이 미흡한 기술 문제를 해결할 수는 없다. 겸손은 만병통치약이 아니다. 그래서 균형이 필요하다.

균형 잡기

겸손은 무능의 반대말이 아니다. 마찬가지로 건강한 자아감 역시 겸손에 상반되는 개념이 아니다. 물론 자신감과 신념이 직업적 성공에 필수 요소이긴 하다. 사회에는 이 세상에 지속적인 차이를 보이겠다는 원대한 야심과 열망을 가진 사람도 필요하다. 자아는 자아대로 건강할 수 있다. 200명 이상 CEO와 800명의 관리자를 조사한 중국의 연구 프로젝트에서는 겸손이 리더의 자기도취적 성향에 완충 역할을 하여 혁신을 일으키고 부분적으로 리더의 카리스마를 높인다는 결과가 나왔다.[38] 미국의 다른 연구에서도 유사한 결과가 나왔다. 겸손으로 리더의 자아도취를 완화하면 조직에서 긍정적 성과를 거둘 수 있다는 것이다.[39] 간단히 말해 자아와 겸손의 균형을 맞추는 것이 핵심이다. 겸손은 원대한 야심을 갈고 닦는 데 도움을 준다. 통제되지 않은 자아는 옹졸한 확신이나 굽힐 줄 모르는 신념과 아주 비슷하며 해로울 수 있다. 핵심은 확고한 마음과 성공을 향한 강한 욕망이 새로운 관점에 열려 있는 마음, 듣고 배울 의지, 다른 사람을 중시하는 넓은 배려심과 균형을 이루어야 한다는 점이다. 겸손은 우리가 성공만을 바라보고 있을 때 중심을 잡는 기반이 되어준다.

리더가 지나치게 겸손할 수도 있을까? 일부 연구에 따르면 리더의 겸손은 일정 수준까지만 이득이 된다고 한다. 과도하게 높은 수준에 이르면 그 이득이 줄어든다는 것이다. 너무 겸손한 리더는 무능한 리더로 보이기 때문이다.[40] 많은 사람이 겸손과 유능은 반대 관계에 있다고 생각한다. 여기서 짚고 넘어가야 할 세 가지 중요한 사항이 있다.

첫째, 조직에 도움이 되지 않고 해를 끼칠 만큼 겸손한 리더는 없다고 해도 무방하다. 우리는 지나치게 겸손하다는 수준에 이르기에 아직 한참 멀었다. (겸손 점수 5점 만점에 4점 이상의 점수를 얻어야 할 것이다) 리더는 직장과 직원들의 경험을 개선하기 위해 겸손을 실천할 수 있고, 또 그래야 한다.

둘째, 리더가 유능해야 한다는 사실은 무척 중요하다. 리더가 유능하면 아무리 겸손해도 조직에 피해가 될 일은 없다. 유능하면서도 겸손한 리더가 되기 위해 노력하는 것이 핵심이라는 뜻이다.

셋째, 각 조직의 맥락도 중요하게 살펴보아야 한다. 구성원들에게 힘을 실어주는 조직은 그 어떤 잠재적인 문제도 해결할 수 있다. 유능과 겸손의 균형을 맞추는 것이 일에서 최상의 결과를 얻는 비결이다.

겸손한 리더가 피해야 하는 또 하나의 함정은 거짓 겸손이다. 구성원들이 리더가 진실하지 않거나 위선적이라고 느낄 때 겸손은 부진한 성과로 이어진다.[41] 즉 리더의 겸손이 속임수의 일종으로 보인다면 직원들은 즉시 부정적 반응을 보일 것이다. 겸손할 때는 반드시 진실해야 하고 끊임없이 변혁을 추구해야 한다. 다시 말해 사람들이 개인적 성장을 경험하고 이례적인 성공을 거둘 수 있도록 영감을 주어야 한다. 더군다나 겸손하지 않은 리더가 억지로 겸손을 실천하려 할 때는 스스로 감정적인 피로에 시달리게 되는 경우가 많다.[42] 나 자신이 아닌 무언가가 되는 일은 피곤하다.

이와 같은 일련의 연구에서 어떤 가르침을 배울 수 있을까? 겸손은 (a) 리더의 진실한 특성으로 보여야 한다. (b) 모든 구성원에게 평등하게 표현되고 동일하게 인지되어야 한다. (c) 힘을 실어주는 조직 문화의 일부여야 한다. 조직의 핵심 가치에 겸손이 스며들면 기대한 성과를 얻을 수 있다. 마찬가지로 저마다 일할 때도 자신의 역할이나 능력에 상관없이 겸손에 도움받을 수 있다.

겸손과 유능의 상호작용에 대해 마지막으로 덧붙이고 싶은 말이 있다. 두 가지가 서로 반대되는 개념은 아니지만, 겸손이 부족한 능력을 보충하는 데 도움이 될 때도 있다. 리더의 능력에 의구심이 드는 상황에서, 리더가 잘 모르는 사실을 드러내며 겸손하게 질문을 던지는 모습은 오히려 리더에 대한 신뢰를 높이는 것으로 나타났다.[43] 사실 연구자들은 어떤 상황에서 리더가 던지는 질문이 어리석게 들리는지, 효능감이 떨어지는지 구체적으로 알지 못한다. 하지만 겸손은 부족한 능력을 채우는 데 도움이 된다. 리더가 잘 모를 때 거만한 성격이라면 손해 보는 상황에서도 피드백을 요청하지 않고 억지로 밀고 나가려 할 것이다. 겸손한 리더는 자신의 한계를 파악하고 팀원들의 통찰력으로 한계를 극복한다.

겸손한 야심을 실천하기

겸손은 우리가 야심 찬 프로젝트를 추진하면서 사회적 비용을 치르지 않고 큰 기회를 얻게 하거나, 근시안적인 터널 시야에 갇히지 않으면서 거대한 성취를 이룰 수 있게 한다. 그렇다면 어떻게 해야 원대한 목표를 추구하면서도 겸손을 실천할 수 있을까?

첫째, 일할 때 사명이나 비전을 지향해야 한다. 내 멘토 E. L. 워딩턴은 개인적 사명을 적어 책상에 붙여두고 매일 되새긴다. "모두의 가슴과 가정과 조국에서 더 많이 용서하기를." 그가 매일 내리는 결정은 이 명제를 근거로 판가름 난다. 새로운 프로젝트를 함께하자는 제안을 받거나 새로운 역할을 맡을 때, 그는 언제나 그 일이 자신의 사명에 이바지하는지 묻는다. 만약 그렇다면 그 일을 받아들이고, 그렇지 않을 때는 정중히 거절한다. 이처럼 뚜렷한 초점 덕분에 그는 한결같이 자신의 가치를 지킬 수 있었다. 그의 사명은 자신을 높이는 것과 전혀 상관이 없다. '유명해지기'나 '세계 최고의 용서 전문가 되기'가 아니다. 오히려 좋은 일에 초점을 맞춤으로써 이와 같은 것을 얻게 되었다. 그의 사명이 자아에 초점을 맞추었다면 많은 사람의 인생을 바꾸고 그들에게 희망을 준 다채롭고 의미 있는 프로그램을 개발하기보다 일시적이고 허영에 찬 프로젝트를 추구했을 것이다. 거짓 명성과 업계에서의 박수갈채가 뒤따랐을 것이다. 하지만 겸손은 나 자신보다 더 위대한 것을 향해 나아가게 한다.

둘째, 강점과 약점을 알고 이에 따라 계획해야 한다. 겸손의 첫 단계는 자기 자신을 아는 것이다. 전문적이고 창의적인 일에 활용할 수 있는 자신을 파악하고 이에 집중하자. 더불어 약점을 인정하고 해결하기 위해 도움을 받아야 한다. 의식적으로 개선하려 노력하거나, 강점으로 상쇄하고 한계를 보충해줄 사람들과 팀을 구성한다. 모두에게는 성장이 필요한 분야가 있다. 이는 부끄러운 일이 아니다. 시간이 흐르면서 개선을 위해 노력할 지점일 뿐이다.

셋째, 잘 들어야 한다. 사명과 비전에 대한 헌신이 중요하다 해도 자기 의견에만 확신을 품고 주변의 말을 흘려들으면 안 된다. 확고한 신념이 있다 해도 여전히 다른 사람의 말에 귀 기울여야 한다. 그리고 다른 사람이 내 말을 듣고 혼란스러워하거나 이해하지 못한다면, 이는 우리가 더 명확히 설명해야 한다는 증거일 뿐이다. 명확한 전달은 나의 몫이다. 발전하기 위한 최선의 길을 두고 의견이 일치되지 않는다면 외부의 관점도 고려해봐야 한다. 집단 사고를 연구한 수많은 사례에서는 지배적 의견을 절대 의심하지 않는 태도의 위험성을 강조한다. 나는 세상에 존재하는 유일한 사람도, 가장 현명한 사람도 아니다. 질문하고 피드백을 요청하고 의사소통에 열려 있어야 한다. 듣고 또 잘 듣는 것이 지혜로운 태도다.

넷째, 건강한 협업을 환영하고 지켜나가야 한다. 대부분의 일은 팀으로 협력하면서 다른 사람과 잘 지내는 과정이 필요하다. 다른 관점들은 가치가 있고, 다른 사람들은 우리의 것을 보완해줄 수 있다. 우리는 그 어느 때보다 서로 연결되고 의지하고 있다. 다른 사람들을 거부하고 그들과 경쟁하기보다 협업을 모색해야 한다. 그리고 협업을 시작한 후에는 무엇보다 유지하는 일을 우선시해야 한다. 위험 부담이 큰 상황에서는 갈등이 발생하기 쉽다. 이때 겸손한 반응은 발전이나 결과보다 사람이 더 중요하다는 시각을 고수한다는 뜻이다. 내가 실수했을 때는 사과하고, 다른 사람이 실수했을 때는 용서해야 한다. 용서를 통해 관계를 튼튼하게 유지하는 자세는 무척 유용하다.

마지막으로 겸손하려면 다른 사람을 섬겨야 한다. 이는 비굴해지거나 적절한 보상이나 인정을 포기하라는 뜻이 아니다. 다른 사람의 요구를 살피며 나 자신을 넘어서서 관점을 넓히기 때문에, 섬김을 통해 다른 사람들에게 그들의 가치를 알려주는 것이야말로 효율적 협업이다. 사소한 제스처부터 규모가 큰 일에 이르기까지 다른 사람들에게 무언가를 베풀어 그들을 신경 쓰고 있다는 사실을 알려주면, 신뢰를 구축하고 협업 환경을 조성하는 데 큰 도움이 된다. 집단이나 조직 문화에 이와 같은 노력이 스며들면 섬김에 대한 보상을 받는 환경이 조성된다. 섬김은 예외가 아니라 일상이 되어야 한다.

물론 원대한 야심을 추구하고 창의성을 보이면서 겸손을 실천하는 다른 방법도 있다. 여기서 제공하는 목록은 자의식(자신을 알기), 겸허함(자신을 점검하기), 다른 사람을 향한 배려심(자신을 넘어서기)을 개발하는 것이 우리의 업무 방식을 어떻게 변화시킬 수 있는지 다양한 방법을 고려하도록 제안하는 것에 지나지 않는다.

겸손과 자유

인류 역사에 있었던 목숨을 건 수많은 발전에는 원대한 목표와 더불어 공익을 위해 함께 일하는 사람들이 필요했다. 겸손한 사람은 세상을 바꿀 기회 앞에서 달아나지 않는다. 기술 발전, 옹호 활동, 의학적 발견을 책임지기 위해서는 겸손한 리더가 필요하다. 질문을 던지는 것을 중요시하고, 피드백에 열려 있으며, 더 나은 글로벌 사회를 향해 노력하고, 더 큰 집단의 안녕감을 살필 줄 아는 사람이 필요하다. 잘 모를 때는 용감하게 질문을 던지고 단점을 인정하는 겸손이 필요하다. 실수하거나 일이 잘 풀리지 않을 때 이를 바로잡는 용기 그리고 겸손과 관련해 가장 중요한 가르침을 되새길 안정감도 있어야 한다. 우리의 가치는 성과에 좌우되지 않는다. 일과 직업적 기여도 중요하지만, 일은 일일 뿐 우리가 아니다. 이 세상에서 우리의 가치는 우리가 만든 것을 훨씬 뛰어넘는다. 겸손은 성공이나 성과와 별개로 우리에게 본질적 가치와 존엄성이 있음을 깨닫는 안정감을 허락한다. 본질적인 자기 가치에 대한 깨달음이야말로 우리에게 더 큰 야망을 품고 실패할 자유를 준다. 일하면서 겪는 거절과 실패와 실수가 일에 대한 평가일 뿐 자신에 대한 평가가 아니라는 사실은 두 가지 놀라운 변화를 가능케 한다. 첫 번째 커다란 변화는 성장하기 위해 더 큰 위험을 무릅쓸 수 있다는 점이다. 어째서 최고가 될 꿈을 꾸지 않는가? 왜 포기해야 하는가? 일에 대한 거절일 뿐이라는 사실을 깨닫고 정녕 실패를 두려워하지 않는다면 거절당한 경험을 앞으로 더 나은 기회를 만들 정보로 활용할 수 있다. 두 번째 커다란 변화는 거절과 실패를 겪을 때 혼자 아파하는 일에서 자유로워진다는 점이다. 우리의 생각이 거절당하고, 우리가 만든 것이 인정받지 못하거나 목표를 이루지 못했을 때 고통스럽지 않다는 말이 아니다. 이런 경험은 무척이나 힘들고 고통스럽다. 하지만 일하면서 겪는 거절은 인간으로서의 나에 대한 거절이 아니다. 우리에게 어떤 문화적 미신이 주입되어 있다 하더라도 말이다. 우리의 가치가 일하면서 받는 인정과 별개라는 사실을 안다면 안정감을 유지할 수 있다. 달성하려던 목표에 도달하고 나면 우리를 억누르던 가장 큰 장애물이 바로 우리 자신의 두려움이었다는 사실을 알게 될지도 모른다. 이제 두려움을 내려놓고 우리가 이미 충분하다는 사실을 깨닫는 안정감 속에 머물러야 한다.

거만하고 자기도취에 빠진 사람이 관계를 망치듯, 허약한 자아는 바람직한 목표를 설정하고 달성하는 능력을 떨어뜨린다. 성공하기 위해서는 어느 정도 뻔뻔해야 한다. 남의 말을 잘 듣지 않거나 충고를 받아들이지 않을 정도로 뻔뻔해져야 한다는 말이 아니다. 어떤 다른 의견이나 반대도 나 자신을 향한 것이 아님을 알기에 새로운 목소리와 생각을 열린 마음으로 포용해야 한다는 뜻이다. 이러한 안정감은 성장과 변화에 대한 자신감과 의지가 완벽하게 조화를 이루면서 생긴다. 내가 세상의 중심이라는 해묵은 관념에서 벗어나고 나만이 중요한 존재가 아니라는 사실을 깨달으면 한결 자유로워진다. 그리고 열정을 품고 있던 실질적이고 중요한 일을 할 수 있게 된다. 여기에서 차이가 비롯된다.

겸손한 야심

모든 사람이 척 피니처럼 자선 사업계의 비밀 요원이 될 필요는 없다. 겸손해지기 위해서 꼭 수익 전부를 기부한 다음 그 사실을 감춰야 하는 것도 아니다. 하지만 후원자로서 주목받으려 하지 않고 대중의 칭찬과 관심도 원치 않은 채 올바른 일을 추구한 피니의 사례는 눈여겨볼 만하다. 자신의 가치를 일구며 사는 삶이 헛된 허영심이나 타인의 인정을 바라는 것보다 더 의미 있다는 사실을 일깨워주기 때문이다. 강한 추진력을 겸손과 결합하면 성공할 수 있다는 사실을 보여주는 증거이기도 하다. 이제 우리는 겸손이 이전에 불가능하다고 생각했던 일을 성취하는 데 유용하다는 사실을 안다. 탁월한 목표를 이루기 위해 주변 사람에게 힘을 실어주고 그들과 함께 일하고 그들의 말에 귀를 기울일 수도 있게 된다. 그 어떤 위대한 업적도 한 사람의 힘으로 성취되지 않았다. 겸손은 갈등과 압박이 심한 험난한 상황을 헤쳐나갈 원동력이 된다.

— 2부 —

겸손 기르기

humble

피드백
요청하기

2019년 새해 첫날, 나는 처음으로 철인 3종 경기에 등록했다. 수영 2킬로미터, 자전거 90킬로미터, 달리기 21킬로미터(하프 마라톤)를 합한 하프 철인 3종 경기였다. 당시 아내가 철인 3종 경기에 관심이 생겨 여름에 열리는 몇몇 대회에 참가 신청을 했다. 그때 아내와 함께 훈련하는 것이 재미있을지 모른다는 생각이 들었다. 나는 안식년을 보내는 중이었으며, 아내와 커플 마라톤 대회에서 몇 번 뛴 적이 있는 데다 최근에는 하이킹으로 그랜드 캐니언을 횡단하기도 했다. 그래서 하프 철인 3종 경기가 내게 완벽한 도전이라고 생각했다. 그런데 작은 장애물이 하나 있었다. 나는 수영을 할 줄 몰랐다.

일곱 살 때, 부모님이 동네 수영장에서 수영 강습을 받도록 등록해 주셔서 일주일에 오후 몇 번 수업을 받았지만, 수업에서 낙제 점수를 받은 학생은 나 혼자일 정도로 실력이 형편없었다. 몇 년 후 애리조나로 가족 휴가를 갔을 때, 부모님은 호텔 직원의 도움을 받아 내게 수영을 가르치려 했지만 별 성과가 없었다. 성인이 되고 나서 머리를 물 위로 들고 천천히 앞으로 나아가려 해보았지만, 허우적거리며 물거품만 만들어댔다. 전문적인 지도가 필요했다.

철인 3종 경기에 나가기로 결정한 몇 주 뒤 내 생일이 찾아왔다. 아내는 생일 선물로 미국 최고의 철인 3종 경기 수영 코치의 지도를 네 차례 받을 수 있는 수강권을 사주었다. 아내는 주위 사람들에게 내가 내년 여름 하프 철인 3종 경기에 나가서 완주할 것이라고 말했다. 그래서 나는 생일날 한 시간 넘게 눈 속을 운전한 끝에 전설적인 코치를 만났다. 코치는 나를 보자마자 수영장에 걸려 있는 선수권 대회 현수막과 자신이 지도하는 학생들이 세운 주州 기록들을 보여주었다. 설렘과 긴장감이 교차했지만, 야외에서 2킬로미터를 수영하겠다는 목표를 달성하려면 도움이 필요하다는 사실을 알고 있었다.

서로 간단히 인사를 나누고 그의 놀라운 코칭 이력에 대한 짧은 설명을 들은 후, 코치는 나에게 수영장에 들어가 반대편까지 헤엄쳐 가라고 말했다. 왜 수영 강습을 등록했겠는가? 나는 수영할 줄 모른다고 말했지만, 코치는 내 말을 들은 척도 안 하고 나에게 수영을 하라고 했다. 두 번 팔을 휘젓자, 그는 "그만!"이라고 외쳤다.

그는 강한 불신을 내비치며 생전 처음 듣는 천박한 말투로 내게 뭘 하는 거냐고 물었다. 그리고 내가 지금 하는 것은 수영이 아니라고 쏘아붙였다. 나는 수영할 줄 몰라서 이 수업에 등록했으며, 이는 일찌감치 설명했던 점이라고 말했다. 코치는 내가 더 먼 거리를 더 빠르게 잘 수영하도록 도움받기 위해 아내가 자신을 고용한 줄로 착각한 게 확실했다. 내가 대학 수영선수이거나 수영 경험이 많다고 착각한 것 같았다. 코치는 나의 몹쓸 수영 실력에 완전히 좌절하고는 욕설과 질책을 날리며, 자신이 지켜보고 있어서 내가 간신히 물에 빠지지 않았다고 비아냥거렸다. 한 시간 동안의 '강습'이 끝날 무렵, 그는 우리가 잘 맞지 않는다며 다른 곳에서 강습을 받아보라고 제안했다. 그리고 하프 철인 3종 경기에서 내가 수영을 완주할 유일한 방법은 전동 선박의 도움을 받는 것이라고 호언장담했다.

운전하며 집으로 돌아오는 동안 내 안전지대에서 너무 멀리 벗어난 곳에 섣불리 등록했다는 후회와 밉살맞은 코치가 틀렸다는 점을 증명하고 싶다는 욕구가 들끓었다. 열등감이 생기고 화도 났다. 나는 결심했다. 그 어느 때보다 수영을 잘하고 싶다는 바람이 커졌다. 하지만 여전히 도움이 필요했다. 혼자서는 할 수 없었다.

나는 지역 레크리에이션 센터에 전화해 단체 수영 강습에 등록할 수 있는지 알아봤다. 센터에서는 새로운 강습이 곧 시작될 예정이라며 내게 운이 좋다고 말했다. 그러고는 등록하려는 아이의 나이가 몇 살인지 물었다. 내가 등록할 것이라고 수줍게 말하자 센터 쪽에서는 그룹 레슨에는 나이 제한이 있어서 성인은 개인 강습을 신청해야 한다고 말했다. 다행히 수영 강사 중 한 명에게 개인 강습을 받을 수 있었다. 강사의 이름은 멜리사로 지역 중학교의 수영 코치였는데, 근처 수영장에서 수영팀의 연습을 감독하는 동안 총 6회의 강습을 해주기로 했다. 멜리사는 친절하고 인내심이 강할 뿐 아니라 아주 솔직한 사람이었다. 그는 내가 가장 빠르지는 않지만(심지어 내가 속한 그룹에서 중간에도 못 미치지만) 완주할 수 있다는 사실을 분명히 알려주었다. 필요하다고 생각할 때는 직접적인 피드백을 하고 날카로운 비판도 했다. 멜리사는 팀에서 수영을 잘하는 열두 살 정도 된 학생을 불러 머리를 물에 담근 채 수영하는 법과 번갈아 호흡하는 법을 보여주었다. 나는 멜리사와의 강습 시간 앞뒤로 대학 수영장에서 개인 연습을 위한 시간을 마련했다. 머리 위치를 잡는 방법부터 적절한 팔 휘젓기는 어떤 모습인지, 다리가 끌릴 때는 어떻게 해야 하는지에 이르기까지 그가 해준 조언을 전부 흡수하려고 노력했다. 몇 달간 계속 같은 방식으로 연습했고 서서히 수영장을 가로질러 돌아올 수 있게 되었다. 시간이 흐르면서 몇 바퀴 돌고 난 후에 휴식을 취할 수도 있게 되었다. 이 과정은 매우 천천히 이루어졌고, 마침내 한 번의 강습 시간에 5000미터 이상 수영할 수 있었다. 2019년 8월, 나는 야외에서 2킬로미터를 수영하여 하프 철인 3종 경기를 완주했다. 집에 오는 길에 멜리사에게 나를 믿고 이끌어줘서 고맙다고 문자를 보냈다. 그의 도움 없이는 완주할 수 없었다.

이번 일은 전혀 다른 방향으로 흘러갈 수도 있었다. 나 혼자 수영하는 법을 터득하길 바라면서 도움을 청하지 않으려 했을 수도 있다. 팔다리를 동시에 휘저어도 된다는 착각에 빠져 헤매다가 나에게는 성장이나 개선의 여지가 없다고 생각했을지도 모른다. 아니면 강습 과정에서 수치심과 당혹감에 빠져 포기했을지도 모른다. 유명한 수영 코치가 거듭 나를 꾸짖고 내 목표를 조롱했을 때, 동네 중학교 코치에게 강습을 받았을 때나 열두 살짜리 아이가 나보다 훨씬 더 올림픽 수영선수처럼 보였던 순간에, 오만하게 자존심을 지키려 하면서 가르침을 받아들이지 않았을 수도 있다.

하지만 피드백을 요청하고 수용한 것이 내 삶을 변화시켰다. 덕분에 평생 소중히 여길 중요한 업적을 성취했다. 멜리사의 피드백이 없었다면 성장을 경험하지 못했을 것이며, 그토록 어려운 목표를 성취할 수도 없었을 것이다. 이 경험은 내가 지식이나 능력이 부족하거나 부끄럽다고 느끼는 도전적 상황에 대처하는 방식을 변화시켰다(나는 대부분 성인이 수영할 줄 안다고 생각했다). 그리고 누가 피드백을 제공하는지, 어떻게 피드백을 제공하는지가 매우 중요하다. 불안정하고 난폭한 사람이 위협적인 말로 나를 비난한다면 수영을 배우는 데 전혀 도움이 되지 않을 것이다. 나는 사려 깊고 공감 능력이 뛰어난 수영 코치의 친절하고 믿음직스러우며 솔직한 피드백을 기꺼이 받아들였다. 그리고 그 힘은 강력했다. 멜리사의 피드백은 내가 경주를 마치는 데 큰 역할을 했다. 피드백을 받아들이는 과정이 겸손의 중요한 부분이라는 사실도 알게 되었다.

겸손한 덕분에 나는 과거에 불가능하리라 여겼던 놀라운 성과를 이룰 수 있었다. 물에 대한 한계를 인정하고, 예전이라면 상상도 못했을 사람들에게서 더 개방적인 자세로 피드백을 받기 위해 겸허해져야 했다. 이와 같은 피드백이 없었다면 수영을 배울 수 없었고, 분명 철인 3종 경기를 완주할 수도 없었을 것이다. 자존심 때문에 중학교 수영 코치나 코치의 학생으로부터 배우지 못할 수도 있었지만, 솔직히 내게 필요한 수준의 훈련이었다. 사실 나는 대학 수영선수들을 가르친다고 주장하는 강사에게 배울 만한 실력이 되지 않았다. 그는 나처럼 아예 초보가 아니라 어느 정도 수영을 할 줄 아는 사람만 가르칠 수 있었던 것이다. 혼자서 배우려 했다면 야외에서 2킬로미터 이상 수영을 할 때 사고를 당하지는 않더라도 무척 위험했을 것이다. 진정으로 겸손한 삶을 살고 싶다면 열린 마음으로 피드백을 요청하고 받아들여야 한다.

대담한 투명성의 교훈

성공적인 헤지펀드 브리지워터 어소시에이츠Bridgewater Associates의 설립자 레이 달리오Ray Dalio는 혁신적이고 도발적인 방법으로 큰 재정적 성공을 거두었다. 그의 핵심 가치 중 하나는 '대담한 투명성', 즉 우직스러울 정도의 정직함, 비판 수용, 자기계발, 책임감을 반문화적으로 강조하는 태도다. 상상해보라. 프레젠테이션이 끝난 후 동료들이 여과 없이 그 내용에 대해 어떻게 생각하는지 말한다. 모든 사람의 임금이 공개적으로 알려진다. 동료와의 갈등은 직접 해결한다. 누군가가 나를 게으르다고 생각하면 곧장 나에게 게으르다고 말한다. 이런 상상은 무섭기도 하고 짜릿하기도 하다. 대화는 빠르게 현실적으로 바뀔 것이고, 대담한 투명성 작업을 위한 깊은 신뢰와 상호 존중이 요구될 것이다. 처음에는 달갑지 않은 피드백을 듣거나 비판을 받아들이기가 어려울 수 있다. 하지만 사람들이 우리를 어떻게 생각하는지 추측하느라 헛된 시간을 낭비하지 않게 된다. 걱정거리가 있으면 그냥 털어놓으면 된다. 이로써 우리 모두 하루를 살아가기 위해 넘어야 하는 불필요한 장애물을 치우고, 눈앞의 중요한 업무를 수행하는 데 더 많은 시간을 할애할 수 있다.

물론 이 접근법에 대해 엇갈린 반응이 나오고 있으며, 모든 사람이 대담한 투명성을 좋다고 생각하지는 않는다. 나 역시 친구나 가족과 함께 이 임무를 수행하자고 제안하지는 않을 것이다. 특히 그렇게 하겠다는 의도를 미리 알리지 않거나 일방적인 비판으로 흐를 경우에는 더욱 그렇다. 하지만 날것 그대로의 솔직한 피드백을 추구할 정도로 안정감과 성장에 대한 열망이 크다고 상상해보자. 그러면 자신의 한계를 알고 적극적인 변화를 이룰 수 있다. 편견을 극복하는 일을 더 중요하게 생각하게 된다. 사람들이 나에게 솔직한 피드백을 해주길 바라게 된다.

피드백을 받는 일은 겸손한 삶을 가꾸기 위한 첫 번째 단계다. 다른 사람에게 상처를 주었다는 사실이나 무언가 부족하다는 지적에 대해 듣지 않으려 한다면, 계속 사랑하는 사람들에게 상처를 줄 것이며 근시안적이고 자기중심적인 세계관에 갇힐 것이다. 우리에게는 나와 세상을 있는 그대로 보도록 도와줄 사람들이 필요하다. 스스로 더 잘 알 수 있도록 도움을 줄 수 있는 사람들 말이다. 그러니 그들이 우리에게 피드백을 줄 때 감사히 받아들여야 한다.

피드백은 끔찍할 수도 있고, 위협적이거나 대단히 비열하게 느껴질 수도 있다. 하지만 의견을 요청하는 대상을 신중히 고른다면, 나르시시즘과 이념적 동질성의 강력한 덫에서 벗어나 겸손한 삶에 더 가까워질 수 있다. 피드백을 지향하려면 지금껏 살아온 방식에 커다란 전환이 필요하다. 많은 사람이 피드백이 정말 필요한 상황에서도 달갑지 않게 들린다면 받아들이지 않는다. 이런 태도를 바꾸려면 인간이 자아를 보호하기 위해 개발한 강력한 인지 경향을 버리는 과정을 거쳐야 하기 때문에 상당한 용기가 필요하다. 하지만 충분히 용기를 낼 가치가 있다. 피드백을 맞이할 기회를 거부할 때 우리의 삶은 점점 작아지고 자신의 세계관에만 빠져들어 피해를 끼친다. 피드백이 없으면 우리는 정체되고 성장을 멈추게 된다.

자, 이제 우리 자신을 더 잘 알고, 실수로부터 배우며, 원하는 사람으로 성장할 수 있도록, 우리 삶에서 건강한 피드백을 받아들이기 위해 어떤 노력을 해야 할지 살펴보자.

원하는 대로 세상 보기

피드백이 필요한 이유는 우리 모두 특정한 시각으로 세상을 보려는 동기가 있기 때문이다. 자신을 아는 것이 겸손의 핵심이기 때문에, 우리는 통찰력을 얻고 생각과 인식을 흐리게 하는 편향된 성향을 뛰어넘는 데 도움이 필요하다. 바로 이런 이유에서 피드백을 요청하는 일은 매우 중요하다. 우리는 정직한 형사가 아니라, 세상에서 보고 싶은 것을 보고 이미 마음속으로 했던 주장과 일치하는 면을 강조하는 야심에 찬 변호사에 가깝다. 언제든지 다수의 동기가 작용하여 우리의 관점을 바꾸고 자신을 정확히 보는 능력을 흐리게 할 수 있다. 이러한 시각들은 각기 중요한 목적을 달성하는 데 도움이 되지만, 그로 인해 피드백의 중요성이 강조되는 일련의 한계들을 수반하기도 한다.

자신을 더 잘 알고 겸손을 키우려는 노력에 있어 가장 강력한 적은 자신을 긍정적으로 보려는 우리의 욕망일 것이다. 실제로 이 동기가 너무 강한 나머지 종종 삶의 다른 중요한 면을 잃고 상당한 심리적 대가를 치러야 할 때도 있다.[1] 연구자인 제니퍼 크로커Jenniffer Crocker와 로라 파크Lora Park는 다른 무엇보다 우선하여 긍정적인 자아관을 추구할 때 끊임없이 자존감을 추구하는 일이 우리에게 상당한 대가를 치르게 할 수 있다고 강조한다. 이는 자신감이나 적절한 크기의 자아가 문제라는 주장은 아니다. 사실 자신을 좋게 생각하는 것은 건강한 일이다. 다만 크로커와 파크는 이 목표를 다른 모든 목표보다 우선시할 때 치르는 대가를 자세히 설명하고 있다.

첫째, 우리의 자율성을 포기하게 된다. 높은 문화적 기준에 맞추려 노력하거나 가치 또는 의미를 다른 사람의 손에 맡기면서 높은 자존감을 추구하다 보면 자신의 삶에 대한 통제력을 상실한다. 자율성 없이는 자유도, 원하는 것을 할 수 있는 능력도 얻을 수 없다. 대신 우리의 행동은 외부의 기준과 기대에 따라 결정된다. 능숙하게 다른 사람의 비위를 맞추는 사람이 되며, 우리 자신이 기분 좋게 느끼기 위해 다른 사람의 요구를 충족해야 한다는 불안에 시달린다. 반대로 겸손한 삶을 추구하면 자유로운 삶이 펼쳐진다. 성공, 매력, 부유함 또는 가치 있다는 것이 무엇을 의미하는지에 관한 편협한 문화적 기대에 얽매이지 않을 수 있다. 우리가 이미 충분하다는 사실을 알기에 자신감과 안정감 속에서 살게 된다. 자기 자신으로 충분하다는 느낌은 문화적 기대가 변하면서 결정되는 것이 아니라 우리 존재에 내재한다. 우리는 시간을 어떻게 보낼지, 무엇에 투자할지, 우리의 인맥에 누가 포함될지를 결정할 수 있게 된다. 그렇게 내 삶에 대한 통제권을 되찾는다.

둘째, 배우려는 욕망과 능력을 잃게 된다. 어리석어 보이지 않을까 걱정하거나 잘하지 못한다는 평가를 받을까 봐 신경 쓰면 새로운 것을 배우기가 어렵다. 누구나 어떤 일에서는 초보이고, 새로운 기술을 배우는 데는 노력이 필요하다. 학교 공부나 업무 성과 등 어떤 일에서 잘하려는 데 지나친 가치를 부여하면, 완벽한 이미지를 유지하기 위해 편법을 쓰거나 부도덕한 행동을 할 가능성이 커진다. 경력에 자신의 모든 가치를 투자하는데도 직장에서 부정적 평가만 받는 여성이 있다고 해보자. 그는 전문성 발전을 위해 해결해야 하는 부분이 있다는 점을 인정하지 않고, 상사의 환심을 사기 위해 원칙을 무시하고 비윤리적인 결정을 하거나, '어떤 수단을 써서라도' 앞서나가야 한다는 강한 압박을 느낄지도 모른다. 피드백을 받아들이지 않고, 변화를 위해 노력하지 않으며, 높은 자존감에 집착하면 성장할 수 있는 능력을 잃는다.

셋째, 무턱대고 자존감을 내세우다 보면 관계를 해친다. 높은 자존감에 집착하는 사람은 끊임없이 확인받으려 하고 거절에 지나치게 민감하다. 버림받을까 두려워 집착하거나, 친밀해지는 것이 두려워 감정적으로 소외되기도 한다. 때로는 자신의 가치에 해가 되는 행동을 할 수도 있다. 예를 들어 빚부터 갚아야 하는 데도, 관계를 새로 맺거나 유지하기 위해 비싼 저녁 식사에 호화롭게 돈을 쓰기도 한다. 이는 해롭고 불만족스러운 관계를 형성하는 방법이다. 나 자체로 충분하다는 사실을 알고 안정감 속에서 관계를 시작해야 서로가 든든하다고 느끼며 건강한 상호 관계를 맺을 수 있다.

마지막으로 건강을 대가로 치른다. 인생의 주요 목표가 자존감 추구인 사람은 신체적·정신적 건강이 모두 나빠질 수 있다. 자신의 가치를 타인의 인정에서 구하며 지나치게 높은 가치 기준을 충족하려 할 때, 사람은 건강에 해로운 행위를 포함하여 필요한 모든 행위를 기꺼이 감수한다. 예를 들어 과음을 하거나, 담배를 피우거나, 부적절한 성관계를 할 가능성이 크다. 미에 대한 문화적 기준을 충족하기 위해 성형 수술이나 미용 시술을 받기도 하고, 극단적인 다이어트를 시도하거나 몸에 스테로이드를 주입하기도 한다. 이처럼 높은 기준을 충족시키지 못한다면? 우울증을 앓거나 자신을 달래기 위해 건강을 해치는 행동을 할 수 있다. 간단히 말해, 높은 자존감을 두고 벌이는 위험천만한 게임에서는 승자가 없다. 자율성을 빼앗기며 얻는 것보다는 잃는 것이 더 많다. 자신과 주변 세상을 온통 암흑으로 만든다.

겸손을 추구하는 데 있어 또 하나의 적은 우리의 관심을 세상에 대한 선입견에 맞추려는 동기로, 연구자들은 이 동기를 확증편향이라고 한다.[2] 우리는 이미 믿고 있는 것을 확인하거나 일치하는 정보를 찾는 경향이 있다. 사실 우리 뇌는 세상을 보는 방식과 일치하는 정보에 더 쉽게 접근하기 위해, 신념에 일치하는 정보와 신념에 반하는 정보를 다르게 저장한다.[3] 우리의 뇌는 세계를 향한 스키마(Schema, 개인이 세계를 이해하고 해석하는 데 사용하는 정신적 구조나 조직화된 지식의 체계-편집자) 또는 정신적 틀에 맞는 정보를 더 잘 수용하도록 설계되어 있다. 이러한 확증편향 때문에 우리는 기존의 기대를 확인하는 방식으로 세계를 본다. 예를 들어 정치적 견해가 다른 두 후보가 열띤 토론을 하고 있다고 해보자. 이들은 설득력 있는 주장을 펼치지만 심각한 실수나 왜곡된 발언을 하기도 한다. 객관적으로 볼 때 두 후보의 토론은 막상막하의 무승부에 가깝다. 하지만 보수 성향의 시청자는 보수 성향 후보가 이겼다고 생각하는 반면, 진보 성향의 시청자는 진보 성향 후보가 승리했다고 믿을 것이다. 서로 엇갈리는 증거가 제시될 때 우리는 자신의 견해와 일치하는 증거를 더 많이 찾는다.

한 기발한 연구에서는 서로 라이벌팀인 스포츠팬 두 명에게 같은 경기를 본 뒤 자신이 본 경기를 설명하라고 요청함으로써 이러한 경향을 시험했다.[4] 1951년, 논란이 많았던 프린스턴대학과 다트머스대학 간의 미식축구 경기에서 양 팀에 많은 반칙과 부상이 발생했다.

각 대학에서 한 명씩 두 사람의 연구진이 학생들에게 같은 경기 영상을 시청하게 했다. 다트머스대학 팀이 저지른 반칙에 대해, 프린스턴대학 팬은 다트머스대학 팬이 인지한 것보다 두 배나 많은 반칙 장면을 '보았다'. 각 팀의 팬은 같은 경기를 서로 다른 두 가지 버전으로 본 것이다. 열성 팬과 마찬가지로 우리는 항상 믿고 있던 것을 확인하기 위해 원하는 대로 세상을 '본다'. 앞서 언급한 형사와 변호사의 비유와 같이 우리는 결론을 도출한 다음 증거를 수집한다. 다시 말해 원하는 답을 찾았다면 정보 탐색을 멈출 수 있다는 뜻이다. 최소한의 증거로 일찌감치 결정을 내리고, 우리가 믿는 것과 모순되는 정보는 조사하지 않는 것이다.

종합해보면 조건적 자기 수용이라는 문화적 신화를 믿기 때문에 우리에게는 높은 자존감을 추구하려는 강한 열망이 있다. 그리고 긍정적 자아관과 여러 편견을 온전히 유지하는 방식으로 세상을 보려고 한다. 이런 태도는 겸손해지는 길로 가는 데 전혀 도움이 되지 않는다. 내가 잘나지 않았다는 사실을 암시하는 그 어떤 피드백도 무시할 가능성이 있으며, 얼마나 내가 뛰어난지 확인해주는 정보에만 주의를 기울이는 폐쇄적인 회로에 갇히게 된다는 뜻이다. 밝혀진 바와 같이 우리는 본능적으로 나르시시즘적 자기 과시 쪽으로 기울어져 있다. 그래서 겸손을 추구하는 과정에서 많은 노력이 필요하다.

내가 듣고 싶은 말을 해줘

우리 개개인은 천성적으로 진실을 추구하지 않거나 흠잡을 데 없는 정직을 중시하지 않을 수도 있다. 우리가 세상을 정확히 인식하려는 동기가 항상 고상하지는 않으며, 사람들이 있는 그대로 말해주기를 원하지도 않는다. 때로는 진실을 듣고 싶기도 하지만, 우리의 목적이나 선입견에 맞는 피드백을 원할 때가 더 많다. 어떤 생각에 너무 깊이 빠지거나, 자신이 옳다고 확신하거나, 긍정적인 피드백을 듣고자 하는 마음이 강해지기도 한다. 그러면 기분을 더 좋게 하거나 기존 관점을 더 확신하게 만들어줄 긍정적 강화를 위해 진실을 기피하게 된다. 한 가지 견해에 너무 전념하여 대안 검토를 마다하기도 한다. 연구자들은 우리가 추구하는 자기 평가 피드백에 대한 네 가지 동기를 살펴보았다.[5] 네 가지 동기를 하나씩 알아보고, 겸손을 기르려는 노력에 어떤 도움이 되거나 방해가 되는지 살펴보자.

첫째, 우리는 자아를 고양하는 정보를 찾는다. 자아를 보호하고 나를 더 좋게 느끼게 하는 정보나 피드백을 추구한다. 그렇게 나를 추켜세우고 자존감을 높여 나에 대한 긍정적 견해를 유지한다. 그런 식으로 의도적이든 아니든 자존감을 추구할 수 있으며, 출처를 비판하거나 그것이 사실이 아니라며 변명하거나, 아예 단순히 처음부터 관심을 기울이지 않음으로써 기존 견해와 충돌하는 관점을 무시할 수 있다. 기분이 좋아지기를 원하기 때문에 긍정적인 면을 강화하는 피드백을 요청하고 부정적인 면을 암시하는 정보는 피한다. 자존심이 상했거나 위협을 받거나 불안을 느낄 때, 우리는 특히 자기 고양 피드백에 취약해진다. 기분이 좋아지는 데만 정신이 팔려 개선 방법에 대한 솔직한 피드백에 문을 닫는 셈이다. 부정적 피드백을 피하는 것은 우리를 공허하고 미성숙하게 만든다. 자기 고양에 대한 욕망은 세상을 정확히 포용하는 능력을 왜곡하며 겸손을 기르는 데 큰 장애가 된다.

둘째, 다른 사람으로부터 자기 검증 피드백을 구하기도 한다. 우리의 선입견이 옳다는 확신을 얻기 위해서다. 정치나 종교에 깊이 헌신하거나 공적인 정체성이 있거나 세상에서 자신의 위치에 대해 이미 확신이 있을 때, 사람들이 내 생각이 옳다는 사실을 확인시켜주기를 원한다. 심지어 부정적인 믿음에 대해서도 확인받으려 한다. 다른 사람이 자신을 낮게 평가하면 비관적인 자아관과 일치하는 인식을 내재화할 가능성이 커진다. 확실성에 대한 강한 욕구가 있거나 불확실성에 대해 불안해하는 사람들에게는 이런 사고방식이 편할 수도 있다. 여기서도 자신, 타인 또는 세상에 대한 특정 견해에 사로잡히면 새로운 생각, 반대 사례, 반대 의견을 고려할 여지가 사라진다. 심지어 그런 견해가 현재 우리의 견해보다 훨씬 긍정적이거나 광범위한 경우에도 그렇다. 지나치게 확실성만 추구하면 너무 빨리 다른 생각을 배제하고, 차선책에 안주하며, 나에게 동의하지 않는 사람을 침묵시킬 뿐 아니라, 나의 성장 능력도 제한하게 된다.

자기 강화와 자기 검증이라는 두 가지 동기에 대한 열망은 다른 동기를 쉽사리 압도하며 우리의 기본 모드가 될 수 있다. 안타까운 소식이다. 하지만 다행히 성장을 장려하고 더 겸손하게 세상과 소통하도록 하는 피드백을 찾게 만드는 다른 동기도 있다.

셋째, 우리는 목표로 가는 과정을 판단하면서 자기 개선적 피드백을 추구할 가능성이 크다. 원하는 변화를 계획할 때 이런 종류의 피드백을 찾고, 자신이 목적지에서 가깝거나 멀리 있는지에 대한 정보를 구한다. 경주에 참여하기 위해 훈련하는 중이며 5킬로미터를 30분 안에 완주하고 싶다고 상상해보자. 이는 1.6킬로미터(1마일)를 10분 동안 가는 속도보다 약간 빠르다. 훈련 첫날에는 조깅을 하며 1.6킬로미터당 10분 15초를 기록한다. 매주 토요일 아침, 1.6킬로미터당 시간을 다시 확인한다. 몇 주 후 기록은 9분 53초로 빨라진다. 그다음 주, 두 번의 연습을 거르고 난 후 10분 02초로 기록이 뚝 떨어진다. 수분 섭취를 늘리고 어느 정도 연습하면, 몇 주 후에 마침내 다시 9분 49초로 줄어든다. 그리고 경주에 필요한 모든 정보를 종합하면서 지금까지의 접근 방식에 효과가 있는지에 대한 피드백을 수집한다. 우리는 다른 많은 분야에서도 이런 과정을 거친다. 단점을 인식하고 한계나 결함을 보완하기 위해 정확한 피드백을 구한다. 상황에 따라 (러닝워치 같은) 객관적 정보나 (다른 사람의 의견 같은) 주관적 정보에서 피드백을 얻을 수 있다. 이러한 유형의 피드백을 찾으려면 (a) 우리에게 한계가 있으며 성장 가능성이 있음을 알고 (b) 열린 마음으로 피드백을 수용하고 (c) 믿을 만한 지인에게서 피드백을 구하고 (d) 그 지인에게 얼마나 발전하고 있는지 지속적으로 확인받아야 한다. 이렇게 스스로 부족하다고 느끼는 분야에서 격차를 줄이기 위해 열심히 노력할 수 있다.

　마지막으로 피드백을 열린 마음으로 받아들이며 열심히 노력해도 자신을 진정으로 알지 못할 때는 외부에서 제공하는 피드백을 활용해야 한다. 우리의 동기는 정확한 정보를 얻는 것이다. 정확한 정보는 상당한 확신을 주며, 우리가 어디에 있고 다른 사람이 우리를 어떻게 생각하는지 알 수 있도록 돕는다. 이런 정보를 찾는 사람은 상세하고 냉철한 피드백을 선호하는데, 이는 목표를 추구하는 과정에 도움이 된다. 이 피드백은 무척 유용하기 때문에 신뢰할 수 있는 사람이나 해당 분야에 관한 전문 지식이 있는 사람(또는 둘 다인 사람)으로부터 받는 것이 가장 좋다. 예를 들어 우리는 심장 전문의가 우리의 심장 건강에 대해 솔직히 말하기를 원한다. 나 자신을 더 좋게 느끼는 데 도움이 되지 않거나 이전에 믿던 사실을 확인받지 못하더라도, 이는 놀라우리만치 귀중한 정보다. 정보를 기반으로 이후에 염분 섭취를 줄이고 아침 운동 요법을 강화할 필요가 있는지 결정할 수 있다.

　이 네 가지 동기가 어떻게 작용하는지 알아보기 위해 한 가지 예를 들어보자. 직장에서 이번 주 후반에 있을 중요한 회의를 앞두고 프레젠테이션 준비를 하며 동료에게 피드백을 요청한다고 가정해보자. 다가오는 회의에 대해 불안감을 느끼고 있다면, 프레젠테이션이 훌륭하다는 자기 고양적이며 긍정적인 피드백을 원할 것이다. 아니면 주요 내용이 견실하다고 자신하면서도 도입부 구성에 수정이 필요할지 궁금할 수 있는데, 이 경우에는 피드백을 요청해 이미 자신하는 사항도 확인하고, 프레젠테이션의 첫 5분에 해당하는 내용을 세부 조정하는 데 나머지 업무 시간을 투자할 것이다. 또는 프레젠테이션을 보강하기 위해 믿을 만한 동료들에게 피드백을 요청해 회의 전 수정 버전을 보여주기로 약속하고 싶을 수도 있다. 아니면 다음처럼 다른 동기 없이 명료하고 단순하며 정직한 진실을 알고 싶을 수도 있다. '동료들은 이 프레젠테이션을 정말 어떻게 생각하며, 어떤 점을 바꿔야 할까?'

위의 네 가지 동기가 겸손과 무슨 관계가 있을까?

첫째, 우리가 항상 정직을 추구하지 않는다는 점을 깨닫는 데 도움이 된다. 간혹 우리는 사람들이 우리를 기쁘게 하거나 우리가 듣고 싶은 것을 말해주기를 바란다. 문제는 이런 피드백이 주관적으로 기분 좋게 느껴지기는 하지만, 단점을 극복하거나 인간으로서 발전하는 데 도움이 되지 않는다는 점이다. 오히려 자아의 비위를 맞추고 편견 섞인 사고를 하도록 부추긴다.

둘째, 있는 그대로의 피드백을 들을 수 있는 믿을 만한 지인을 찾는 것이 중요하다. 배우자가 그 역할을 맡는다면 고통스러울 수도 있겠지만, 나는 신뢰하는 사람에게 언짢은 말을 듣는 편이 오히려 낫다는 사실을 안다. 잘 모르는 낯선 사람이 내 기존의 믿음에 반하는 말을 한다면 완전히 무시할 수도 있다. 정직하게 피드백을 제공할 수 있으며 내가 그 피드백을 수용하면서 취약함을 드러낼 수 있는 상대와 신뢰 관계를 구축하는 것이 중요하다.

마지막으로 이러한 동기는 성장 과정에서 피드백이 얼마나 중요한지 보여준다. 혼자서는 겸손을 기를 수 없다. 지지와 격려가 필요하고, 가끔은 잔인할 정도로 정직한 친구 한두 명이 필요하다. 이들은 우리가 부족할 때 그리고 발전해야 할 때 이 사실을 일깨워준다.

달갑지 않은 피드백에 주로 어떻게 대처하는가?

피드백이 매우 중요하다는 점을 감안할 때, 사람들은 언짢은 피드백을 받으면 어떻게 대처할까? 간단히 말하자면 그리 잘 대처하지 못한다. 우리의 인지적 성향과 자기 평가적 동기는 교묘하게 숨겨져 있다. 이는 의식 너머에서 작동하기 때문에 조심해야 한다. 사실 이런 성향은 무척 강해서, 우리는 듣고 싶지 않은 정보를 의도적으로 무시하곤 한다. 위협적이라고 인지하는 피드백은 그냥 잊어버린다.

내 박사 과정 지도 교수였던 제프리 그린Jeffrey Green은 자기 보호를 위한 기억 기능 분야의 전문가다. 이 분야는 우리가 자신에 대한 위협적 정보를 어떻게 잊는지에 대해 연구한다.[6] 그린은 연구를 확장하여 우리가 자신과 관련된 부정적 정보를 근본적으로 잊어버리는 '기억 무시mnemic neglect'를 연구했다.[7] 그의 기본적인 연구 조사 방식은 다음과 같다. 참가자들에게 긍정적인 행동(부탁을 받으면 비밀을 지킨다)부터 부정적인 행동(외모로 다른 사람을 놀린다)까지, 자신에 대해 중요하거나(중심적) 중요하지 않은(주변적) 행동을 설명하는 목록을 제시하고, 그 행동이 자신 또는 다른 사람을 가리키는 것임을 알려준다. 얼마 후 연구진은 참가자들에게 목록에서 가능한 한 많은 행위를 기억하라고 요청했다. 그 결과 연구진들은 사람들이 "할머니에게 외설적인 제스처를 취하는 사람"이라는 말보다 "친구에게 한 약속을 지키는 사람"이라는 말을 더 잘 기억한다는 사실을 발견했다. 이는 노인들에게 저속한 손동작을 하는 것을 묘사하는 설명보다 믿음직하거나 친절하다는 긍정적 설명이 자신을 향한 좋은 관점과 더 일치하기 때문이다. 우리는 좋아하는 것은 기억하고, 그렇지 않은 것은 잊는다.

이러한 연구 결과는 충격적이다. 우리는 좋아하지 않는 내 모습에 대한 정보는 말 그대로 까맣게 잊는다. 우리의 이기적인 편견은 인식 수준에 있으며, 기억으로 저장한 정보와 되살려낸 정보를 왜곡한다. 이 현상의 경계를 명확히 정하는 후속 연구는 우리가 자아 개념에 가장 핵심적이라고 생각하는 행동을 위해 기억을 억제한다는 점을 강조한다.[8] 실제로 연구진은 우리가 자신에 대한 여러 정보에서 위협적인 피드백을 정신적으로 분리한다는 사실을 알아냈다.[9] 가장 중요하면서도 자아감과 관련된 정보를 무시하거나 잊을 가능성이 크다는 뜻이다. 이러한 편견은 정확히 가장 큰 피해를 줄 수 있는 곳에 존재한다. 가장 중요한 피드백이 가장 무시된다는 말이다.

정직한 피드백은 우리를 자유롭게 한다

언짢은 피드백에 대한 일반적인 반응에도 불구하고, 믿을 만한 사람을 통해 피드백을 받아들이고 통합하려 애쓰는 일은 매우 중요하다. 실제로 연구에서도 낯선 사람보다는 자신이 좋아하고 아끼는 사람에게서 받는 피드백을 수용하고 기억할 가능성이 크다고 주장하며, 가까운 사람에게서 받는 피드백의 중요성을 강조한다.[10] 편견을 극복하면 성장 영역을 파악하는 데 도움이 되고, 다른 사람과 더욱 진정성 있게 소통하게 된다. 내가 직접 겪고 깨달은 사실이기도 하다.

2018년 늦여름, 나는 대학 친구 몇 명과 로키마운틴 국립공원에 갔다. 우리 네 사람은 대학 때 같은 방을 쓰면서 삶의 결정적인 시기를 공유했고, 서로의 결혼식에 참석했으며, 아이들도 잘 알고 있었다. 이번 여행은 마치 선물 같았다. 사흘 내내 산에서 캠핑하며 카드 게임을 하고 위스키를 마시면서 그동안 밀린 이야기를 나누기로 했다. 직접 요리하고, 함께 떠들며 웃고, 추억을 회상하고, 카드 게임도 실컷 즐겼다.

그런데 둘째 날 밤에 친구 중 한 명인 댄이 갑자기 대화의 방향을 완전히 바꾸었다.

"지금 여기서 뭐 하는 거지?" 댄이 물었다. 이 질문을 모처럼 내 유머를 시험해볼 기회로 삼은 나는 높은 산에서 카드 게임을 하는 것에 대한 신랄한 농담을 던졌다. 하지만 댄은 여전히 심각했다.

"아니, 내 말은 우리가 여기 왜 왔냐고. 앉아서 케케묵은 옛이야기나 하며 서로 몰아세우기만 하잖아. 카드 게임이나 하러 온 건가? 가족과 떨어져 여행을 왔는데 말이야. 오랫동안 서로 못 만나기도 했고. 그런데 고작 이런 식으로 시간을 축내기만 하는 거야? 그럼 난 앞으론 여기 오지 않겠어."

댄의 지적은 내게 너무도 유별나게 느껴졌다. 오랜 친구들끼리 만나 옛 시절의 추억에 빠지고 카드 게임을 즐기는 게 뭐가 문제란 말인가? 하지만 댄이 옳았다. 그때 우리는 감추고 있었다. 지금 어떤 일이 있는지 나누기보다 과거를 돌아보는 쪽이 더 안전했기 때문이다. 취약성을 드러내기보다 농담 따먹기나 하는 게 훨씬 편했다. 우리의 삶보다 카드 게임에 집중하는 게 더 쉬웠다. 2018년 당시 나는 그야말로 엉망진창이었다. 아버지의 건강이 넉 달째 악화되고 있었고, 아버지가 사실 날이 얼마 남지 않았음을 느끼고 있었다. 개인적 삶에도 어려움이 있었다. 건강상의 충격적인 소식으로 휘청거리고 있었고, 나 혼자 동떨어져 여러모로 버티기 힘들다고 느꼈다. 이번 여행으로 감정을 추스를 작정이었다. 그러면서도 나를 사랑하고 잘 아는 사람들과 함께 있는 소중한 자리에서 안전한 곳에 내 문제를 숨겨두기만 했다.

댄의 피드백은 날카로운 비수처럼 내 심장을 파고들었다. 나는 무심하게 맞받아친 후 댄의 눈물 젖은 눈에서 죄책감을 엿보고, 그의 질문이 우리를 탓하는 것이 아니라 우리에게 부탁하는 것임을 깨달았다. 마음을 솔직히 열고 진실한 이야기를 나누자고 청한 것이다. 댄은 우리가 솔직하지 못하다고 지적하고 있었다.

그 순간은 여행, 어쩌면 우리 네 사람이 이야기하는 방식에 있어서 전환점이 되었다. 우리는 자신 안의 카드를 전부 꺼내고 솔직하게 고민을 털어놓았다. 서툴고 힘들기는 했지만 아름답고 가슴 벅찬 경험이기도 했다. 친구들을 존중하는 마음에서 이 책에 자세한 이야기는 하지 못하겠지만, 진정성을 촉구한 댄의 용감한 질문은 우리를 치유하고 우리의 관계를 크게 변화시켰다. 아주 고통스럽긴 했지만 말이다. 먼저 시작해준 댄에게 진심으로 감사하다.

피드백에는 큰 힘이 있으며 우리를 자유롭게 한다. 처음에 나는 댄의 피드백을 수용하고 싶지 않았다. 하지만 그의 말에 귀를 기울여야 했다. 처음에는 마음을 진정시키고 내 행동을 보호하려 애쓰며 감정의 벽을 쌓으려 했다. 하지만 즉시 방향을 수정하지 않았다면 친구들과 터놓고 이야기하고, 그들의 삶에 귀를 기울이며, 내가 아끼는 사람들과 진정한 관계를 경험할 기회를 놓쳤을 것이다. 취약성을 드러내려 노력하지 않았다면 고통스러운 감정을 회피하기 위해 길러진 나의 성향을 알아차리지도 못했을 터였다. 여행 전체를 망칠 수도 있었다. 피드백을 무시하면 인생 전반에서 풍요로운 확장을 경험할 기회를 놓치게 된다.

피드백을 제공하기 위해서는 과감해야 하고, 피드백을 듣고 받아들이는 데도 용기가 필요하다. 믿을 만한 지인들이 피드백을 제공할 때는 그들이 우리를 걱정하거나, 우리가 발전하도록 돕고 싶거나, 더 귀중한 삶의 경험을 얻기를 바라는 마음에서 그런 경우가 많다. 우리를 걱정하고 배려하고 사랑하기 때문에 피드백을 하는 것이다.

피드백을 요청했을 때 삶의 여러 가지 면이 어떻게 개선될지 상상해보자. 1장에서 설명한 대로 겸손의 1단계는 자신의 강점과 한계를 솔직하게 파악하는 것이다. 누구나 편견이 있다는 점을 고려해볼 때 자신을 이해하기 위해서는 옆에 사람들이 있어야 한다. 가치 판단 없이 자신의 능력을 객관적으로 정의할 수 있다면 자신을 더 잘 알고 발전하는 데 도움이 된다. 자신의 강점을 알면 한층 강화될 수 있으며, 한계를 인정하면 원하는 모습으로 성장하는 데도 유리하다.

겸손 기르기: 눈을 떠라

수치심의 함정을 피하고 방어 태세를 완화하며 주변의 피드백을 수용하려면 어떻게 해야 할까? 겸손한 삶을 살고 싶다면 자신을 있는 그대로 파악해야 한다. 먼저 강점과 약점을 정확하게 평가해야 한다. 연구 결과에서도 그 길은 힘든 싸움이 될 것이라고 말한다. 우리가 세상을 보는 방식에는 편견이 있고, 결정적인 정보를 선택적으로 잊는 데다, 이미 믿고 있는 사실을 확인하고 싶어 하기 때문이다. 하지만 희망은 있다. 피드백을 적극적으로 받아들이기 위한 효율적인 방법을 소개한다.

성장형 사고방식을 갖추어라

자신의 특성과 기술에 대해 생각하는 방식을 바꾸면 더 많은 피드백을 얻을 수 있다. 캐럴 드웩Carol Dweck의 연구에 따르면 사람은 저마다 자신과 주변 세계를 대하는 서로 다른 암묵적 이론implicit theory을 갖추고 있다. 어떤 사람에게는 실체 이론entity theory이 있다. 사람은 고정된 존재이며 변하지 않는다는 믿음이다. 반면 어떤 사람은 증가 이론incremental theory을 믿는다. '성장형 사고방식'이라고도 하는데, 사람이 성장하고 발전하며 변할 수 있다는 믿음이다.[11] 실체 이론을 믿는 사람은 재능이나 기술을 더 많이 타고난 사람이 따로 있다고 생각한다. 그래서 고비나 장애물에 맞닥뜨리면 그 상황에 따르는 부담이 자신의 능력을 넘어선다고 생각한다. 그래서 포기하고 한계에 도달했다고 인정한다. 하지만 증가 이론을 믿는 사람은 장애물을 하나의 기회로 보며, 사람은 변하고 성장할 수 있다고 여긴다. 그래서 기술을 발전시키고 능력을 개발하며 어려운 상황을 극복할 방법을 모색한다.

암묵적 이론에 대한 (2만 8000명이 참여한) 100개 이상의 연구를 메타 분석한 자료에서는 두 가지 다른 사고방식의 중요성을 강조했다.[12] 증가 이론 또는 성장형 사고방식을 선택한 사람들은 성과보다 학습을 중요시하며, 목표를 향해 노력하는 과정에서 부정적 감정을 더 적게 느낀다. 실제로 이들은 노력을 새로운 분야에서 능숙해지기 위한 시도로 본다. 한편 실체 이론을 따르며 사람의 특성이 변하지 않는다고 믿는 사람들은 학습보다 성과에 더 초점을 맞춘다. 목표를 성취하는 과정에서 어려움을 겪을 때는 잔뜩 풀이 죽기도 한다.

사고방식은 다양한 상황에 큰 영향을 끼친다. 한 예로 나와 동료는 일련의 연구를 진행하면서, 참가자 몇 명에게는 행복이 고정된 특성이라고 말했고, 다른 몇 명에게는 행복이란 얼마든지 변할 수 있다고 말했다.[13] 행복이 변할 수 있다는 말을 들은 참가자는 성장과 관련된 믿음을 쉽게 받아들이고 더 큰 안녕감을 느낀다고 답했다. 이와 같은 안녕감은 관계와 건강, 일의 전반에서 느끼는 만족감으로 퍼져나간다. (1만 7000명 이상이 참여한) 70개 이상의 연구에 대한 다른 메타 분석에서는 성장형 사고방식이 심리적 불안을 줄이고 대처 능력을 강화하는 현상과 연관된다는 사실을 밝혔다.[14]

이러한 연구 결과가 피드백을 수용하고 겸손을 기르는 것과 관련해 우리에게 가르쳐주는 것은 무엇일까? 먼저 앞의 연구는 성장형 사고방식을 포용하는 것이 유익할 뿐 아니라 정신적으로도 더 건강해지게 할 수 있음을 암시한다. 완벽한 결과보다 과정을 중시하는 태도는 바람직하다. 자신이 배우는 사람이라고 생각하고 성과보다 과정을 우선시하는 자세를 취하면 피드백을 두려워하지 않게 된다. 그리고 피드백을 활용할 수 있게 된다. 스스로 원하는 인물로 성장하기 위해서는 피드백이 반드시 필요하다. 우리는 자신에 대한 부정적 정보를 선택적으로 망각하는데(우리에게는 기본적으로 기억 무시 패러다임이 작동한다), 스스로 개선할 수 있다고 믿는 특성에 대한 피드백을 받을 때는 자기 보호를 위한 기억 전략을 동원하지 않는다. 변할 수 있는 특성에 대한 피드백은 선택적으로 망각하지 않는 것이다.[15] 미래 자아를 개발하는 데 필요한 정보라고 믿기 때문이다. 방어 성향을 줄이는 쪽으로 변할 수 있다는 믿음은 실제로 방어 성향을 줄이고 비판의 쓰라림을 잊게 한다.

자기계발을 우선시하라

피드백을 환영하는 두 번째 방법은 자기계발을 우선시하는 것이다. 나와 제프리 그린이 함께한 초창기 연구 프로젝트에서는 자아에 위협이 되는 피드백을 선택적으로 망각하는 성향을 완화하는 방법에 대해 조사했다. 자기 보호를 위해 특정 기억을 망각하는 경우가 많다는 사실을 고려하여, 어떤 환경에서 사람들이 비판을 더 신중하게 처리하고 부정적 피드백을 간과하거나 잊어버릴 가능성이 줄어드는지 연구해보았다. 그린 교수가 이끈 첫 번째 연구에서 참여자의 절반은 사전에 '열망', '이득', '개발' 같은 자기계발과 관련된 용어를 접했다. 다른 절반은 사전에 '공표', '발꿈치', '여행' 같은 중립적인 단어를 들었다.[16] 자기계발 관련 용어를 접한 사람들은 자아에 위협이 되는 피드백을 잊어버리는 일반적인 전략을 활용하지 않은 것으로 나타났다. 이들은 부정적 피드백을 긍정적 피드백만큼 잘 기억했다.

결과적으로 자기계발을 우선시하면 피드백이 부정적이더라도 적극적으로 그것을 기억하는 능력이 높아진다는 사실을 알 수 있다. 그러므로 발전할 마음이 있다면 까다로운 피드백도 듣고 받아들여야 한다. 발전하겠다는 뜻을 품고 상황에 접근하면 어떤 피드백도 적극적으로 받아들일 수 있으며, 의견 혹은 비판을 받아들이는 기억력도 증가한다. 자기계발을 위한 노력과 성장형 사고방식은 동전의 양면과 같다. 먼저 성장하고 변할 수 있다고 믿어야 그에 따른 노력을 시작할 수 있다.

믿을 만한 지인에게 물어보라

수영하는 법을 배울 때 나는 권위적인 강사보다 멜리사라는 코치의 가르침을 더 적극적으로 수용했다. 멜리사가 나라는 사람을, 내가 잘하는 것을 중요하게 여긴다는 점을 알았기 때문이다. 하지만 내게 비난을 퍼붓고 날 모욕하던 코치는 순전히 자기가 즐기기 위해서 그렇게 행동하는 것처럼 보였다. 나는 그를 믿지 않았다. 이처럼 나의 반응은 피드백을 제공하는 사람이 누구인가에 따라 크게 달라졌다.

연구 결과 또한 나의 경험을 뒷받침해준다. 나는 그린 교수와 함께 피드백을 주는 사람이 얼마나 중요한지 조사해보았다. 사람들이 낯선 사람의 피드백보다 가까운 지인의 피드백을 더 흔쾌히 받아들이는지 알고 싶었다. 누구에게나 다른 사람과 잘 어울리고 조화롭게 지내고 싶다는 강한 욕구가 있다. 그러므로 동료나 배우자, 친구의 부정적 피드백에는 관심을 보이는 편이 유리하다. 우리는 관계를 위험에 빠뜨리거나 사랑하는 사람과 갈등을 초래할 수 있는 정보를 그냥 듣고 넘기지 않는다.

조사에 참여한 사람들은 친한 친구 혹은 동료와 함께 왔다. 두 명씩 실험실에 도착했고 따로 방에 들어가 기억력이 필요한 과제와 가짜 성격 테스트를 수행했다. 그 후 네 명의 참가자 모두 같은 피드백 자료를 받았지만, 두 사람은 그들이 받은 피드백이 함께 온 친구나 배우자가 했다는 말을, 다른 두 사람은 모르는 사람(조사 과정에 참여한 다른 두 명 중 한 명)이 한 피드백이라는 말을 들었다. 예상대로 참가자들은 모르는 사람이 했다고 생각했을 때 자신에 대한 부정적 피드백을 망각하는 자기 보호 기억 전략을 활용했다. 가까운 친구나 동료가 한 피드백이라고 생각했을 때는 이 전략을 쓰지 않았다. 따라서 우리는 자신이 중요하게 생각하는 사람이 제공한 피드백을 더 신중하게 처리하고 기억할 가능성이 크다.

이 연구는 우리가 신뢰하고 아끼는 사람 그리고 우리를 아낀다고 여겨지는 사람에게 피드백을 요청하는 일이 얼마나 중요한지 알려준다. 그런 사람들과 좋은 관계를 유지하고 싶기 때문에 우리는 그들의 피드백을 주의 깊게 듣고 잘 기억한다. 피드백의 내용이 불쾌할 때도 마찬가지다. 피드백이 나에게 도움이 된다고 믿기 때문이다. 관계를 유지하는 데 큰 노력을 기울이기 때문에 이런 충고에 귀를 기울일 가능성이 더 크다. 피드백을 나누기 위해서는 용기가, 경청하기 위해서는 취약성을 받아들이는 인식이 필요하다.

이때 다양한 부류의 믿을 만한 사람들, 즉 우리를 잘 아는 사람 모두에게서 피드백을 얻는 것이 이롭다는 점에 주목해야 한다. 겸손은 관계에 따라 달라지기 때문에, 배우자에게는 겸손하더라도 친구나 직장 동료에게는 그리 겸손하지 않을 수 있다. 혹은 그 반대일 수도 있다. 직장 동료 모두 내가 진실하고 열심히 배우려 한다는 점을 높이 사더라도, 가족은 내가 남의 말을 듣지 않는 잘난 척의 대가라고 생각할 수도 있다. 어느 쪽이든 삶의 여러 측면에서 다양한 권력 관계에 있는 사람들에게 피드백을 요청하려는 것이 좋다. 직장에서 상사, 동료, 후배 등 다양한 사람들에게 피드백을 요청하는 것은 자신이 어떻게 리더십을 발휘하고, 경청하고, 배우는지 통찰력을 얻는 데 매우 중요하다. 가족과 친구, 연인에게 피드백을 요청하는 것 역시 자신에 대해 다채롭고 풍성한 그림을 그리는 데 결정적인 역할을 한다.

안정감에서 출발하라

많은 사람이 조건적 자기 수용conditional self-acceptance을 발달시킨다.[17] 자기 가치가 성공과 외모, 부와 권력 혹은 명성을 바탕으로 만들어진다는 문화적 미신을 믿기 때문이다. 우리 중에는 아름답고, 돈이 많고, 번듯한 직장에 다니고, 화려한 여행 경력을 자랑할 수 있고, 소셜 미디어에서 팔로워 수가 많아야 가치 있는 사람이 된다고 생각하는 사람이 많다. 이와 같은 목록에는 끝이 없다. 자신이 가치 있고 소중한 존재라는 감각을 다른 사람의 손에 맡김으로써 우연성에 자유를 빼앗기고 있다. 삶에 진정한 의미를 부여하거나 세상에 공헌하는 데 도움이 되지 않는, 지루하고 공허한 노력에 헛된 시간과 노력을 쏟고 있다. 이 목록은 우리를 겸손하게 하는 데도 전혀 도움이 되지 않는다. 다른 사람에게 인정받아야 한다는 잘못된 믿음에 사로잡혀 지나치게 높은 수준의 존중을 추구하다 보면 거짓 목표를 세우게 되고 결국 아무것도 이루지 못한다. 하지만 우리는 있는 그대로 가치 있고 충분한 존재다.

이러한 주장에 대한 논리적 타당성을 인정하는 것과 이를 믿고 실천하는 것은 완전히 다르다. 어떤 사람은 인간에게 본질적인 가치가 없다고 생각하는 편이 더 안전하다고 믿는다. 이런 믿음이 그 사람을 거절이나 실망의 아픔에서 지켜주기 때문이다. 또한 가치가 없다고 생각하는 것이 자신이 마땅히 받아야 할 대가라고 말한다. 이런 태도가 자신을 고통에서 지켜준다고 착각하지만, 실제로는 그 사람이 온전하고 진정한 삶을 누리지 못하게 할 뿐이다. 지금까지 어디에서도 얻지 못했고 자기 자신도 줄 수 없는 '자기 확인(긍정)'을 찾아다니는 사람도 있다. 이런 사람에게는 과거에 뼈아프게 무시당했거나 거부당한 경험이 있을 수 있다. 그래서 자신의 경험을 믿는 법을 배우지 못했거나, 자기 고유의 가치나 의미를 믿는 것만으로는 결코 편안함을 얻지 못할 수도 있다. 이와 같은 불안정성에서 시작하면 다른 사람들이 나를 어떻게 생각하는지 지나치게 신경 쓰고, 그들이 나를 싫어할지도 모른다는 아주 작은 암시에도 두려움과 절망을 느낀다.

이처럼 안정감이 부족한 상태는 자존감이 높으면서도 허약한 사람에게서 가장 뚜렷하게 드러난다. 자신을 좋게 생각하는 것이 나쁘다는 뜻은 아니다. 자존감이 높은 것까지는 좋다. 문제는 자신에 대한 높은 평가의 기반이 허약할 때 생긴다. 자존감이 다른 사람에게서 비롯되며 불안정할 때 문제가 되는 것이다. 자존감이 허약한 사람의 경우 위협받는다는 느낌이 들면 공격적 성향이 강화된다.[18] 연구에 따르면 특권 의식과 우월감으로 정의되는 나르시시즘은 위협적인 피드백을 받은 후에 공격적인 성향이 증가하는 것과 관련이 있다.[19] 그러나 건강한 자존감은 공격성과 아무 상관이 없다. 자신을 보는 시각이 지나치게 부풀려지면 우리는 안정감을 잃고 강하게 방어하는 경향이 있다.

상황을 고려하라

마지막으로 사소하고 가끔은 눈에 보이지 않는 다수의 요인이 피드백을 수용하는 방식에 영향을 끼친다. 예를 들어 주변 환경을 떠올려 보라. 당신은 어떤 상황에서 피드백을 요청하는가? 안전하다는 느낌이 들 때인가? 편안한 느낌을 받을 때인가? 환영받고 매력적이라는 느낌이 드는 곳에서인가? 갈등과 권력 또는 부정적 감정과 연관된 자리에서는 어떤가? 환경은 사회적 정보를 처리하는 방식에서 중요한 역할을 한다. 그러므로 시간을 들여 피드백을 요청하기에 안전하고 편안하다고 느끼는 장소를 찾아야 한다.[20]

비판이나 제안을 처리할 준비가 되지 않았을 때 요청하지 않은 피드백을 듣기보다 미리 피드백을 요청하고 듣는 편이 더 안전하게 느꺼진다.

피드백을 요청하기 위한 시간을 마련할 때는 반드시 내면의 상태를 파악해야 한다. 지치거나 배고프지 않을 때, 다른 일에 몰두하지 않을 때 피드백을 더 잘 수용할 수 있다. 스트레스가 심하거나 압박에 시달릴 때는 피드백에 방어적일 수 있다.

마지막으로 피드백을 요청할 때는 갑을 관계가 형성되어 있는지도 생각해봐야 한다. 내가 권력을 쥐고 있는 위치에 있다면, 상대방은 내가 성장이 필요한 부분에 대해 솔직하게 말해주기가 불편할 수도 있다. 믿을 만한 지인이 나에게 통찰을 제공할 수 있는 관계에 있는지도 염두에 두어야 한다. 믿을 만한 지인들에게 그들의 통찰을 반기며 (반박하는 것이 아니라) 수용할 것이라는 확신을 심어주면, 솔직한 피드백을 요청하는 데 매우 유용하다. 예리한 피드백의 힘은 강력하며, 역동적인 변화를 추구하도록 돕는다. 피드백은 자신을 명확하게 알기 위한 출발점이다. 출발점에 서기 위해서는 피드백을 반갑게 받아들여야 한다.

깊은 곳으로 뛰어들기

내 인생은 피드백을 요청하면서 바뀌었다. 6시간 동안의 지구력 경주를 완주하며 인생이 바뀌었다고 말하자니 진부하다는 느낌이 들기는 하지만, 그 경주는 내게 기념비적인 순간이었다. 우리 가족은 심장 관런 질환으로 오랫동안 고생했다. 할머니, 형, 아버지까지 심장병으로 돌아가셨다. 나는 종종 어떤 목표가 너무 원대해서 내가 아닌 다른 사람만이 달성할 수 있다고 생각하기도 했다. 나는 인생 전반에 걸쳐 나를 과소평가하는 데 익숙해져 있었다. 수영할 줄도 모르면서 평생 미뤄온 목표에 도전하기까지 겁도 나고 안절부절못하기도 했다. 하지만 겉보기에 엄청나 보이는 목표를 달성하는 일은 내게 큰 용기를 주었다. 경기를 완주한 후에 나는 그동안 알고 있던 내 한계가 마음속으로 혼자 상상한 것이며, 겉보기에 불가능해 보이는 일도 얼마든지 할 수 있다는 사실을 알게 되었다. 앞으로는 두려워하기보다 매 순간 충실하게 살아야겠다는 결심도 했다. 한계를 인정하고 수영하는 데 필요한 피드백을 요청하지 않았다면, 이 모든 일은 불가능했을 것이다. 누구에게나 발전 가능성이 있지만 도움을 요청할 생각만 해도 불안해지는 영역이 있다고 장담한다. 당신의 두려움을 이해하라. 그리고 자신의 수치심을 극복하기 위해 꾸준히 노력한 사람에게 도움을 요청하라. 깊은 곳으로 뛰어들어라. 분명 그러길 잘했다고 생각할 것이다.

5장 *Reducing Defensiveness*

방어기제
낮추기

몇 년 전 나는 대중 매체에서 겸손에 관한 내 연구를 다룬 첫 번째 인터뷰를 했다. 특히 낭만적인 관계에 집중된 인터뷰였다. 인터뷰가 끝날 즈음 기자는 겸손을 공부한 사람이 실제 생활에서(그리고 낭만적인 관계에서) 얼마나 겸손한지 알아보면 재미있겠다는 생각이 들었다고 했다. 그래서 내가 얼마나 겸손한지 1점에서 10점까지 아내에게 평가를 받아보라고 요청했다. 나는 기자의 제안이 무척 흥미로웠고, 이 작은 실험의 결과를 기자에게 이메일로 알려주기로 했다. 전화를 끊고 지하실에 있는 사무실에서 아내 사라가 있는 1층으로 올라가 질문을 던졌다. 수십 년 동안의 연구가 보상을 거두기를 내심 바라면서 나는 높은 점수가 나오면 직업적인 삶이 개인적인 삶에 영향을 미친다는 증거가 될 것이라 기대했다. 너무 높은 점수를 바라지는 않았다. 8점만 나와도 충분했다. 나는 아내에게 물었다.

"1점에서 10점까지라고? 그럼 4점 줄게." 아내가 대꾸했다.

나는 거칠게 숨을 몰아쉬었다.

"뭐라고? 4점?"

"잠깐만. 겸손 점수가 10점이면 높은 거야, 낮은 거야?" 아내가 확인차 물었다.

"10점이 높은 거지." 내가 대답했다. 갑자기 아내가 오해한 것으로 밝혀져 적어도 중간 점수는 받게 되지 않을까 하는 희망이 생겼다. 그러면 내가 평균 이상으로 겸손하다는 사실을 확인할 수 있을 터였다 (당시 내 반응은 내가 겸손하길 바란다는 모순된 행동이었음을 인정한다).

"아, 내가 생각한 게 맞네. 그럼 4점이 맞아."

심장이 쿵 내려앉았다. 내가 사이비가 된 것만 같았다. 평생 겸손을 연구했는데 나를 가장 잘 알고 내가 가장 중요하게 생각하는 사람이 나를 이토록 겸손하지 않다고 평가하다니? 낭만적인 관계에서 겸손의 중요성을 외친 당사자가 실제로는 이토록 거만하게 행동했다는 말인가? 나는 당황을 금치 못하며 기자에게 인터뷰 결과를 써서 보냈다.

당황스러움이 가라앉자 방어기제가 작동하기 시작했다. 겸손에 있어 결코 효과적이지 않은 전략이긴 했다. 하지만 나는 진심으로 혼란스러웠다. 내가 겸손하지 않단 말인가? 나의 겸손한 특성과 행동을 목록으로 정리해 변명하려 노력했다. 전혀 쓸모없는 짓이었다. 이번에도 나는 모순적인 행동을 하고 있었다. 이내 밑 빠진 독에 물을 붓는 것처럼 헛수고를 하고 있다는 사실을 깨달았다. 잠시 시간을 두고 생각해본 다음, 아내에게 왜 그런 점수를 주었는지 물었다.

인터뷰한 시간은 미시간의 평화롭고 화창한 여름날 금요일 아침이었다. 구름이 잔뜩 끼고 해가 들지 않는 미시간의 겨울철을 보내고 나면, 그 보상으로 5월부터 10월까지 유난히 화창한 날씨를 즐길 수 있다. 특히 6월과 7월이 더없이 근사했다. 우리는 미시간 호수에서 15분 거리에 살고 있었으며, 호수에는 주립공원과 멋진 백사장이 있다. 이 특별한 금요일에 우리는 호수로 나가서 점심으로 피크닉을 즐기며 오후 내내 바쁜 일상에서 벗어날 계획이었다. 11시에 출발하기로 했는데, 사람들이 몰려와 북적거리기 전에 좋은 자리를 찾기 위해서였다. 그래서 함께 점심 준비를 하고 10시 30분에 짐을 챙기기로 했다. 이 점을 익히 알고 있었으면서도 나는 10시에 인터뷰를 마치고 11시 15분이 다 되어서야 지하실의 사무실에서 나왔다. 아내는 준비를 마치고 기다리고 있었다. 점심은 이미 포장되어 있었고, 수건과 자외선 차단제, 호숫가에서 읽을거리도 준비된 상태였다. 아내는 혼자서 모든 일을 마치고 참을성 있게 기다리면서 서서히 사라져가는 소중한 햇빛을 끈기 있게 지켜보고 있었다. 그런데도 나는 극도의 이기심을 발휘하여 아내에게 혼자 호숫가로 차를 몰고 갈 것을 요청했다. 그동안 나는 우리가 사는 곳에서 10킬로미터 정도 떨어진 곳에서 혼자 달리기를 하며 곧 다가올 마라톤 준비를 할 작정이었다. 그리고 마침내 모든 과정을 끝내고 아무렇지도 않게 사라에게 내가 얼마나 겸손한지 평가해달라고 물은 것이다. 나를 인터뷰한 기자에게 후속 자료를 보내기 위해서 말이다.

내가 겸손의 가장 기본적인 부분에서 매우 낮은 점수를 받은 것은 당연한 결과였다. 나는 아내에게 충실하기보다 일을 우선시했다. 호숫가에 나갈 준비를 모두 떠넘겼고, 예정보다 늦게 도착하게 한 데다,

뻔뻔하게도 아내 혼자 호숫가로 짐을 옮기게 했다. 시간을 효율적으로 활용해 호숫가에서 달리기 연습까지 마치기 위해서였다.

이것저것 따져보니 4점은 오히려 관대한 점수였다.

나는 내게 겸손이 부족하다는 사실을 알아차리지 못했다. 솔직한 피드백을 받은 후에는 방어적으로 대응했다. 내가 상당히 겸손하다는 주장을 하기 위한 이유를 쥐어 짜냈다. 오랫동안 공부해온 분야가 아니던가! 게다가 막 겸손에 대한 인터뷰까지 마쳤다. 하지만 아무리 변명해봤자 오히려 내 허점만 커질 뿐이었다. 겸손 전문가라도 마음을 열고 방어기제를 낮추려면 열심히 노력해야만 한다.

방어기제 진단하기

4장에서 피드백을 요청하는 것이 얼마나 중요한지 이야기했다. 하지만 피드백 요청은 겸손을 기르기 위한 첫 단계일 뿐이다. 피드백을 받을 때는 방어기제를 버리고 받아들일 수 있어야 한다. 방어 성향을 극복하는 것은 자신을 점검하는 일의 핵심 요소다. 우리의 기본적인 대응은 종종 상대에게 벽을 치고 변명을 하게끔 되어 있다. 아내에게 피드백을 요청했을 때 나는 아내의 답변에 만족할 수 없었다. 자아가 상처를 받았기 때문에 자신을 방어하려는 기본 성향이 작동한 것이다. 피드백을 받아도 즉시 무시해버린다면 아무런 도움이 되지 못한다. 나의 입장을 방어하는 것은 상대의 피드백을 듣지 않은 것이나 다름

없다. 더 겸손해지려는 노력으로 한 걸음이라도 나아가려면 어째서 내가 방어적이고 폐쇄적인지, 피드백을 감사한 마음으로 수용하기 위해 이 성향을 어떻게 극복할지 배워야 한다.

우리가 자주 방어기제를 드러내는 데는 깊은 심리적 원인이 있다. 연구에서는 인간의 생각과 행동을 형성하는 데 영향을 끼치는 실존적 현실의 힘을 강조한다. 과거 학자들은 우리 모두 인간으로서의 근본적 한계와 타협해야 하며, 우리 각자가 인간이라는 존재의 근본적인 한계를 받아들이고, 불확실한 세상에서 선택을 해야 하며, 거듭되는 실존적 질문과 씨름해야 한다고 주장했다. 저마다 고립감을 느끼고, 정체성을 바로잡으며, 궁극적으로 죽음에 이르는 현실에 직면하면서 의미 있는 삶을 살아가야 한다는 것이다.[1] 이와 같은 현실은 감당하기 힘든 불안을 불러일으킬 수 있다.[2] 이 잠재적인 두려움에 맞서기 위해 우리는 세상을 이해하고 유의미한 현실 개념을 창조하기 위한 문화적 세계관과 프레임을 만들고 이에 집착한다. 우리 모두에게는 인간이 어떻게 존재하게 됐는지(빅뱅, 진화, 신의 창조, 창발), 인간이 어떻게 행동해야 하는지(도덕, 관습, 법, 올바른 행동), 사람이 죽으면 어떻게 되는지(환생, 내세, 무), 무엇이 의미 있는 삶을 만드는지(자선, 선행, 성공)에 대한 믿음이 있다. 의미 있는 실존 방식으로 인간의 삶과 죽음을 이해하고 실존적 두려움을 막기 위해 문화적으로 검증된 방법에 매달린다. 나 자신에게 불안을 다스릴 수 있는 이야기를 들려준다.

문제는 세계관을 고수하기 위한 심리적 부담이 너무 커서 스스로 만든 서사의 한 부분이라도 틀렸다는 사실을 감지하는 순간, 전부 다 틀렸다는 느낌에 사로잡힐 수 있다는 점이다. 어떻게 살아가야 할지, 내세가 있는지 없는지에 대한 믿음이 틀렸다는 느낌은 상당한 두려움과 불안을 불러일으킨다. 실존적 우려 때문에 우리가 자신을 보는 방식을 비롯한 대부분의 문제에 방어기제를 사용하게 된다는 뜻이다. 내가 이기적으로 행동한다는 말은 나를 긍정적으로 보는 시각에 반하는 것이었고, 그 순간 자기 인식이 틀렸다는 사실도 밝혀졌다. 그렇다면 내가 또 잘못 보고 있는 점은 무엇일까? 나는 내 시각의 오류를 돌아보기보다 방어적으로 대응했다.

수많은 연구 결과 역시 우리가 방어기제를 활용하는 이유를 실존적 접근 방식으로 설명한다. 실제로 20개국 이상에서 수행된 300개 이상의 실험에서 자신의 소중한 믿음이 언급되거나 이를 문제시할 때 문화적 세계관을 방어하려 하는 것이 타당한 반응이라고 주장했다.[3] 이러한 방어는 일상의 번거로움과 삶의 즐거움을 겪는 동안 주로 무의식적이고 자동적으로 일어난다. 실제로 비극적인 일이 벌어지거나 친구가 상기시켜 줄 때를 제외하고, 죽음이나 삶의 의미에 대해 생각하는 경우가 별로 없다면, 방어기제가 제법 잘 작동하고 있는 셈이다.

문화적 세계관은 문화권마다 무척 다르며, 민족주의, 부족중심주의, 도덕적 태도, 인류에 대한 시각, 고정관념, 편견, 종교, 현실에 대한 개념, 진실, 지식, 인간성 등 수많은 신념을 포함하고 있다. 세대에 걸쳐 대물림되고 사회적으로 검증된 이념을 한 번에 볼 수 있는 원스톱 상점인 셈이다. 많은 사람이 문화적 신념을 그저 '주어진' 것으로 받아들인다. 우리가 세상을 보는 방식이 유일하지는 않더라도 최선이라고 가정한다. 그래서 우리와 같은 문화적 세계관을 공유하지 않는 사람을 만나면 방어적 성향을 취하는 경향이 있다.

우리는 직접적인 질문을 받으면 자신에 대한 공격으로 인식할 뿐만 아니라, 다른(배타적인) 의견이 존재한다는 사실만으로도 우리 중 누군가가 틀렸다는 뜻으로 해석한다. 이러한 상황에 맞부딪힐 때 우리는 으레 이렇게 생각한다. '내 견해는 틀리지 않았다.' 그러므로 당연히 다른 사람이 틀렸다고 보는 것이다. 그래서 자신이 다른 사람의 시각에 흔들리면 상대를 설득해 그 시각을 뿌리 뽑으려 한다. 자신의 믿음과 의견을 계속 지키려 애쓰는 동시에 다른 사람의 뜻을 바꾸려는 것이다. 이러한 전략이 통하지 않을 때, 우리는 동의하지 않는 사람들을 비판하고, 헐뜯고, 배척하고자 한다. 더 나아가 그들의 존재 자체를 위협으로 여기며, 안타깝게도 그런 시각을 지닌 사람을 공격이나 폭력으로 몰아붙이는 것을 나와 대립하는 시각을 제거하는 가장 쉬운 방법이라고 생각한다. 이처럼 자신의 시각을 옹호하는 것은 자신의 이데올로기를 보호하려는 동기에 의한 폭력으로 이어질 수 있다.[4] 우리는 자신이 옳다는 것을 증명하기 위해 온갖 수고를 아끼지 않는다.

우리의 신념이 우리가 세상을 이해하도록 돕기 때문에, 신념과 직접적인 관련이 없는 문제에 대해서도 기본적으로 방어기제가 작동하여 반응한다. 방어기제가 작동하는 양상은 카드로 얼기설기 쌓아 올린 집과 같다. 카드 한 장을 빼면 집 전체가 무너져버린다. 삶의 의미를 찾으려 애쓰고 있는데, 죽음처럼 인간에게 무척 중요한 문제에 대해 믿고 있던 신념이 갑자기 흔들린다. 이런 상황에서는 방어기제를 활용하여 기존의 믿음을 단단히 움켜쥐고 최대한 확실하게 유지하는 편이 더 편안하고 쉽다고 느껴질 때가 많다.

이 과정은 겸손에 있어 커다란 장애물이다. 신념의 실존적 기능은 우리가 틀렸을 때 이를 인정하거나 수정하는 것을 어렵게 만든다. 우리의 신념이 잠재적 불안을 막고 있기 때문에 겸손하게 대응하는 방법을 배우려면 신념을 수정하거나 특정 문제에 관한 입장을 재고하면서 심리적 불안을 견디는 일이 필요하다. 한 가지(혹은 여러 가지) 신념에 대해 틀렸다는 사실을 인정할 때는 불확실성에서 오는 고통을 참아내야 한다. 수많은 상황에서 실존적 불안을 다스리려는 욕망이 우리를 폐쇄적이고 완고한 사람으로 만든다. 그렇게 거만한conceit 사람이 되는 것이다.

필사적으로 자존감에 매달리기

실존적 두려움을 다스리는 두 번째 방법은 어떻게 해서든 자존감을 지키는 것이다.[5] 우리는 한 번씩 자신이 세상에 의미 있는 변화를 창출하는 중요한 기여자라고 상상한다. 이와 같은 상상에 대한 경험적 근거가 아무리 적더라도 자신을 대단히 긍정적인 시각으로 보기도 한다. 연구자들에 따르면 자존감을 지키기 위한 주된 방법은 문화적 세계관의 기준에 따라 사는 것이다. 종교인은 종교적 신념을 수호하기 위해 애쓰고, 어떤 이는 남다른 애국자가 되려 하는 등 우리 모두 저마다 부와 아름다움, 건강과 지성에 관련된 사회적 기준에 맞추려 노력한다. 이 기준을 충족하면 스스로 만족스럽다고 느낀다. 기준을 달성하지 못하면 수치심을 느끼거나 집단에서 소외된다는 느낌을 받는다.

우리는 여러 가지 방식으로 자존감을 좇는다. 직접적으로는 칭찬과 존경을 얻기를 원하고, 다른 사람의 인정을 받으려 하며, 다른 사람이 우리를 높게 평가하길 바란다. 인스타그램 팔로워, 페이스북의 '좋아요' 수, 리트윗 수 등 긍정과 포용의 표시를 통해 자신이 사랑받고 가치 있는 존재라는 점을 확인한다. 간접적으로는 통장 잔고, 집, 연봉, 표창이나 상처럼 수치화할 수 있고 비교가 가능한 증거에서 가치를 찾는다. 우리는 종종 나보다 열악한 위치에 있는 사람과 자신을 비교하고, 피지배 집단을 억압하는 위계질서를 정당화함으로써 자아관을 개선하려고 한다. 인간은 이와 같은 잣대로 다른 사람의 가치를 낮추는 한이 있더라도 자신의 중요성과 의미를 확인받도록 설계되어 있다.

특히 일시적이고 변덕스러운 방식으로 자존감을 채우려는 사람에게는 스스로 충분한 존재임을 확신하는 것이 끊임없는 과제가 된다.

이들은 시시때때로 변하는 문화적 기준에서 가치를 찾으려 한다. 스스로 통제할 수 없거나 외부에 의해 결정되는 요인에 자신의 가치와 의미를 확인받으려 하면, 내가 남보다 낫다는 사실을 내세우는 데 연연하며 취약한 자아 개념에 사로잡힌다. 진정한 겸손은 안정감을 통해서만 얻을 수 있다. 자신의 가치를 증명하기 위한 부단한 노력은 불안정에서 비롯되는 방어기제를 자극하기 때문에 겸손을 실천하는 데 있어 큰 장애물이 된다.

자신의 세계관에 굳건히 매달리는 데다 자존감까지 내세운다면 기본적인 방어기제를 높이는 상태가 된다. 한편으로는 어떻게 해서든 나의 세계관을 지키려 하고, 다른 한편으로는 존재 가치와 의미를 확보하기 위한 수단으로서 문화적 기준에 따라 살고 있는지 거듭 확인한다. 이 두 양상이 결합하여 상대를 용서하기보다 상대와 경쟁하려는 성향을 부추긴다. 이해하려 하기보다 내가 옳다고 주장하려 한다. 방어기제가 이런 상태로 작동하고 있다면 겸손을 실천하는 연습이 무척 어렵거나 아예 불가능할 것이다. 방어적인 상태에서는 약점을 인정하거나 다른 사람의 의견을 존중하기 어렵다. 문화적 가치 기준을 충족하려는 실존적 압박에 시달린다면 자아를 통제하기도 어려워진다. 이러한 방어기제의 문제를 해결하지 않으면 자아도취에 빠지거나 이념적 편협함에 갇히고 말 것이다. 하지만 다음 요소는 우리에게 방어기제의 수렁에서 빠져나올 대안을 제시한다.

의미 추구

인간으로 살아가는 데 가장 기본이 되는 원칙은 의미를 창조하려는 독특한 욕망에 있을 것이다. 연구자들은 인간이 의미 창출자로 태어났다는 주장에 동의한다.[6] 인간은 쉽고 자연스럽게 삶에 의미를 부여하는 서사를 창조한다. 의미는 지루한 일상을 위대한 것으로 바꾸고 평범한 일상에 특별함이 깃들게 한다. 무엇보다 인간은 여러 가지 영역에서 의미를 발견할 수 있으며, 이 중 한 영역이 위협받으면 다른 영역에서 의미를 찾으려 한다.

예를 들어 직장에서 프레젠테이션을 망치고 자존감에 타격을 입었다면 친구에게 연락해 다른 사람과의 소속감이나 연결감을 확인하려 할 것이다. 연인에게 서운함을 느끼면 미래를 위한 안정감을 얻기 위해 퇴직 연금을 확인할 수도 있다. 이 모든 영역은 삶의 의미를 제공하며 우리는 자연스럽게 혹은 무의식적으로 한 영역에서 위협을 받으면 다른 영역에서 보상받으려 한다. 의미를 창조하고 지키려는 욕망은 유동적이며 저절로 일어난다. 우리는 의미에 연결되어 있다.

의미란 무엇인가? 의미에는 세 가지 부분,[7] 즉 삶이 전반적으로 순조롭다고 느끼는 일관성에 대한 감각, 스스로 중요하다고 느끼게 하는 중요성의 감각, 나보다는 더 큰 일에 기여한다는 목적의식에 있다.[8] 일관성에 대한 욕망은 무척 거대하다. 우리는 기본적으로 일상에서 일어나는 사건을 이해하려 하며, 항상은 아니더라도 대체로 사건이 부정적이기보다 긍정적이기를 바란다. 그래서 예상치 못했거나 안 좋은 사건이 생기면 매우 혼란스러워한다. 이런 사건을 의미 없는 것으로 치부하기도 한다. 우리는 일관성을 추구하기 위해 예측 가능성에 의지한다. 시간이 흐르고 경험이 쌓이면 인간에게는 정보를 해석하고 구성하기 위한 스키마 또는 해석의 틀이 발달하며, 이는 무엇을 예측하고 어떻게 세상을 이해할 수 있는지 알려준다. 연인은 친절하고, 상사는 나를 지지해주며, 달리기 동료는 명랑한 성격이라는 사실을 알고 있다고 해보자. 연인이 무례하게 굴거나 상사가 나를 꾸짖거나 동료가 말이 없으면 우리는 즉시 그 이유를 알고 싶어 한다. 기본적인 스키마에 맞지 않은 상황은 무엇이든 관심을 불러일으킨다. 평상시 일상이 흘러가는 방식과(예를 들어 피터는 평소 10킬로미터를 함께 달리는 동안 즐겁게 대화를 이끈다) 현재의 모습이(피터가 무뚝뚝하고 말이 없다) 다르다고 느끼면 그 이유가 무엇인지 이해하기를 원한다. 가끔 이러한 차이를 기존 스키마에 통합시키며(피터는 일에서 겪는 고충으로 고민이 있을 뿐 우리는 여전히 함께 달리며 이야기를 나누는 좋은 친구다) 세상을 보는 방식을 유지한다. 스키마 자체를 아예 바꿔야 할 때도 있다(피터는 감정적으로 내게 거리를 두고 있으며, 내 생각처럼 우리가 친하지 않을 수도 있다).

　스키마는 일관성의 감각을 제공하는 데 매우 유용하기 때문에 우리는 스키마를 바꾸는 데 주저한다. 연구에 따르면 사람들은 스키마를 바꿔야 하는 정보가 나왔을 때도 이를 바꾸길 꺼리는 것으로 나타났다.[9] 고전적인 사회심리학의 사례에서 연구진은 1954년 12월

21일에 세상이 멸망할 것이라 예언한 리더가 이끈 광신 집단을 집중적으로 분석했다. 리더는 추종자들에게 우주에서 온 방문객이 고른 몇 명만이 대재앙에서 살아남을 것이라고 말했다. 세상이 멸망한다는 예언이 틀린 것으로 드러났음에도, 리더는 자신이 틀렸다고 인정하지 않고 가족과 직장을 멀리한 채 종교에 전념한 몇 사람의 믿음이 온 세상을 구했다고 주장했다.[10] 그가 틀렸다는 증거가 확실하게 드러났음에도 추종자들의 믿음은 변함없이 굳건했다.

틀렸다는 증거가 분명한 상황에서도 기존의 생각을 바꾸기는 어렵다. 우리는 세상에 대한 지속적이고 일관적인 이해를 원한다. 그래서 새로운 피드백을 흡수하는 과정을 어려워하며, 이 과정이 잘 되지 않을 때도 많다. 이와 같은 저항은 대체로 세상에 대한 특정 서사를 믿고자 하는 바람에서 비롯된다. 그런 바람이 스스로 의미 있는 존재라고 믿는 데 도움이 된다. 우리는 의미를 추구하는 존재이기 때문에 세상의 거의 모든 현상을 이해하고 싶어 한다. 군인이 나라를 지키고 고고학자가 진실을 밝히려 노력하는 이상으로, 자신이 세상을 보는 방식을 지키려 한다.

우리는 일관성의 감각 외에도 내가 중요한 존재라는 느낌을 받길 원하며 강렬한 목적의식을 추구한다. 중요한 존재라는 느낌은 내가 하는 일이 세상을 바꾸고 있다고 느낄 때처럼 스스로 존중받고 사랑받는다고 느낄 때 생긴다. 세상에 그리고 주변 사람에게 중요한 무언가에 기여할 때 생기는 자기 가치감이기도 하다. 목적의식은 지역사회나 중요한 사명처럼 자신보다 더 큰 무언가를 위해 명확한 방향을 설정하고 추구하는 것을 말한다. 그리고 장기간의 목표를 향해 노력할 수 있도록 우리에게 동기를 부여한다. 인간은 이와 같은 세 가지 의미를 창조하기 위해 열심히 일한다.

연구에 따르면 우리는 무의식적으로 자신이 믿고 있는 삶의 의미를 지키려 한다.[11] 초기 연구 프로젝트 중 하나에서 나와 동료들은 참가자들을 실험실로 불러 단어 짝 맞추기 과제를 풀게 했다. 참가자들이 대상 단어의 색깔 혹은 숫자를 확인하는 데 집중하는 동안 크기가 더 작은 '중심' 단어는 아주 짧은 시간 동안(약 0.05초) 제시되어 컴퓨터 화면의 한구석에서 나타났다. 사람들의 시야 주변에서 순간적으로 나타나는 깜박임의 정체는 '혼란', '텅 빈', '쓸모없는'과 같이 존재를 위협하는 단어이거나 '의자', '메아리,' '용광로' 같은 중립적인 단어였다. (이후 인터뷰를 할 때야 확인하게 되는) 단어를 알아차리지 못했더라도 무의식적으로 삶의 의미에 위협을 받은 참가자들은 몇 가지 차원에서 삶을 더 의미 있는 것으로 평가했다. 자존감이 더 높았고, 삶에 대한 확실성도 컸으며, 친구들과도 더 잘 어울리고, 종교에 대한 회의감도 적고, 스스로 대담한 의미 창출에 대한 만족도도 더 컸다. 알아차리지도 못한 사이에 삶의 의미에 위협을 받은 사람들은 자신의 삶에 진정 의미가 있다고 강조했다.

방어기제는 우리의 기본 상태다

인간에 대한 잔혹한 진실 중 하나는 우리의 방어기제가 본능적이라는 점이다. 불확실성에 대한 두려움도 크다. '잘 모르는 상태'를 좋아하지 않으며, 우리 문화는 지식이 부족한 상태를 본질적으로 그릇된 것으로 치부한다. 이런 진실은 삼키기 힘든 알약과 같다. 누군가는 자신에게 방어기제가 있다는 사실을 인정할지 모른다. 하지만 곧 자신이 잘못되지 않았다거나 다른 사람은 더 나쁘다는 증거를 수집하기 시작한다. 이는 방어기제의 또 다른 표현일 뿐이다. 이 성향은 우리의 내면 깊숙이 자리 잡고 있다.

방어기제는 여러 가지 형태로 나타난다. 첫째, 우리에게는 자신이 옳다고 믿고 싶은 욕망이 있다. 세상에 대한 자신의 시각을 다른 사람에게 확인받기를 원한다. 그래서 자신과 믿음을 공유하는 사람과 친구가 되며, 의견이 다른 사람 주변에는 가지 않으려 한다.[12] 내가 틀렸을 때는 관계를 해치는 일이 생기더라도 내가 옳다는 사실을 증명하는 방법을 찾으려 애쓴다. 자신이 정말 옳다는 사실을 증명하기 위해 증거를 왜곡하기도 한다(1장에서 검토한 모든 편견을 상기해보라). 스스로 옳다고 생각하려는 욕망은 다른 사람의 피드백을 수용하기 어렵게 한다.

우리는 또한 확실성을 추구한다. 세상은 예측하기 힘들며, 앞으로 어떻게 될지 알고 있는 편이 유리하다. 인간은 지적이고 자기 인식 능력이 있으므로 마음속으로 미래의 자신을 '투영'할 수 있다. 즉 여러 다른 미래를 상상할 능력이 있다. 이와 같은 정신적 시뮬레이션은 의미 창출의 강력한 원천이다.[13] 우리는 다른 장소에서 다양한 사람, 색다른 환경에서 다채로운 경험을 즐기는 자신의 모습을 상상할 수 있다. 하지만 삶이 항상 기대한 대로 흘러가지 않는다는 사실도 잘 안다. 그래서 이런 가능성에 대한 커다란 불안을 품고 살아간다. 갑자기 불치병에 걸리거나, 버스에 치이거나, 낯선 사람의 공격을 받거나, 자연재해를 겪거나, 연인에게 버림받거나, 직장에서 해고당할 수 있음을 알고 있다는 뜻이다. 심리치료사들은 삶에 대한 통제력 부족과 뚜렷한 선택지가 없는 상황에도 불구하고 결정을 내려야 하는 부담감이 불안을 비롯한 여러 정신 질환의 주요 원인이라고 설명한다.[14] 우리는 불확실한 세상에서 확실성을 얻고자 한다. 그래서 어떻게 해서든 확실성에 매달리고 가능할 때마다 불확실성을 피하려 한다.

마지막으로 앞서 언급했듯이 기존의 스키마에 부합하는 방식으로 세상을 해석하고 싶어 하기 때문에 방어적으로 행동한다. 내가 원하는 대로만 세상을 본다. 믿음과 어긋나는 사실은 부정하고, 기존의 믿음을 강화하는 정보만 추구하고 관심을 쏟는 데 익숙한 나머지 자신이 방어적으로 행동한다는 사실조차 깨닫지 못할 때가 많다. 자신이 실제로 얼마나 편협한지 깨닫기란 어려운 법이다. 기존의 세계관에 위협이 되는 사건을 겪으면 우리는 재빨리 다른 영역으로 이동하여 새로운 의미를 찾아 자신을 보호하려 한다. 이와 같은 보상 반응은 어떻게 하면 덜 방어적이고 더 개방적으로 변할 수 있을 것인가에 대한 중요한 단서를 제공한다. 삶의 중요한 의미를 위협받았을 때 방어기제가 작동하기 때문에 의미를 구축하는 작업은 우리에게 더 안전하다는 느낌을 주며 자기 보호에서 비롯된 반응을 줄이는 데 도움이 된다.

마음 열기: 방어기제를 낮추는 방법

인간이 의미에 대한 욕구를 충족할 때(스스로 중요한 사람이라고 느끼며 목적의식이 생길 때) 가장 잘 번성하는 의미 추구형 동물이라는 사실을 알고 나면, 본능적인 방어 반응 없이 새로운 생각에 마음을 여는 법을 배울 수 있다. 방어기제를 낮추어 겸손을 개발하는 네 가지 방법은 다음과 같다. 의미를 창출하는 영역을 확인하고, 한계를 수용하며, 사회적 투자를 다변화하고, 자신이 틀렸다는 사실을 증명하기 위해 노력하는 것이다.

첫째, 의미를 창출하는 영역을 확인하기 위해 노력하는 것은 자신의 시각에 대한 위협에서 나를 지키는 동시에 방어기제를 낮추도록 돕는다. 연구에 따르면 의미(관계, 자부심, 확실성, 가치)를 찾는 방식은 상호 교환적으로 이루어진다.[15] 인생의 의미를 강화하기 위한 방식을 찾으면 다른 영역의 의미에서 어려움이 생길 때 더 잘 대응할 수 있다.

둘째, 자신의 한계를 수용하는 것이 중요하다. 겸손에는 나의 약점과 강점을 정확하게 인식하는 작업이 따른다. 나에게 결함이 있다고 인정하면 나에 대한 시각과 자기 인식을 재구성하는 데 도움이 되며,

얼핏 보기에 부담스러운 정보도 덜 위협적으로 느끼게 된다. 나에게 한계가 있음을 알고 이를 시인하면, 내가 세상을 보는 방식과 충돌하는 피드백을 들어도, 이를 내가 세상을 이해하는 방식 속으로 자연스럽게 흡수할 수 있다. 가끔 나도 틀릴 수 있다고 인정하면 내가 틀렸다는 사실에 좀 더 편안해진다. 틀린다는 것이 자연스럽게 느껴지기 때문이다.

셋째, 사회적 투자를 다변화하는 일도 중요하다. 방어기제는 같은 믿음을 공유하는 사람들에 의해 강화되기 때문에 나와 생각이 다른 친구, 가족, 동료가 필요하다. 삶에서 풍부한 목소리를 들으면 다채로운 시각을 접할 수 있다. 내가 좋아하는 사람들이 나와 다른 방식으로 세상을 본다는 사실에 익숙해지면 방어적 반응이 줄어든다. 사람마다 다른 관점이 있음을 인정하고, 서로 보편적인 인간성의 특성을 공유한다는 사실을 인지하면, 나의 관점과 전혀 다른 관점을 접했을 때도 부정적으로 반응할 가능성이 줄어든다.

마지막으로 아마도 가장 어려운 과제는 내가 틀렸다는 사실을 증명하려고 의식적으로 노력하며 차차 마음을 열어가는 것이다. 모순돼 보이는 이 접근 방식에는 나의 가장 깊은 신념에 맞서는 정보를 찾기 위해 노력하는 일이 포함된다. 자신에게 맞서는 법을 배우고 나의 시각과 반대되는 시각을 접하려 노력하는 것은 폐쇄적인 방어기제의 함정에 빠지지 않게 하는 강력한 도구이며, 현명한 의사결정의 주요한 특징이기도 하다.

의미 창출의 영역 확인하기

세상을 보는 관점은 가장 지속적이고 지배적인 삶의 의미 중 하나를 제공한다. 실제로 우리는 자신이 보는 현실이 유일한 현실이라고 믿고, 자신의 수많은 가정을 기정사실로 받아들인다. 어떻게 남들이 나와 다른 관점으로 세상을 볼 수 있단 말인가? 누군가가 세상을 나와 다른 관점으로 보고 있다면 분명 그 사람이 틀린 것이다. 세상을 보는 관점은 우리 내면에 너무 깊이 스며들어 있어 바꾸기 어렵다. 그래서 이 관점에 맞지 않는 정보를 접하면 그것이 근본적 위협으로 다가온다. 하지만 다행히 의미를 찾는 데는 수많은 방법이 있다. 연구에 따르면 의미를 찾는 영역이 다양할 때 우리는 세상에 대한 견고한 관점을 느슨하게 하고, 우리의 신념을 수정할 수 있는 가능성을 더 기꺼이 받아들일 수 있게 된다고 한다.

연구에서는 우리가 다양한 의미의 원천을 상호 교환적으로 경험한다고 주장한다. 한 영역에 대한 위협은 다른 영역에서 의미를 추구하도록 이끈다. 하지만 이와 같은 영역 간 상호 교환성이 단순한 반사작용만은 아니다. 미리 삶의 의미를 찾으려 노력하여 추후 방어기제를 낮추는 전략으로 활용될 수도 있다.

자기 확인(사람들이 자기의 가치나 의미가 중요시된다고 느끼는 방식을 일컫는 광범위한 개념)에 관한 장기간의 연구에서는 자신이 중요하다는 사실을 확인받은 후 사람들이 훨씬 덜 방어적으로 반응한다고 밝혔다. 이 연구의 창시자는 클로드 스틸Claude Steele로, 그는 사람들이 중요하게 생각하는 가치를 확인받으면 진정성과 성실성의 감각이 높아진다고 주장했다. 그래서 더 안전하다고 느끼며 방어적으로 행동할 가능성이 줄어든다는 것이다.[16]

자기 확인은 핵심 가치를 곰곰이 생각하거나 의미 있는 관계를 반추하는 것처럼 여러 형태를 취할 수 있다. 실존적 두려움은 방어기제의 강력한 선동가다. 자기 확인으로 위협에 대한 방어적 반응을 줄일 수 있을까? 한 연구에서는 몇몇 참가자에게 핵심 가치를 확인하게 한 후 결국은 죽고 말 것이라는 사실을 일깨웠다. 그런 다음 그들의 핵심 가치를 강화하거나 이에 의문을 제기하는 여러 편의 글을 읽게 했다.[17] 연구진은 핵심 가치를 확인받지 않았을 때 사람들이 자신이 죽고 만다는 사실을 되새긴 후 더 방어적인 성향을 취하며 자신의 시각에 반박하는 글(과 저자)을 더 부정적으로 평가한다는 결론을 내렸다. 하지만 핵심 가치, 즉 의미를 확인받은 후에는 위협 앞에서 더 개방적인 자세를 취했다.

나는 동료들과 몇 년 전 이 검사를 반복하고 확장해보았다.[18] 학생들을 실험실로 불러 그들의 가장 소중한 믿음과 그 믿음이 생긴 이유에 대한 글을 써보라고 했다. 그리고 다른 학생들과 서로 글을 바꿔서 읽게 했다. 짝이 된 학생이 글을 다 쓸 때까지 기다리는 동안 학생들에게 과제를 할당했다. 3조로 나누어 1조는 자신의 중요한 믿음에 관해 쓰게 하고, 2조는 가장 중요한 세 가지 관계에 대해, 3조는 다음 주 계획에 대해 써보게 했다(비교를 위한 통제 집단이다). 학생 대부분이 종교적 믿음이 강했기 때문에 연구 계획을 세울 때 자신의 종교적 믿음과 반대되는 '상대'의 글을 읽도록 설정했다. 학생들에게 나눠준 글에서는 사회에 해악을 끼친 종교의 위험에 대해 자세히 다루었다. 우리는 종교적 성향이 강한 참가자들에게만 초점을 맞추었다. 이 실험이 그들의 세계관에 위협이 되는지 확실히 알고 싶어서였다. 학생들은 '상대'의 글을 읽은 후 자신의 글을 돌려받았다. 글이 형편없고 비논리적이며 미성숙하고 편견이 심하다는 피드백과 함께였다. 마지막으로 학생들에게 '상대'에 대한 피드백을 제공하고 상대의 능력을 평가할 기회를 제공했다. 관계에 대한 글을 쓴 참가자들이 가장 덜 방어적이었다. 그들은 반대 의견을 쓴 상대에게 가장 높은 점수를 주었다. 결과적으로 관계 확인 집단이 방어기제를 줄이는 데 있어 가장 효율적이었다. 자기 확인 과제를 수행한 집단이 뒤를 이었고, 통제 집단은 가장 비효율적인 성과를 보였다. 예전의 어느 연구에서는 한 사람의 자아를 확인하는 데 초점을 맞추는 것이 방어기제를 낮춘다고 주장했다. 하지만 우리의 연구에서는 소중한 관계처럼 다른 영역에서 의미를 확인하는 것 역시 전혀 다른 가치를 믿는 사람의 비판에 따른 방어기제를 줄이는 데 효과적이라는 사실을 발견했다. 사랑하는 사람을 떠올리면 낯선 사람에게 받은 비판의 상처를 줄일 수 있다. 다른 영역에서 삶의 의미를 유지할 수 있기 때문이다.

우리는 대체로 반박당하는 것을 좋아하지 않으며 방어적으로 반응할 때도 많다. 하지만 이런 성향을 바로잡을 수 있다. 사랑하는 사람과 핵심 가치, 일이나 반려동물처럼 삶의 여러 영역에서 생기는 의미를 스스로 상기하여 삶의 의미를 확대하고 진정성과 성실성의 감각을 키우면 다가올 위협에 덜 예민해질 수 있다. 의미를 얻는 영역에서 안전하다고 느끼면 마음을 열고 변할 수 있다. 이때 안정감과 성장 사이의 균형이 중요하다. 성장을 위해서는 먼저 안정감을 확보해야 한다. 그러므로 훗날 말다툼을 하고 상대방을 헐뜯거나 무시하거나 자신이 세상을 보는 관점을 내세워 방어적으로 반응하고 싶다는 생각이 들면, 잠시 시간을 들여 스스로 의미 있다고 생각하는 일을 떠올려보라. 잠깐 생각해보기만 해도 다시 중심을 잡고 안정감을 확보하며 색다른 생각에 마음을 여는 데 큰 도움이 될 것이다. 그리고 지금까지와는 달리 세상을 보는 새로운 관점이 처음에는 낯설더라도 생각보다 훨씬 흥미롭다는 사실을 깨달을 것이다.

한계 수용하기

이런 말을 꺼내긴 싫지만, 사람은 누구나 제법 큰 결점이 있다. 나 역시 내 결점을 알고 있다. 그 결점을 별로 되새기고 싶지 않을 뿐이다. 아내가 내 겸손 점수를 10점 만점에서 4점으로 준 기억을 떠올리면 아직도 고통스럽다. 결점 같은 것은 생각도 하고 싶지 않다. 누군가가 내 결점을 지적하면 속이 쓰리다. 나와 비슷한 사람이라면 누구든 자신의 결점을 이야기하지 않을 것이다. 부족한 부분보다는 잘하는 부분에 초점을 맞추고 싶을 것이다. 내가 가진 인간관계의 결점 또는 오래된 음식을 절대 버리지 않거나 헌 옷을 기부하지 않는 성향보다는 마라톤이나 일에서 내가 거둔 성과에 대해 이야기하고 싶다. 그리고 내가 틀릴 수도 있는 다른 분야에 대해서도 이야기하고 싶은 마음이 들지 않는다.

이미 확증편향이 얼마나 위험한지 살펴보았다. 우리는 원하는 정보를 찾고 나면 더 이상의 정보 검색을 중단한다. 다른 방식으로 해석될 수 있는 정보가 제공되어도 자신이 동의하는 정보에만 관심을 기울이고 나의 관점을 정당화하거나 뒷받침하려 할 뿐 반대 의견은 그냥 잊어버린다(이 과정을 '태도 극화attitude polarization'라고 한다). 하지만 이렇게 폐쇄적인 사고의 틀이 우리의 숙명은 아니다.

우리는 색다른 정보에 대한 방어적 접근에서 벗어날 수 있다. 최근 연구에서는 한계를 수용하고 인정하는 것이 마음을 여는 데 도움이 된다고 주장한다.[19] 21세기에 사람들의 일상은 대부분 상호 의존으로 이루어진다. 우리에게는 서로가 필요하다. 나 역시 내가 창조하지 않은 직업을 얻고, 내가 만들 수 없는 노트북으로 글을 쓰며, 내 손으로 지을 수 없는 집에서 살고 있다. 내가 키우지 않은 재료로 만든 음식을 먹고, 내가 제조하지 않은 차를 운전하며, 내가 바느질하지 않은 옷을 입는다. 그렇지 않았더라면 이 책을 쓸 수 없었을 것이다. 진화론적 관점에서 보면 인간은 서로 도우며 집단적 문제를 해결했고, 분업을 통해 집단으로 더 쉽게 생존하게 되었다. 전문화가 되어감에 따라 모든 일을 혼자서 할 수 없다는 사실도 알게 되었다. 잘하는 일도 있지만 부족한 분야도 있기 때문이다. 마찬가지로 자신의 한계를 인정하는 것 역시 우리 모두 도움을 주고받으며 살고 있다는 감사한 깨달음으로 전환될 수 있다.

노벨상 수상자인 대니얼 카너먼Daniel Kahneman은 우리가 자연스럽게 자신의 편견으로 치우치는 경향이 있다고 설명한다. 그는 이를 '시스템 1 사고'라고 불렀다.[20] 이 유형의 사고는 빠르고, 무의식적이며, 비자발적이고, 감정 중심적이며, 직관적이다. 이 사고를 통제하지 않으면 우리의 기본 사고방식이 된다. 하지만 동기가 생기고 정신적 역량이 뒷받침되면(주의가 산만하지 않고, 스트레스를 받지 않을 때) '시스템 2 사고'로 전환할 수 있다. 이 사고방식은 느리고, 합리적이며, 의식적이고, 신중하다. 잠시 마음을 가다듬기만 해도 자연스럽게 작동하는 방어적 반응을 극복할 수 있다. 스스로 한계가 있음을 깨닫고 결함을 인정하려 하면 기본적이고 오만한 방어적 반응을 의도적으로 통제할 수 있다.

사회적 투자를 다변화하기

대부분의 경우 사회적 삶은 내면의 삶을 반영한다. 우리는 가치를 공유하는 배우자를 고르고, 믿음을 공유하는 친구를 선택하며, 관심사를 공유하는 커뮤니티를 찾는다. 대부분 자신과 닮은 사람들과 시간을 보내고 싶어 한다. 초기 심리학 연구에 따르면 특정 주제에 대해 의견이 다른 사람과는 친하게 지내기 어렵다고 한다. 그 주제가 자신에게 정말 중요한 문제일 때는 더 어렵다.[21] 그럴 때 우리는 태도나 의견을 바꾸거나, 관계를 정리한다. 대학 시절 처음 데이트를 시작할 당시, 아내는 〈서바이버Survivor〉라는 텔레비전 프로그램의 애청자였다. 파일럿 에피소드 후 몇 년째 에피소드를 시청했고, 당시 프로그램이 방영되던 목요일 밤마다 보았다. 나는 어느 목요일 밤 아내의 집에 찾아가 밖에서 저녁 식사를 하자고 했다. 하지만 아내는 집에서 텔레비전을 봐야 한다며 거절했다. 목요일 밤마다 같은 상황이 반복되자 나는 그 프로그램이 아내에게 얼마나 중요한지 알게 되었다. 그래서 나는 아내와 함께 〈서바이버〉를 보기 시작했다. 그리고 〈서바이버〉를 함께 보는 일은 우리가 매주 즐기는 일상의 일부가 되었다. 나는 서바이버 티셔츠를 입었고, 에피소드가 쉴 때는 아내와 프로그램에 대한 이야기를 나누었다. 솔직히 시즌 한두 개에 나오는 설정을 따라 하기도 했다. 쇼에 출연하는 경쟁자들이 각 에피소드에서 점수를 따기 위해 하는 행동들이었다. 나는 순식간에 프로그램에 깊이 빠져들었다.

이 일화는 그저 사람들이 사랑에 빠지는 시기에 관한 유쾌한 추억일 뿐일 수도 있다. 하지만 전혀 드문 일이 아니다. 사랑에 빠질 때 우리는 모두 자신의 삶과 자아감에 연인의 특성을 통합하기 시작한다. 연인 간의 다툼은 긴장감을 불러일으키므로 즉시 사랑하는 사람의 태도와 내 태도를 맞추려 한다. 상대가 나보다 더 강하게 의견을 주장하면 빨리 나의 태도를 바꾼다.[22] 두 사람 모두 자기 주장을 강하게 내세울 때는 관계를 조정하거나 거리를 두거나 아예 갈라서기까지 한다. 동일한 과정이 더 넓은 사회적 관계에서도 이루어진다. 우리는 나와 의견이 같은 친구를 만나고, 의견이 다른 사람은 멀리한다.

하지만 안타깝게도 이런 태도는 배타적인 반향실 효과를 형성한다. 편파적인 견해를 형성하여 나와 생각이 같은 사람들에게 확인받고, 나와 생각이 다른 사람을 불신한다. 우리만의 세계를 창조하여 자신에게 들려주는 이야기를 강화하고, 조금이라도 나의 견해에 반기를 드는 사람들에 대한 편견을 조장한다.

이는 우리의 인간관계, 이웃, 직장, 사회 그리고 세상에 모두 문제가 된다. 배타적으로 행동하면서 다른 사람을 무시하거나 비판해서는 안 된다. 이러한 분열은 폐쇄적인 성향과 편견, 증오, 폭력을 조장한다. 또한 나와 같지 않은 사람에 대한 그릇된 믿음을 형성한다. 폐쇄적인 사고를 피하고 편견을 줄이는 확실한 방법 중 한 가지는 접촉 가설에 관한 심리 연구에서 찾을 수 있다.[23] 중립적이거나 긍정적인 집단의 평범한 구성원들과 규칙적으로 소통하면 시간이 흐르면서 점차 편견이 줄어든다. 그리고 차츰 '타인'을 우리와 같은 사람으로 보기 시작한다. 공감과 자비심도 발달한다. 다른 사람의 관점을 더 잘 이해하게 되면서 시야가 넓어진다. 다양한 성향의 믿음을 가진 사람들과 소통함으로써 흔들림 없이 고수하던 믿음을 내려놓을 수 있다.

나는 대학에서 강의를 가르칠 때마다 학생들에게 자신과 다른 사람들을 찾아보고 그들과 친구가 되어 사회적 네트워크를 다변화하라고 권한다. 학생들은 민족, 종교, 문화, 경제 계층, 정당, 삶의 단계가 다른 친구를 만나야 한다. 다른 음악이나 텔레비전 프로그램을 즐기거나, 다른 취미나 관심사가 있거나, 출신 배경이 전혀 다른 사람도 좋다. 강의에서 나는 학생들에게 자신과 다른 종교의 전통 행사에 한 번 이상 참여하라는 과제를 내주었다(어떤 종교에서는 예배 장소일 수도 있다). 자신과 다른 사람을 접하며 기꺼이 불편을 겪으려 하지 않는다면, 배움과 성장을 멈추고 폐쇄적인 사고와 행동 방식에 갇히고 말 것이다. 그러므로 다양한 목소리에 귀를 기울이는 일은 방어기제를 낮추는 데 핵심적인 부분이라 할 수 있다.

하지만 주의하라. 사람들은 다른 성향을 가진 사람과 긍정적인 상호작용을 할 때 종종 예외를 두기도 한다. 자신이 알게 된 사람이 '특별한 경우'라고 생각하고 집단 전체에 적용하지 않는 것이다. 이와 같이 예외(하위 스키마sub-schema)를 만드는 함정을 피하고 방금 사귄 친구처럼 나와 다른 사람도 친절하고 상냥하며 재미있다는 사실을 깨달아야 한다. 알고 지내는 사람들의 층을 다변화하면 완강하게 나의 믿음을 지키기 위해 자동으로 튀어나오는 반응을 줄이는 데 도움이 될 것이다.

틀렸다는 사실을 증명하기

내가 틀렸다는 사실을 증명하는 것 역시 방어기제를 완화한다. 우리에게 이미 있는 믿음과 태도를 강화하기 위한 정보를 추구하는 성향인 확증편향 논의를 떠올려보자. 예를 들어 친구가 인색하다고 여긴다면 우리는 그 친구가 관대하게 행동하지 못한 증거를 찾으려 하고,

밥을 사주거나 공항으로 데리러 와준 일은 잊어버린다. 자신이 알고 있는 바와 반대되는 증거를 접했을 때 우리가 자주 내뱉는 반박은 "그건 나도 알아!"다. 그런 다음 재빨리 어쨌든 자신이 옳다는 증거를 찾고, 이에 반대되는 산더미 같은 사실과 데이터는 간단히 무시한다. 우리는 보고 싶은 대로만 세상을 본다. 이런 성향은 세상을 해석하는 자신의 관점을 흐릿하게 하고, 집단의 여론에 부합하는 정보만 찾으려는 욕망을 부추기는 등 집단의 의사결정 과정을 오염시켜 문제를 일으킬 수도 있다.

이 성향은 무척 자연스럽게 나타나기 때문에 적극적으로 제어하려 노력해야 한다. 이를 위한 강력한 방법은 의도적으로 자신이 틀렸다는 사실을 증명하려 노력하는 것이다. 적극적으로 자신의 믿음을 비판함으로써 수행할 수 있다. 내가 틀렸다는 증거에는 무엇이 있을까? 예전에 내가 무시하던 문제에 대해 잘 알고 있는 사람은 누구일까? 그 사람은 해당 주제에 대해 뭐라고 말할까? 나의 주장에 맞서는 의견에는 무엇이 있을까? 종합해서 말하면 다음과 같다. '내가 왜 틀렸을까?'

가장 오랜 믿음 중 하나에 대해 생각해보라. 종교적 신념이나 정치적 견해, 기후변화나 이민 정책에 대한 관점이나, 수정헌법 2조(총기 휴대 및 소지의 권리)에 대한 해석이나 자유 시장에 관한 입장일 수도 있다. 직접적인 의문이나 아주 상세한 조사를 거치지 않고 그저 '바꿀 수 없는' 것이라 치부하며 가장 소중한 믿음을 옹호하려는 것은 자연스러운 일이다. 아무 의심 없이 우리는 이런 믿음을 고수한다. 하지만 그 믿음에 푹 빠져 무슨 수를 써서라도 이를 보호하기 시작하면 마음이 닫히고 진리를 탐구할 수 없게 된다. '내가 틀렸다는 사실을 증명'하려면 용감하게 대안적인 시각을 찾아 나서야 한다. 자신의 견해에 반박하는 것부터 시작하라. 내 주장의 취약점은 무엇일까? 이 주제에 대해 발견하지 못한 사실이나 정보는 어디에서 얻을 수 있을까? 왜 이 믿음을 고수하게 되었으며, 어느 부분에 맹점이 있는가?

이 연습의 목표는 나를 옹호하기 위해 더 많은 정보를 구하려는 것이 아니다. 꼭 가장 소중한 믿음을 바꾸거나 정당 혹은 종교를 옮겨야 하는 것도 아니다. 핵심은 현명하고 분별 있는 사람에게도 나와 다른 믿음이 존재할 수 있고, 몇 가지 사항에 대해서는 내가 틀릴 가능성이 있으며, 그 가능성이 제법 클 수 있음을 깨닫는 것이다. 모든 것을 아는 사람은 없다. 우리 중 누구도 항상 옳을 수는 없다. 이런 현실을 거듭 깨닫는 방법을 모색하는 연습은 나의 관점에 누가 이의를 제기했을 때 덜 방어적으로 대응하는 데 도움이 될 것이다. 이미 내 한계를 알고 있으면 나의 관점이 부분적으로나마 틀렸다는 사실을 인정하기가 훨씬 쉽다.

겸손을 실천하기

방어기제에 대한 이 모든 이야기는 오히려 우리를 더 방어적으로 만들 수도 있다. 이 모든 일들이 조금 성가시게 느껴질 수도 있다. 다른 사람에게는 필요한 행동이지만, 나에게는 해당하지 않는다고 여길 수도 있다. 나는 이미 꽤 겸손하기 때문이다. 더 겸손해질 필요가 있다는 이야기는 다른 사람에게나 필요한 말이다. 내가 오랫동안 겸손을 연구해왔기 때문에 스스로 개방적이고 겸손하다고 생각했던 것처럼, 여러분도 자신이 겸손해질 필요가 다른 사람만큼 크지 않을 것이라 생각할지도 모른다. 하지만 이 역시 나의 자부심을 높이고 믿음을 안전하게 지키기 위해 치밀하게 설계된 방어기제일 뿐이다. 방어기제 뒤에 숨으면 성장할 수 없다. 방어기제를 낮추는 전략을 찾는 것은 더 나은 사람이 되기 위해 노력하는 과정에서 중요한 일이다.

나 역시 번번이 작동하는 방어기제 때문에 애를 먹는다. 내가 인간이기 때문이다. 그렇더라도 나와 다른 목소리에 귀를 기울이려 애쓴다. 다른 관점을 찾으려 노력한다. 배경이 다르고 관심사가 다른 사람과 친구가 되려 한다. 나의 결함을 인정하려 한다. 앞으로 내가 다시 멍청한 실수를 저지를 것이라 확신한다. 그저 지난 금요일 호숫가에서처럼 행동하지 않길 바랄 뿐이다. 하지만 앞으로 다시 실수하게 된다면 더 빨리 잘못을 인정하고 책임을 지고 용서를 구할 것이다. 정직한 피드백을 수용하고 변하기 위해 더 열심히 노력할 것이다. 쉬운 길은 아니다. 나 역시 이런 일에 서툴다. 그래도 계속 노력할 생각이다. 방어기제를 개선하는 데 있어 이보다 좋은 방법은 없기 때문이다.

공감
형성하기

몇 년 전 나는 매우 다른 두 가지 소통을 경험했다. 어떤 관계는 왜 잘 풀리고 다른 관계는 잘 안 풀리는지 일깨워준 경험이었다. 두 대화의 가장 큰 차이점은 대화할 때 서로 얼마나 많이 공감했는가에 있었다. 곧 살펴보겠지만 공감 형성은 겸손을 키우는 데 결정적인 요소다.

친구인 윌슨 부부가 나와 아내를 그들의 좋은 친구인 맥스웰(가명) 부부에게 소개해주었다. 윌슨 부부는 우리 여섯 사람이 잘 어울리기를 원했다. 우리 부부가 그들처럼 맥스웰 부부와 깊은 유대를 쌓고, 모두 더욱 풍성한 관계를 누리기를 기대했다. 윌슨 부부는 들떠 있었다. 우리는 잔뜩 기대에 부풀어서 가장 좋아하는 식당 중 한 곳으로 저녁 식사를 하러 갔다. 앞으로 몇 년, 어쩌면 수십 년 동안 알고 지낼 새로운 사람을 만나는 자리는 언제나 우리를 설레게 한다.

주문한 음료가 도착하기를 기다리는 동안 맥스웰 씨는 우리에게 무슨 책을 읽고 있느냐고 물었다. 독서광인 아내는 최근에 읽은 몇 명의 작가를 언급했다. 두 명 혹은 세 명의 저자를 이야기했을 무렵 불쑥 그가 끼어들었다.

"아, 알겠어요. 이제 부인이 어떤 사람인지 짐작이 가네요."

우리는 깜짝 놀랐다. 맥스웰 부인은 몹시 당황한 표정을 지었다. 식당의 공기가 착 가라앉았다. 누군가 어설픈 농담을 해서 팽팽한 긴장감을 풀려 했고, 나는 첫 음료를 다 마시기도 전에 두 번째 음료를 시킬 궁리를 했다. 그때 아내가 나를 돌아보더니 낮은 목소리로 말했다. "나도 저 남자가 어떤 사람인지 짐작이 가."

그가 얼마나 공감 능력이 부족한지 지켜보는 건 경이로울 정도였다. 그는 내 아내가 어떤 사람인지, 아내의 지적 관심사는 어떤지 전혀 알려고 하지 않았다. 아내가 작가나 특정한 책을 어떻게 생각하는지도 묻지 않았다. 자신의 결론을 말하기 전에 아내에 대한 그 어떤 정보도 더 알아보려는 노력을 하지 않았다. 한마디로 그는 아내가 왜 책을 읽는지에 대한 자신의 해석을 바탕으로 아내를 섣불리 판단했다.

그날 밤의 나머지 시간은 부자연스럽고 딱딱한 분위기로 흘러갔다. 그렇게 우리는 서로 공감할 기회를 놓치고 말았다. 거만을 뻔뻔스럽게 드러내는 사람의 태도에 적잖이 기분이 상했다. 오래가는 친구 사이가 되지도 못했고, 애피타이저가 나오기도 전에 함께 휴가를 떠나기로 한 계획은 산산조각 났다. 새로운 친구를 사귈 기회가 엉망진창이 되고 만 것이다. 그날 이후 우리는 각자의 길로 돌아섰고, 우리 부부는 지금까지 그날 밤의 끔찍한 저녁 식사 이야기를 꺼내곤 한다.

두 번째 경우는 첫 번째 사건과는 완전히 다르다. 그로부터 몇 달 후 한 학생이 면담 시간에 나를 찾아왔다. 그는 불안해하며 내 연구실에 들어와 문을 닫더니 자기 이야기를 들어줄 수 있는지 물었다. 나는 학생에게 앉으라고 말하고 무슨 일이 있는지 물어보았다.

학생의 눈가에 눈물이 고였다. 그가 말했다. "반 통게렌 교수님, 절 도와주셨으면 해서 찾아오게 되었어요. 학교에서 교정에 안전 담당자를 배치할 생각이라는 말을 들었거든요. 그게 얼마나 끔찍한 계획인지 말씀드리고 싶어요. 친구들도 저처럼 생각할 거예요. 그런데 애들한테 얘기해봤는데 아무도 제 말에 관심을 보이지 않더라고요. 그래서 교수님께 말씀드리면 어떨까 해서요. 이런 말씀 드리기가 솔직히 쉽지 않았어요. 흑인 여성으로서 저는 교수님 같은 백인 남성이 두려울 수밖에 없거든요. 그냥 여기 온 것만 해도 최선을 다했다고 생각해요. 하지만 교수님께서도 관심이 있으실 것 같아요. 수업 시간에 인종과 폭력, 편견에 관해 말씀하셨잖아요. 그래서 이해해주실 것 같았어요. 우리가 다뤘던 편견과 차별에 관한 연구가 기억나서 교수님께서는 이 문제에 대해 제 얘기를 들어주실 거라 생각했어요. 저는 정책이 실제로 바뀔까 봐 정말 겁이 나거든요. 그러면 앞으로는 마음 편히 학교를 다닐 수 없을 거예요. 친구들도 마찬가지고요. 하지만 저희에게는 이야기를 들어주고 대신 학교 측에 이야기해서 조치를 취해줄 사람이 필요해요. 도와주실 수 있나요?"

나도 모르게 눈가에 눈물이 고였다. 교수 생활을 하며 처음으로 연구실에서 그리고 학생이 보는 앞에서 눈물을 흘렸다. 그가 취약성을 드러내어 자신의 문제를 나에게 털어놓은 점에 감동을 받았다. 두려움을 마주하고 나와 같은 백인 남성 교수에게 도와달라고 부탁하는 데 얼마나 많은 용기를 냈을지 나로서는 그저 상상만 해볼 따름이었다. 학생에게 나를 찾아와줘서 영광이라고 말하고, 결정권자에게 학생의 우려를 전해 모처럼 낸 용기를 헛되이 하지 않겠다고 약속했다. 우리는 수업에 들어가기 전 잠시 더 이야기를 나누었다. 그는 내게 취약성을 느끼는 상황에 대해 내게 솔직히 말하기까지 얼마나 많은 용기를 내야 했는지 이야기했다. 나는 그녀가 느끼는, 그래서 나에게 알려준 권력의 격차를 분명하게 언급했다. 그녀가 나를 두려워한다는 사실에는 당황했지만, 나를 믿어준 점에는 감사했다. 대화를 마치고 우리는 맥이 풀리고 지친 것 같다는 느낌도 들었다. 하지만 바람직하고 도움이 되는 과정이라는 데 동의했다.

학생이 보여준 용기는 내게 공감의 힘을 새삼 일깨워주었다. 나는 학생의 두려움과 취약성뿐 아니라 용기와 확신도 느낄 수 있었다. 나는 그녀의 관점 그리고 학교의 결정이 그녀에게 어떤 영향을 미쳤는지를 더 잘 이해하려고 노력했다. 더 잘 들으려 애썼다. 그러고 나서 행동을 취했다. 우선 이메일을 보냈다. 결정을 내린 당사자들과 만났다. 대학 측은 정책 변화에 반대하겠다는 결론을 내렸다. 나는 학생에게 연락해 교무처에 그의 우려를 전달했으며, 그들이 이야기를 듣고 적절하게 대응했다는 사실을 알려주었다. 학생의 용기는 보상을 받았다. 변화가 일어났다.

처음에 학생은 이 사실을 믿지 못했다. 내가 계속 연락을 해주니 안심하면서 놀라기도 했다. 나는 교무처와 더불어 학생에게 다시 연락해 일을 마무리 지었다. 그리고 나를 신뢰하여 깊은 고민을 털어놓은 데 얼마나 감사한지 말했다. 학생이 연구실에 찾아왔을 때 그의 우려를 가볍게 일축하거나 다른 사람이 도와줄 것이라 여기고 넘겼을 수도 있다. 하지만 내가 공감에서 우러나온 반응을 보였다는 사실에 나 스스로 무척 감사하다. 내 행동이나 학생의 이야기만으로 교무 담당자들의 뜻이 바뀌었다고 말할 수는 없다. 하지만 분명 도움이 되었다. 이 행동은 더 큰 지역사회를 변화시켰을 뿐 아니라, 그 과정에서 우리 둘 모두를 변하게 했다. 우리가 경험한 또 다른 측면은 인종적 치유 과정이다. 학생은 나를 믿을 수 있을 것 같다고 말했다. 나는 나의 권력과 특권뿐 아니라 나라는 사람이 다른 사람에게 어떤 영향을 미치는지 배웠다. 그 순간, 용기와 공감이 있었기에 어렵고도 바람직한 일을 실천할 수 있었다.

겸손해지기 위해 우리가 취할 수 있는 가장 큰 걸음은 아마도 깊고 진실한 공감을 형성하는 과정일 것이다. 공감에는 두 가지 면이 있다고 정의된다. 다른 누군가의 관점을 이해하는 능력 그리고 다른 사람을 향한 연민과 따뜻한 마음이다. 이러한 마음 덕분에 사람들은 어려운 상황에 처한 사람을 위로하거나 달랠 수 있다.[1] 다른 말로 표현하자면 공감에는 새롭게 눈을 뜨는 것(다른 사람의 관점을 받아들이는 것)과 마음을 열어(방어기제를 낮추고) 다른 사람의 감정적 표현에 관심을 기울이는 일이 포함된다. 공감은 다른 사람의 욕구와 가치를 먼저 살필 수 있게 한다. 공감은 겸손의 세 번째 특성인 나 자신을 넘어서는 문

제를 해결해준다. 우리는 공감을 통해 삶의 모든 면에 변화의 물결을
퍼뜨릴 수 있다.

사회적 동물

인간이 근본적으로 사회적 동물이며, 더불어 살아가려는 강력한 욕
구가 있다는 점은 심리학에서 잘 알려진 사실이다. 인간은 자신이 잘
어울린다는 느낌을 받을 때, 다른 사람들로부터 환영과 수용을 받는
다고 느낄 때 번성한다. 진화론적 관점에서 보면 소속의 욕구는 자연
스러운 것이다. 혼자보다 집단으로 행동할 때 살아남기가 더 쉽다. 포
식자나 적대적인 집단을 상대할 때 다른 사람들이 제공하는 이점이
작용하기 때문이다. 그리고 자손을 낳을 배우자도 찾아야 한다. 이 강
력한 동기는 우리의 심리적 구조에 너무 깊이 뿌리박혀 있어 이를 거
부당하면 몸이 쇠약해진 느낌이 들 수도 있다. 어떤 사람은 집단에서
배제된 후 공격적인 성향을 보이기도 한다.[2]

긍정적인 사회 관계를 지속적으로 발전시키고 배양하며 유지하는
데 도움이 되는 요소 중 하나가 바로 공감이다.[3] 연구에 따르면 우리
뇌는 주변 사람의 감정을 인지하고 모방하도록 설계되어 있다.[4] 우리
에게는 감정적 반응을 담당하는 뇌의 일부를 활성화하여 주변 사람
의 감정적 경험을 모방하는 거울 뉴런이 있다. 이 때문에 고통받는 사
람을 보면 그 고통을 함께 느낀다. 유사하게 우리 뇌에는 다른 사람의

관점을 볼 수 있는 메커니즘이 갖춰져 있다. 다른 사람이 보는 방식대로 상황을 볼 수 있는 것이다. 동시에 이런 감정적 관심과 관점 수용은 친사회적 방향으로 노력을 쏟게 해 어려움에 처했다고 느끼는 사람들을 돕게 한다.

왜 공감이 중요한가?

공감에 관한 가장 흥미로운 초기 연구 중 일부에서는 우리가 이기적인 동기를 초월하고 더 이타적으로 변하게 하는 데 공감이 중요하다고 주장한다. 연구에서는 오래된 철학적 질문을 다룬다. 과연 순수한 이타주의가 존재하는가? 우리는 진정 이타적일 수 있을까? 다른 사람을 도울 때 기분이 좋아지거나 개인적·사회적 혜택을 얻지는 않는가? 단지 자신의 자존감을 높이기 위해 다른 사람을 돕는 것일까? 다른 사람을 도우면 장차 이득이 발생하기 때문은 아닐까? 아니면 다른 사람을 돕고자 하는 욕망은 단순히 이기적인 관심에서 비롯된 것이 아니라 더 고상하고 자비로운 동기에서 비롯되는 것일까?

연구자들은 다음과 같은 기본적인 질문에 대한 답을 얻고자 했다. 무엇이 우리가 이타적으로 행동하도록 동기를 부여하는가? 공감이 유력한 후보로 떠올랐다. 대니얼 뱃슨Daniel Batson과 그의 연구팀은 진정한 이타주의가 실제로 존재하며 공감이 그 핵심 기제라고 줄기차게 주장해왔다. 실험 참가자들에게 동료 참가자의 요구에 대해 알려주거나 일부 참가자가 실험실의 다른 참가자에게 표면적으로(실제로는 아니다) 전달되는 전기 충격의 수를 줄이게 하는 것과 같은 기발한 연구를 활용해, 뱃슨은 다른 사람의 고통을 줄이고 어려움을 겪는 사람을 돕게 하는 공감의 역할을 거듭 강조했다.[5] 또한 개인적 보상(자존감이나 칭찬)을 얻거나 사회적 처벌(죄책감이나 수치심)을 피하는 것과 같은 이기적인 가짜 동기가 작용할 만한 경쟁적인 상황을 배제했다.[6] 이기적 동기가 널리 퍼져 있기 때문에 자신을 넘어 도움이 필요한 사람을 돕기 위해서는 공감이 절실히 필요하다.

사람들과 관계를 맺을 때 다른 사람을 돕고자 하는 악명 높고 교활한 동기 중 하나가 도덕적 위선이다. 이는 도덕적으로 행동하기 위해 치러야 하는 비용을 들이지 않으면서 다른 사람과 자신에게 도덕적으로 보이려는 것이다. 뱃슨과 동료들은 위선적인 마음의 내부 작동에 대한 실험을 마련했다. 한 연구에서 뱃슨은 참가자들에게 다른 사람이 어떤 실험에 참여할지 결정하는 역할을 부여했다. 한쪽 실험에서는 정답을 맞힐 때마다 30달러의 상금을 받을 수 있는 추첨권을 획득하는 과제가 주어졌고, 다른 실험에서는 보상의 기회가 전혀 없는 과제가 주어졌다.[7] 분명 전자의 선택지가 후자보다 선호되며 참가자 대부분이 이에 동의했다. 이처럼 독재적 권력이 작용하는 상황에서 참가자 대부분은 다른 사람을 유리한 실험에 배정하는 게 도덕적으로 옳은 일이라고 생각했음에도, 대부분 자신에게 유리한 선택을 했다. 후속 연구에서는 참가자들이 과제를 할당할 때 동전 던지기를 활용할 수 있는 기회가 추가로 주어졌다. 당연히 동전 던지기가 훨씬 더 공정한 방법이다. 참가자의 절반만이 동전 던지기를 하기로 결정했고(나머지 절반은 자신의 결정에 따라 실험을 할당했다), 동전 던지기를 실시한 참가자 중 거의 모두가 여전히 유리한 작업을 스스로에게 할당했다. 그들은 동전 던지기라는 도덕적인 과정을 선택했지만, 그럼에도 불구하고 참가자의 90퍼센트(우연보다 훨씬 높은 비율)가 자신에게 유익한 결과를 주었다. 참가자들이 동전 던지기의 결과를 무시하고 자신이 원하는 것을 하겠다고 결정한 것이다. 참가자들이 어느 쪽이 어느 사람을 대표하는지 선택적으로 잘못 기억하여 자신을 속일 가능성을 배제하기 위해 다른 연구에서는 '자신'과 '타인'이 표시된 동전을 사용하여 모든 의심을 제거하고 실험해보았다. 하지만 표시된 동전을 던질 때도 참가자들은 압도적인 비율로 자신에게 유리한 과제를 할당했다.[8] 우리는 실제로 도덕적인 사람이 되기 위한 대가를 치르지 않고도 자신이 도덕적이라는 인상을 주기를 원한다.

여기에서 뱃슨의 두 가지 연구가 교차하는 지점을 확인할 수 있다. 공감과 이타주의 사이의 관계, 도덕적 위선의 끊임없는 압박이 도덕적인 사람이 되고자 하는 동기를 방해하는 것이다. 공감은 아무것도 희생하지 않고 도덕적으로 보이려는 성향이 두드러진다 해도 우리가 선한 일을 하도록 요구한다. 이기적 동기를 극복하고 실제로 주변 사람을 돕는 데 도움이 되기도 한다. 그러나 자신이 도덕적인 사람이라는 메시지를 공개적으로 알릴 방법을 찾고자 스스로 도덕적인 사람이라고 생각하며 자신을 속이는 일에 주의해야 한다. 도덕적 위선은 대가를 치르지 않고 바람직한 세계관과 자신이 일치한다는 가시적인 메시지를 보내는 미덕 과시와 유사하다. 실질적인 희생이나 노력을 들이지 않고 사회운동을 한다는 이미지를 내세우려는 슬랙티비즘slacktivism과 마찬가지로 위험한 함정이다. 다른 사람들에게 도덕적인 사람으로 보이려 하지만 실제로는 아무 일도 하지 않는다.

공감 능력을 키우면 이타심을 가장한 이기주의 성향에서 벗어날 수 있다. 어려운 사람의 고통을 진정으로 인식하고 느끼며 그들의 관점을 받아들이기 위해 부단히 노력한다면 다른 사람을 이롭게 하는 방식으로 행동하게 된다. 공감은 우리가 이기심에서 벗어나도록 이끈다.

공감은 겸손의 핵심이다

공감은 우리가 사회적 동물이 되도록 도울 뿐 아니라 도덕적 동물이 되는 것을 가능하게 한다. 다른 사람의 고통에 귀를 기울이고 그들이 겪는 고통이나 피해를 줄이기 위해 노력하는 데도 도움이 된다. 연구자들은 공감이 용서를 포함한 여러 관계적 미덕의 핵심이라는 사실을 발견했다. 용서에서 공감이 어떻게 작용하는지 이해함으로써 공감이 겸손에 얼마나 중요한지에 대한 통찰을 얻을 수 있다.

복수가 사람들이 나에게 상처를 주지 않게 하는 효과적인 대응이라고 생각할 수도 있다. 상처를 받았을 때 복수로 갚는 사람이라는 평판이 생기면 사람들이 함부로 대하지 못한다고 여기는 것이다. 하지만 보복의 효과에는 한계가 있다. 유대가 긴밀한 지역사회 내의 모든 범죄를 곧바로 처벌하거나 보복하려는 행위를 강화하면 사회 구조가 신속하게 해체되는 문제가 생길 수 있다. 동료들과의 연구 중 일부에서 나는 우리가 '용서 계산'을 많이 한다는 점을 알게 되었다. 이는 관계가 나에게 얼마나 중요한지 그리고 미래에 다시 착취당할 가능성이 있는지 따져보는 것을 말한다. 관계의 가치가 높고 착취 위험이 낮은 상황에서는 더 많이 용서한다.[9] 이 연구를 통해 가깝고 소중한 관계에서 문제가 생길 때는 용서가 관계를 온전하고 건강하게 유지하도록 돕는 긍정적 반응임을 깨달았다.

용서를 위한 메커니즘인 공감은 복수와 회피를 연민과 궁극적인 해결로 전환하게 한다.[10] 용서를 향한 변화는 우리에게 상처를 준 사람이 무슨 생각을 했는지 고려할 수 있을 때만 발생한다. 우리는 상처를 받으면 앞으로 겪을 고통에서 자신이 안전한지 확인하기 위해 내면을 들여다보면서 감정적 상처를 관리하는 경향이 있다. 이러한 행동은 나를 보호하는 건강한 방법이다. 불꽃에 손을 대지 않듯이 다른 사람의 잘못으로 기분이 상할 때는 종종 물러서야 한다. 반복되는 잘못에 갇힌 (그리고 항상 빨리 용서하는) 사람은 착취당할 위험이 있으며 종종 자존감과 정체성을 잃어버린다.[11] 그러나 준비가 되었을 때만 용서하는 사람은 잘못한 사람의 입장이 되어 그 사람이 무슨 생각을 하는지, 최선을 다하고 있는지 물어보게 된다. 이러한 공감의 실천은 자신을 넘어서서 다른 사람을 배려하는 데 도움이 되어 용서할 가능성을 더 커지게 한다.

공감은 겸손의 핵심이다. 사람들이 사회적 관계를 개선하는 데도 유용하다. 나의 동료 돈 데이비스Don Davis는 겸손이 공감과 확실히 관련 있다는 사실을 발견했다.[12] 다른 연구 결과에 따르면 공감은 관계 만족도 향상 같은 긍정적 영향과도 관련 있다.[13] 사람들은 상대가 나를 이해한다고 느끼는 관계에 더 만족한다.[14] 게다가 연인 사이에서 공감은 앞으로의 관계 만족도를 높인다.[15] 연구진은 무작위로 연인들을 공감 개입 또는 대기 통제 집단(개입의 효과를 분리하기 위해 개입의 일부가 될 시기를 기다리는 집단)에 배정했다. 배정을 마친 후 참가자들은 공감을 구축하기 위해 설계된 5개의 세션을 진행하게 되었다. 첫 번째 세션에서 참가자들은 공감이 무엇인지 배웠다. 두 번째에서는 공감에 타인에 대한 정서적 민감성이 포함된다는 것을 배우고, 공감하는 커플의 동영상을 시청했으며, 자신의 감정을 모니터링하고 경청함으로써 정서적으로 더 민감해지는 방법에 대해 논의했다. 세 번째 세션은 연인의 말을 잘 듣는 방법을 비롯하여 의사소통에 중점을 두었다. 네 번째에서는 공감을 점검하는 데 초점을 맞추었으며, 공감 능력을 높이기 위한 연인의 노력이 제대로 이루어지고 있는지 피드백을 주고받는 시간을 가졌다. 마지막 세션은 공감에 영향을 미치는 상황적 요인과 이후의 실질적인 단계에 초점을 두었다. 이와 같은 공감 개입은 변화가 자리를 잡고 효과를 발휘한 후, 즉 6개월 후에 관계 만족도를 향상시켰다.

공감 연구에서 거듭 발견되는 점은 나 자신에게만 몰두할 때는 다른 사람을 생각할 수 없다는 것이다. 겸손과 반대되는 성향인 나르시시즘에 관한 연구에서 확인된 바와 같이 지나치게 자기중심적인 사람은 다른 사람을 돌아보지 못한다. 나르시시즘은 인지된 우월성, 자기 예찬, 특권 의식 같은 특성이 두드러진다.[16] 우리가 짐작할 수 있듯 그리고 연구에서도 확인된 바와 같이[17] 나르시시스트는 공감 능력이 부족하다.[18] 자기에게 푹 빠져 있을 때 주변을 돌아보기에는 신경 쓸 게 너무 많고 다른 사람을 생각하기 어렵다. 결과적으로 자기 예찬은 관계를 망친다.[19] 나르시시즘에 빠진 사람은 경쟁과 승부에 몰두하기 때문에 상호 존중이 사라진다.[20] 자아를 충족시킬 기회에만 연연하면 대부분의 관계를 잃고 말 것이다.

마음 열기: 공감 쌓기

지금쯤이면 이런 의문이 생길 것이다. 어떻게 하면 삶 속에서 더 많은 공감을 실천할 수 있을까? 논의한 바와 같이, 연구진은 부부가 서로 더 공감할 수 있게 하는 개입 방식을 개발했으며, 다른 연구에서는 부모가 자녀의 본보기가 되어 다른 사람의 관점을 취하도록 격려함으로써 자녀의 공감 능력을 키울 수 있음을 보여주었다.[21] 노력을 통해 더 많이 공감하는 법을 배울 수 있다. 공감은 다른 사람의 안녕감과 관련된 감정적 겸험에 공감하고 다른 사람의 관점을 고려하면서, 이러한 감정과 관점의 전환에 따라 행동하여 타인의 요구를 존중하게 만드는 동기가 된다는 사실을 기억하라. 지금부터 공감 능력을 높이는 데 도움이 되는 네 가지 잠재적 전략을 살펴보겠다.

감정적 연결 조율하기

감정적으로 여유가 없거나 자신의 감정적 경험과 단절되어 있으면 다른 사람을 향한 공감을 경험하기 힘들다. 즉 화가 나거나, 슬프거나, 행복하거나, 혼란스러운 감정을 느끼거나, 몸에서 발생하는 감정적 경험을 인정하지 않으면 다른 사람의 감정적 경험에 공감하기가 더 어려워진다. 그러므로 다른 사람에 대한 공감을 키우는 첫 단계는 자신의 감정적 연결을 조율하는 것이다.

감정은 환경의 변화를 전달하는 우리 몸의 소통 방식으로, 보통 주의가 필요한 상황에 대해 알려준다. 우리는 먼저 감정을 경험하고, 감정을 알아차리고, 감정을 표현한 다음, 감정을 활용해야 한다. 각 단계를 살펴보자.

진화 덕분에 대부분의 사람은 감정을 경험하기가 무척 쉬워졌다. 우리 몸은 환경에서 우리가 주의를 기울이고 자원을 투자해야 하는 무언가에 대한 피드백을 제공한다. 우리는 감정적 경험 중 일부(예를 들어 기분이 좋다는 느낌)의 강도가 상대적으로 낮더라도, 이를 규칙적으로 경험하는 편이다. 하지만 어떤 사람은 감정을 식별하기가 더 어렵다. 어떤 때는 감정이 분명하다. 누군가 줄을 선 내 바로 앞에서 끼어들면 화가 난다. 《소피의 선택》마지막 부분을 읽을 때는 슬프다는 사실도 안다. 하지만 감정이 확실하게 느껴지지 않을 때도 있다. 예를 들어 수치심, 당혹감, 혼란 같은 감정은 스스로 깨닫기 어려운 방식으로 표현될 수 있다. 다른 사람을 퉁명스럽게 대할 수도 있고, 자신의 감정을 무시하거나, 솔직하게 이야기하는 것을 꺼리거나, 감정에 압도된 나머지 무감각해질 수도 있다. 어떤 감정을 느낀다는 것은 알지만, 너무 두렵거나 부끄럽거나 혼란스러워서 그것이 무엇인지 판단할 수 없을 때가 있다.

감정을 식별할 수 없으면 그 감정을 표현하기가 어렵다. 두 가지 행동은 서로 연결되어 있다. 부모를 향한 분노가 치미는데 한 번도 분노를 표현한 적이 없다면, 연인이나 친한 친구를 향한 원망이나 좌절 같은 해로운 방식으로 나타날 수 있다. 게다가 정체를 알 수 없는 감정이라서 자신에게 이로운 방식으로 활용할 수도 없다. 분노는 우리가 단호하게 행동해야 할 때라는 것을 깨닫게 해주며, 경계가 침범당했으니 자신을 옹호해야 한다는 것을 알려준다. 그러나 화가 났다는 사실 자체를 깨닫지 못하면 행동해야 한다는 것을 알 수 없다.

이런 과정을 이해하면 다른 사람과의 공감적 연결을 키우는 데 매우 유용하다. 일상생활에서 이러한 종류의 감정적 조율을 꾸준히 연습함으로써 다른 사람의 감정적 경험을 더 잘 인식하고 주의를 기울일 수 있다. 반대로 감정적으로 여유가 없을 때는 일반적으로 공감 능력이 부족해진다. 그래서 자신의 정서적 연결을 촉진하는 단계를 연습해야 한다. 자신의 감정을 파악하는 작업에 전문 치료사의 도움이 필요할 때도 있다. 어느 쪽이든 내면의 감정적 삶을 의식적으로 배양하는 것은 나와 다른 사람들에게 유익한 행위다.

관점 수용 연습

다음으로 다른 사람의 관점을 수용해야 한다. 다른 사람의 관점을 진지하게 받아들이면 근시안적 관점에서 벗어나 내가 틀릴 수도 있음을 암묵적으로 인정하게 된다. 정직한 관점 수용은 단순히 다른 사람의 주장이 타당할 수 있다는 막연한 가능성을 허용하는 사고 실험이 아니다. 철저하고 정직한 관점 수용은 (a) 나에게 한계와 맹점이 있으며 내가 완전히 옳지 않다는 것을 시인하고, (b) 다른 사람의 의견과 관점을 타당하고 중요한 것으로 받아들이며, (c) 다른 사람이 최선을 다하고 있음을 인정하고, (d) 다른 사람의 타고난 가치와 존엄성을 존중하는 태도와 유사하다. 우리는 이처럼 풍부한 관점을 취하는 연습에 능숙하지 않다. 대신 나의 견해가 옳다는 사실을 필사적으로 확인받으려 한다. 어쩔 때는 상대방의 주장이 멈추기를 간신히 기다렸다가, 끝끝내 내 생각과 그것이 옳은 이유를 말하기도 한다. 관계에서 의견 충돌이 생길 때는 다른 사람의 경험을 듣고 이해하려 하기보다 나의 확실한 사례를 제시하고 나의 동기를 정당화하며 내 행동의 정당성을 입증하는 데만 열심이다. 다른 사람의 관점을 무시하고 경험을 부정하며 가치를 깎아내리고 그 과정에서 다른 사람을 비인간적으로 대한다.

관점을 수용하는 것이 어떤 형태로 나타나는지, 그리고 얼마나 연습하기 어려운지 이해하기 위해 관련 탐구 분야인 용서를 살펴보도록 하겠다. 용서 연구자들은 사람들에게 가해자의 관점을 취하게 하는 것이 피해자가 용서를 향해 나아가는 데 도움이 된다는 사실을 발견했다.[22] 공감적인 관점 수용은 잘못한 사람을 용서하는 데 있어 중요한 단계가 된다. 이와 같은 종류의 공감에 대해 생각해보자. 누가 내게 한 가장 큰 감정적 잘못이나 내게 준 가장 큰 모욕을 상상해보라. 그런 다음 가해자의 입장이 되어 그 사람의 관점, 하고 있던 생각, 최선을 다하기 위해 노력한 방식에 대해 생각해본다. 이런 상상은 분명 관점을 바꾸고 곧잘 용서하고픈 마음을 불러올 것이다. 그래서 연구진과 전문 치료사들은 공감이 이타적인 선물을 주는 것과 같다고 말한다. 꼭 이런 상상을 해야 하는 것은 아니지만 시도해보면 좀 더 공정한 관점을 취할 수 있다. 물론 우리에게는 상처 준 사람을 응징하거나 그 사람을 피할 권리가 있다. 그러나 공감하는 반응을 보이면 용서를 촉진하고 관계를 회복하는 데 도움이 된다. 관계와 삶을 바꿀 수 있는 진정한 관점을 배울 수 있다.

다른 사람의 관점을 수용하는 능력을 기르기 위해서는 연습이 필요하다. 자신의 관점을 방어하려는 기본 성향을 완전히 극복할 수 있는 만병통치약은 없지만, 자신의 단점을 성찰하는 데 도움이 되는 전락을 한 가지 소개하겠다. 자신의 실수나 실책을 반추할 필요는 없다. 수치심이나 자기 혐오에 빠지는 것은 생산적이지 않다. 그보다는 다른 사람을 실망시키거나, 다른 사람에게 상처를 주거나, 큰 실수를 저지른 적이 있는지 떠올려보자. 그때 용서를 받았는가? 그때 어떤 느낌이 들었는가? 반대로 용서받지 못했다면, 용서를 받았을 때 얼마나 크게 달라질 수 있었을까? 나 역시 실수할 수 있다는 것을 깨닫는다면 다른 사람이 내 기분을 상하게 했거나 실수했을 때 좀 더 이해심과 인내심을 발휘하고 자비를 베풀 수 있을 것이다. 물론 사람들이 나를 실컷 이용하게 놔두라는 뜻은 아니다. 그러나 과거에 누군가를 실망시킨 적이 있고, 그 사람에게도 친절과 연민을 베풀 기회가 있었다는 점을 상기해본다면 큰 도움이 될 것이다.[23]

적극적인 경청의 기술 배우기

공감을 구축하는 또 다른 방법은 다른 사람의 말을 경청하며 그동안 알지 못했지만 배워야 할 점에 대해 생각해보는 것이다. 어떤 사람은 자신의 한계를 힘들게 깨우친다. 나는 그동안 한사코 초밥을 먹지 않으려 했다. 초밥이 내 입에 맞지 않을 것이라는 우려 때문이었다. 몇 년 동안 아내는 친구나 직장 동료와 외식을 하면서 초밥을 즐겨 먹었지만, 나는 어떻게 해서든 피해왔다. 실제로 먹어보면 맛있다는 걸 알게 될 것이라는 아내의 말에도 불구하고 나는 고집스럽게 부정적인 태도를 고수했다. 그러던 어느 날 밤, 대학원 지도 교수님이 나의 논문 심사 통과를 축하하기 위해 일식당에서 성대한 저녁 식사 자리를 마련했다. 동료와 교수 들에 둘러싸인 자리에서 섬뜩하게도 모두 함께 먹을 커다란 초밥 요리를 주문하기로 결정되었다. 나는 20대에 초밥을 안 먹어본 사람이 있을까 하는 창피함과 날생선은 내 입에 맞지 않는다는 확고한 믿음 사이에서 안절부절못했다. 화장실 창문을 통해 탈출하고 졸업할 때까지 여기 모인 사람들을 보지 않는 일이 가능할까 하고 상상한 뒤, 결국 나는 사회적 압력에 굴복하고 만찬을 즐기기로 했다. 그런데 막상 실제로 초밥을 먹어보니 무척 맛있었다. 고집스럽게 초밥이 맛없다는 믿음을 고수해왔지만 내가 틀렸다. 나는 이 믿음 때문에 지금은 가장 좋아하게 된 음식 중 하나를 줄곧 놓치고 있었다. 새로운 시도를 거부하는 사람을 성급하게 판단하려는 충동이 들 때마다 나도 한때 망설였던 적이 있음을 기억하려고 한다.

변화에 대해서도 이 같은 망설임이 우리의 믿음에 스며들어 있다. 한 번 관점을 바꾸고 나면 다른 사람이 왜 그토록 어리석게 한 관점에만 집착하는지 이해하기 어렵다. 얼마 전까지 나도 같은 사람이었는데 말이다. 개종자들은 개종 전의 자신을 깎아내린다.[24] 흡연자였던 사람은 흡연자를 날카롭게 비판한다. 이념적 신념을 바꾼 사람은 과거의 신념을 고수하는 사람의 무지에 눈쌀을 찌푸린다. 우리가 그동안 얼마나 많은 것을 배웠는지, 지금의 우리가 예전의 우리와 얼마나 다른지 왜 이리 빨리 잊고 마는가. 10년, 15년, 20년 전의 내 모습이 얼마나 짜증스러웠을지 상상만 해도 아찔하다. 하지만 이제는 다 지난 일이다. 미래의 내가 지금의 내 모습을 돌아볼 때 그 모습을 있는 그대로 받아들였으면 한다. 다른 사람의 모습도 있는 그대로 받아들일 수 있다면 더 좋을 것이다.

들은 내용을 되새기고 그 의미를 들려준 사람에게 다시 확인받는 적극적인 경청의 기술은 충분히 발전시킬 가치가 있다. 이 기술에는 편견 없이 다른 사람의 말을 듣기 위해 노력하는 자세가 필요하다. 우리는 너무 자주 누군가 또는 무언가에 대해 필요한 전부를 이미 알고 있다고 가정한 채 대화를 나눈다. 이처럼 오만한 태도는 새로운 것을 배우고 주변 사람과 새로운 관계를 맺는 데 방해가 된다. 다른 사람을 잘 알지도 못하면서 고정관념에 의존하거나 섣불리 판단하는 것과 같이 자신의 선입견을 따르려는 충동에 맞서야 한다. 사람들과 의사소통하는 방식에 걸림돌이 되기 때문이다. 대신 상대방이 직접 자신의 관점을 공유하도록 격려하고, 적극적인 경청을 통해 상대방의 관점을 배우기 위해 노력해야 한다. 적극적인 경청을 연습하려면 들은 내용을 떠올리며 올바르게 이해했는지 확인해봐야 한다. 적극적인 참여와 되새김을 통해 경청하고 있음을 확인하라. 다른 사람들이 말해준 내용을 요약하고 그들에게 내가 더 알아야 하는 점이 있는지 물어보라.

공감 실천하기

공감을 형성하는 또 다른 방법은 다른 사람의 요구를 생각하는 것이다. 어떤 사람은 이 방법을 실천하기가 다른 사람보다 쉽다. 자기 자신만 생각하는 사람부터 타인의 필요에 지나치게 신경 쓰는 사람까지 다양한 유형이 있다. 나 역시 다른 사람을 즐겁게 하려 애쓰는 사람 중 한 명이다. 다른 사람이 편안함을 느끼고 보살핌을 받으며 즐겁게 지내게 하려고 노력한다. 나를 희생하면서 그렇게 할 때도 있다. 다른 사람을 도우면서 정작 나 자신에게는 무엇이 필요한지, 나 자신은 어떻게 챙겨야 하는지 묻는 것을 잊기도 한다. 스트레스를 받는 시기에는 다른 사람에게 지나치게 주의를 기울이면 정작 나 자신의 요구를 돌아보지 못해 고통을 겪을 수도 있다는 뜻이다. 어떤 사람에게는 다른 사람을 생각하는 마음이 저절로 흘러나온다.

하지만 어떤 사람에게는 자신의 행동이 다른 사람들에게 어떤 영향을 미칠지, 힘든 시기에 필요한 것이 무엇인지 고려하는 데 좀 더 많은 노력이 필요하다. 만약 자신이 이런 사람이라면 간단한 사고 실험을 통해 스스로 질문해보기 바란다. 내가 저 사람이라면 지금 무엇을 원하거나 필요로 할까? 그런 다음 사고 실험을 넘어 행동으로 옮긴다. 다른 사람에게 필요한 것이 무엇인지 물어보고 그대로 실천하는 방법도 있다. 다른 사람을 돕기 위해 노력하다 보면 차츰 그들이 필요로 하는 것을 소중히 여기게 될 것이다.

사람들이 공감적 접근 방식을 택하고 다른 사람의 요구를 고려하면서 가장 염려하는 점은 자신이 착취당하지 않을까 하는 두려움이다. 굳이 입 밖에 꺼내지는 않지만, 우리는 다른 사람의 요구를 우선시하거나 중요하게 여기는 과정에서 나의 요구가 충족되지 않을까 두려워한다. 결핍의 사고방식이 작동함에 따라 이미 충분한데도 관심과 사랑, 존경과 감탄, 칭찬과 확인 중에서 무언가 '충분'하지 않은 것은 없나 하고 걱정한다. 이때 다른 사람을 너무 신경 쓰다 보면 내가 고통받을 것이라는 우려도 문제가 된다. 그러나 적절한 경계를 설정하고 건강한 수준의 겸손을 갖춘다면 그런 일은 생기지 않는다.

다른 사람을 돕는 일은 나를 위한 명확한 경계를 설정하는 데 방해가 되지 않으며 자존심을 해치지도 않는다. 그래서 공감에서 겸손이 무척 중요하다. 겸손한 사람은 자신의 가치와 의미에 대한 믿음이 확고하고, 다른 사람의 조건적 사랑을 끊임없이 확인하려 하지 않기 때문에 곧장 다른 사람의 요구를 염두에 둘 수 있다. 나의 능력과 한계를 아는 것은 겸손의 자기 인식 차원에서 핵심 사항이다. 진정 겸손한 사람은 자신이 줄 수 있는 것과 거절해야 할 때를 알고 건강한 경계를 설정할 수 있다. 이러한 방식으로 겸손은 우리를 자유롭게 한다. 나아가 나를 잃지 않으면서 다른 사람을 돌보는 최선의 길을 결정할 수 있는 자기 지식self-knowledge을 제공한다.

안정감에서 비롯되는 힘

진정한 겸손에는 다른 사람의 요구를 소중히 여기기 위해 자아감이나 자신의 요구를 희생하는 일이 필요치 않다. 겸손은 안정감에서 비롯된다는 사실을 기억하라. 나의 가치는 다른 사람의 인정에 달려 있지 않다. 그러므로 다른 사람의 요구와 더불어 나의 요구를 소중히 여기는 결정을 내릴 수 있다. 계속해서 자신에 대해 생각하지 않을 때 다른 사람을 생각할 수 있다. 인간은 더불어 살아가는 존재이며, 모두 평범하면서도 소중하다. 오해를 받거나 불완전하다는 느낌이 들거나 확신이 없을 때조차 우리는 그 자체로 충분하다.

겸허한 안정감에서 다른 사람을 돌보고 소중히 여기는 힘이 나온다. 이 힘은 상황에 따라 다양한 형태로 나타난다. 가끔은 타협처럼 보일 수도 있다. 항상 내 방식대로만 할 수 없다는(그래서도 안 된다는) 사실을 받아들여야 하기 때문이다. 하지만 건강한 관계는 상호 존중과 공평함을 기반으로 한다. 때로는 다른 사람에게 더 큰 이익을 주기 위해 작은 희생을 감수해야 한다는 점을 인정해야 한다. 예를 들어 분리수거를 하거나 에너지 소비를 줄이는 것 같은 사소한 불편을 겸허히 인정하는 것은 조금 성가시지만 많은 사람에게 큰 이익이 되는 행위다. 관계에서의 겸손은 나를 낮추는 것을 의미하지 않는다는 사실을 명심하라. 그보다는 다른 사람이 온전한 자신이 될 수 있게 하고 원하는 바를 성취하도록 격려하는 것을 의미한다. 이러한 겸손의 힘은 때로는 부담이 되더라도 고통과 정서적 불안을 겪고 있는 사람과 함께할 수 있는 용기가 된다. 있는 그대로의 자신으로 살아가면 다른 사람들 앞에 온전히 내 모습을 드러내고 그들이 어려울 때 도움을 줄 수 있다.

겸손은 우리의 세계를 넓힌다

이기심은 자아감을 축소시키지만, 공감은 우리의 세계를 확장한다. 나 자신만 생각하면 내면에만 집착하고 결국 외로움을 느끼게 된다. 반면 다른 사람의 요구를 중요시하고 그들의 관점을 고려하는 것은 겸손한 삶의 핵심일 뿐 아니라 열린 마음으로 주변 세상을 온전히 이해할 수 있게 이끈다.

긍정적 감정에 관한 연구에서는 기쁨이나 행복 같은 긍정적 감정이 자아 확장과 성장에 얼마나 중요한지 가르쳐준다. 분노나 두려움 같은 부정적 감정은 잠재적 위험으로부터 우리를 완화시키기 위해 좁은 범위의 반응을 이끌어낸다. 인간은 위험에 맞닥뜨리면 일반적으로 맞서 싸우거나, 도망치거나, 얼어붙는다. 우왕좌왕하거나 숨기도 한다. 어떻게든 살아남기 위해 아등바등한다. 하지만 공감과 같은 긍정적 감정은 다르다. 우리의 세계를 좁히기보다 넓게 확장한다. 이러한 감정 상태는 정서적으로 긍정적인 영향을 주며(기분이 좋다), 생각과 행동의 폭을 넓힌다. 즉 세상을 폭넓게 보고 소통하는 방법에 대해 더 많은 실행 가능한 반응을 제공한다.[25] 그저 살아남으려고만 하는 데서 벗어나면 자유롭고 다채롭게 여러 가지 행동을 활용할 수 있다. 더 충만하게 살 수 있게 된다. 이 세상에서 나 혼자 살아가는 것이 아님을 깨닫게 되면 다른 사람과 주변 세상에 감사하는 마음을 품을 수 있다.

그랜드 캐니언에 가본 적이 있다면 긍정적 감정이 '확장'되는 경험을 했을 것이다. 웅장한 풍경의 한 귀퉁이에 서 있으면 경외심과 놀라움, 감사와 같은 감정이 흘러넘친다. 내가 작고 안전하며, 엄청나게 보잘것없는 동시에 놀랍도록 의미 있는 존재라는 느낌이 든다.

내 대학 시절 룸메이트들과 캠핑을 마친 후 친구 네이선이 나를 그랜드 캐니언에 초대한 적이 있다. 나는 그랜드 캐니언을 함께 종단할 네이선과 그의 달리기 동료들을 만나기 위해 차를 몰았다. 그는 마라톤보다 더 먼 거리를 완주하는 울트라 마라톤 운동선수였다. 그랜드 캐니언을 종단하는 특별한 여정을 림투림투림Rim-to-Rim-to-Rim이라고 한다. 우리는 그랜드 캐니언의 사우스 림South Rim으로 내려간 후 협곡 바닥을 가로질러 노스 림North Rim까지 달려갔다. 다음 날은 반대로 이 여정을 반복했다(밤에는 구간들 사이에 있는 침대에서 잤다. 하지만 하루 만에 종단을 끝내는 러너들도 있었다). 나는 일행 중에서 울트라 마라토너가 아닌 몇 안 되는 사람 중 한 명이었다. 고작 두 번의 가벼운 마라톤을 완주했을 뿐이어서 처음에 긴장하지 않을 수 없었다. 8월에 사하라 사막과 데스밸리(미국 캘리포디아주 남동부에 위치한 계곡. 길이는 220km, 너비는 6~25km에 달한다 - 편집자) 트래킹을 마치고, 160킬로미터 코스를 마치 5킬로미터 터키 트로트(미국에서 추수감사절 당일이나 전후에 열리는 장거리 경주 - 옮긴이)처럼 완주한 사람들과 함께 달리고 있었으니 말이다. 내가 여기 잘못 왔고 이들에게 상대가 안 된다는 느낌이 들었다. 하지만 협곡을 보자마자 그 많던 불안감이 한순간에 사라졌다. 내리막길로 한 걸음 내딛는 순간부터 미소가 멈추지 않았다. 협곡의 크기와 아름다움에 압도되고 말았다. 경외감에 사로잡혔다. 아주 작은 존재가 된 것 같았다. 살아 있음에 감사하는 마음이 들었다. 이러한 감정 덕분에 나는 이틀간의 트래킹을 무사히 마칠 수 있었다. 기분이 아주 좋았고 마지막까지 힘차게 마무리할 수 있었으며 잊지 못할 추억도 생겼다.

공감도 이와 같은 역할을 한다. 다른 긍정적 감정과 마찬가지로, 공감은 내가 더 작아진다는 느낌이 드는 곳으로 나를 데려간다. 이는 자기 과시의 문화 속에서 부풀려진 우리에게 딱 맞는 크기일 수 있다. 이처럼 적절한 크기 조절은 삶을 더 풍부하고 의미 있게 만들며, 다른 사람들을 위축되지 않고 있는 그대로 존재할 수 있는 공간으로 초대한다.[26] 그 공간에서 우리는 있는 그대로의 다른 이들을 포용한다.

주저 없이 듣기

공감은 우리의 관계를 잘되게 할 수도, 그르칠 수도 있다. 맥스웰 부부와의 늦여름 저녁 식사가 다른 방식으로 흘러갔다면 어땠을까 하는 생각이 들 때가 있다. 새로 알게 된 사람이 책에 대한 취향으로 아내를 섣불리 판단하며 저속하고 흔한 공통분모를 찾으려 하기보다 아내를 향해 진정한 관심과 호기심을 보였다면, 아내의 문학적 관심에 대한 첫 번째 질문 후 다른 질문을 하고 그저 귀를 기울였다면, 즉 자신의 짐작을 내려두고 상대의 관점에서 배우고 알아가려고 애썼다면, 우리와 친구가 될 수 있었을까? 그의 말이 그날 식사 자리를 망쳤고, 그가 우리를 별로 알고 싶어 하지 않는다는 느낌을 받았기 때문에 이 질문에 대한 답은 결코 알 수가 없다. 사실 그날의 만남이 우리가 바라던 종류의 관계로 이어지지 않는다는 사실을 깨닫기 위해 우리에게 필요한 사실은 그게 전부였다.

학교의 안전 정책에 대한 우려를 표명한 학생의 용기에 대해서도 다시 생각해본다. 민감한 주제를 나에게 털어놓았던 학생의 취약성과 용기가 떠오른다. 아직도 그때 느낀 감정과 그 감정이 대화를 이끌어가던 방식, 내 감정 표현이 어떻게 새로운 소통의 길을 열고 우리 사이의 신뢰감을 키웠는지 생생히 기억한다. 그녀의 진정성이 나의 진정성을 불러일으켰다. 그러자 우리 두 사람 모두 달라졌다.

나의 이런 두 가지 소통 경험에는 공감이 자리하고 있다. 한 소통에서는 공감이 부족했고, 다른 소통에서는 상호 공감이 형성되었다. 이러한 공감이 앞으로 성장할 관계와 허물어질 관계의 차이를 만든다. 힘들다고 느낄 때도 관계를 개선하기 위해 공감을 실천하는 노력을 해야 한다.

자기 조절의
중요성

겸손을 개발하는 과정은 마라톤 훈련과 비슷하다. 날마다 연습해야 하고, 끈기도 있어야 한다. 노력과 더불어 지속성이 필요하다. 하룻밤 사이나 일주일 만에 얻을 수는 없다. 우리를 더 빨리 겸손하게 만드는 지름길이나 '꿀팁'도 없다. 그러므로 꾸준히 노력해야 한다. 겸손한 삶을 살아가기 위해서는 조용하고 외로운 곳에서 자기 이해를 통해 진실한 인간관계와 진정한 삶을 위한 여정을 준비해야 한다. 때로 엉망진창이 되거나 넘어지거나 고된 날도 있을 것이다. 어렵긴 하지만 충분히 노력할 가치가 있다. 이러한 노력은 오랜 시간 지속되는 겸손을 기르는 데도 도움이 된다.

오래가는 겸손의 힘을 키워라

역경을 헤쳐나갈 수 있는 진정한 겸손을 개발하도록 돕기 위해 마라톤에 비유하여 확장해보겠다. 42km 경주에 등록할 때처럼 겸손을 개발하는 데 진지하다면 강력한 투자가 필요하다. 앞서 우리의 마음이 어떻게 자기중심적인 방향으로 작동하는지 논의한 바 있다. 우리는 나르시시즘 중심의 자기 과시를 높이 사는 문화적 배경에 살고 있으며, 있는 그대로의 세상보다 내가 보고 싶은 대로의 세상을 보기 위해 정보를 필터링한다. 그러나 훈련 계획만 잘 세우면 두뇌를 재구성하는 일이 가능하다. 그러기 위해서는 먼저 자신이 어디로 가고 있는지에 대한 감각이 있어야 한다. 이에 도움이 될 만한 몇 가지 전략을 살펴보도록 하겠다.

첫째, 겸손을 기르는 일은 포괄적이어야 한다. 겸손이 삶에 접근하는 전체적인 방식, 즉 새로운 상황을 처리하고, 피드백을 받으며, 다른 사람과 관계를 맺고 자신을 대하는 방법에 골고루 스며들어야 한다. 가족 관계에 관심을 기울이지 않고 직장에서 겸손하려는 것은 문제가 될 수 있으며, 피드백을 무시하면서 자기 인식을 개발하는 것 역시 마찬가지다. 네 가지 종류의 겸손, 즉 관계적, 지적, 문화적, 실존적 겸손에 대해 생각해보라. 나의 방식은 어떤지 스스로 질문해보라.

- 관계에서 겸손해지려고 노력하는가?
- 새로운 생각, 통찰력, 관점에 열려 있는가?
- 다른 사람들에게서 배우고 그들의 문화를 이해하려고 하는가?
- 세상의 광활함에 감사하고 내가 이토록 작은 존재라는 사실에 감사하는가?

나는 겸손의 네 가지 성향이 서로를 강화한다고 생각한다. 마라톤 대회를 준비하는 데 많은 달리기 연습뿐 아니라 올바른 식사, 충분한 수분 공급, 자전거와 덤벨 같은 크로스 트레이닝이 필요하듯 겸손 역시 다양한 차원에 걸쳐 개발하면 오래 유지할 수 있다.

둘째, 회복탄력성이 있는 겸손을 개발하기 위해 노력해야 한다. 노력하다 보면 차질이 생기기도 한다. 훈련하는 동안 근육이 뭉치거나 발목이 비틀리는 것처럼 겸손해지는 여정에서도 고통을 겪어야 할 때가 있을 것이다. 다른 사람에게 겸손하게 대하기가 유독 어려울 때도 생길 것이다. 이기심이 툭 튀어나오는 날도 있고, 불안해서 허풍을 떨거나 방어적으로 반응할 수도 있다. 정말 있기는 한지 의문이 들 때도 있고, 이런 노력이 과연 가치가 있는가 하는 의구심이 들 수도 있다. 예를 들어 참가비까지 내고 마라톤 경주에 나가 완주하겠다는 일념으로 아등바등하고 있으면, 관중석에서 편하게 경기를 즐기는 사람들이 훨씬 더 똑똑하고 행복해 보일 것이다. 하지만 그런 순간은 금세 지나간다. 그 순간이 지나고 나면 다시 마음을 가다듬고 계속 더 큰 목표에 집중할 수 있다.

겸손을 실천하기 어려울 때, 바로 그때가 겸손이 가장 필요한 순간이다. 대인관계에서 갈등이 생기거나 의견이 충돌하면, 방어적으로 반응하고 이기적으로 행동하며 듣기를 멈추고 소리치고 싶은 충동이 일 수 있다. 부정적인 피드백을 받거나 무시당할 때, 다른 사람이 칭찬받을 때, 외부에서 확인받고 싶은 욕구가 강할 때도 겸손을 실천하기 어렵다. 하지만 내가 있어야 할 자리에 있고 다른 사람들도 그들이 있어야 할 자리에 있다고 믿으면, 이 문제를 극복할 수 있다. 겸손은 나의 선택이 나에게 적합하고, 다른 사람들도 그들에게 잘 맞는 선택을 한 것이라는 확신과 안정감을 준다. 이럴 때 겸손은 눈부시게 빛난다. 실천하기 쉬울 때는 누구나 겸손할 수 있다. 하지만 어려울 때도 지속하는 진정한 겸손만이 끝까지 살아남는다.

그러나 누구도 항상 이 일을 제대로 해낼 수는 없다. 누구나 실수할 때가 있으며, 그럴 때는 자신을 친절하게 대하는 것이 도움이 된다. 자신을 가혹하게 판단하거나 부정적인 혼잣말을 하지 마라. 우리의 목표는 완벽해지는 것이 아니라 발전하는 것이다. 어제보다 오늘 조금 더 나아지기 위해 노력하고 있는지 스스로 물어보라. 자신이 부족할 수 있다는 사실을 인정하자. 이는 충분히 이해할 수 있는 일이다. 내게 이런 일은 규칙적으로 생긴다. 완전한 겸손에 이를 수는 없다. 매일같이 달리기 훈련이 완벽하지도, 어제의 달리기보다 오늘의 달리기가 반드시 더 낫지도 않다. 그저 전반적으로 겸손해지는 방향으로 가고 있을 뿐이다.

오래 유지할 수 있는 겸손은 습관으로 자리 잡는다. 삶의 모든 영역에 걸쳐 포괄적으로 겸손을 실천하고, 어려움 앞에서 회복탄력성을 발휘하려 노력하고, 잘되지 않을 때 스스로 괜찮다고 말하면서 겸손이 제2의 천성, 즉 습관이 되어가는 것이다. 오랜 시간 훈련하다 보니 바쁜 일정에 시달릴 때도 신발 끈을 묶고 달려야겠다는 생각이 불쑥 찾아오곤 한다. 나는 가끔 스스로 묻는다. 오늘은 언제 달리기를 할까? 어떤 날은 다른 날보다 좀 더 쉽다. 하지만 힘든 날에도 좀처럼 달리기를 거르지 않는다. 달리기는 이제 내 평범한 일상의 일부다. 악천후나 고된 달리기의 기억에도 불구하고 나는 꾸준히 달렸고, 실력도 점점 좋아졌다. 겸손도 마찬가지다. 쉽지만은 않을 것이다. 하지만 연습하다 보면 점점 좋아져서 세상을 향한 태도의 일부가 된다.

연구자들은 '동일하지 않은 반복'을 통해 겸손과 같은 미덕을 더 습관에 가깝게 만들 수 있다고 주장한다.[1] 간단히 말해 다양한 맥락, 다양한 사람, 다양한 상황에서 연습함으로써 겸손을 습관화할 수 있다. 우리는 다양한 지형, 다양한 거리, 다양한 속도로 훈련할 때 더 나은 러너가 된다. 그러므로 겸손을 실천할 다양한 기회를 마련하는 것은 오래가는 겸손을 발전시키는 데 도움이 된다. 모든 기술이 그렇듯이, 더 많이 연습할수록 더 많이 발전한다. 어려운 과정임에도 불구하고 용감하게 겸손을 실천하는 방법을 배우는 것은 의미 있는 삶을 구축하는 데 있어 기본적인 과제다.[2]

자기 조절의 중요성

삶을 개선할 한 가지 기술을 고르라면 나는 자기 조절 기술이라고 답하겠다. 자기 조절은 간단히 말해 어려운 일을 할 수 있는 능력이다. 보다 과학적으로 설명하자면 자기 조절은 자제력과 유사하며, 어떤 기준이나 목표에 맞추기 위해 우리 자신, 즉 충동과 기본 반응, 자연스러운 반응에 통제력을 행사하는 능력이다.[3] 예를 들어 휴대전화 사용을 줄이고 싶다고 하자. 심심하거나 불안하거나 외롭거나 우울하거나 대화가 끊길 때마다 휴대전화를 확인하는 것이 우리에게 자연스러운 일이 되었다. 휴대전화를 확인하는 일은 습관이자 위안 비슷한 것이 되었다. 시간이 흐르면서 불편하거나 불안해지면 휴대전화를 찾으려는 충동이 저절로 일어난다. 하지만 우리는 이 충동을 절제하고 가만히 앉아 있으면서 나 자신을 조절할 수 있다. 이처럼 자기 조절은 특정 목표를 세우고, 그 목표를 지키려고 노력하는 것을 말한다.

자기 조절에 실패한 사례는 중독과 비만, 폭력과 정신 건강 문제가 두드러지는 문화 전반에서 폭넓게 드러난다. 물론 각 사례에는 (당사자가 비난받는 것과 유사한) 자제력 부족 이상의 복잡한 문제가 있지만, 자기 조절 과정 역시 큰 역할을 한다. 안절부절못하거나 스트레스가 심할 때 술 한 잔을 더 마셔야 할까? 아니면 쾌감을 일으키거나 고통을 줄이는 다른 무언가를 찾아야 할까?

맛있지만 몸에 나쁜 음식을 선택하기보다 몸에 좋은 음식을 골라 적당히 먹을 수는 없을까? 모욕을 당하거나 나와 다른 견해를 접했을 때 공격적으로 화를 내지 않으면서 내 반응을 조절할 방법은 없을까? 도망치거나 피한다는 좀 더 쉬운 선택지가 있는데도 내 정신 건강을 돌보겠다는 어려운 선택을 할 수 있을까? 자기 조절은 직장에서 장기간의 까다로운 프로젝트를 처리하거나 학위 또는 승진에 필요한 과정을 마칠 때처럼 어렵지만 의미 있는 일을 성취하기 위해 본능적인 충동을 극복하는 데 도움이 된다.

겸손과 관련된 자기 조절에서는 기본적이고 이기적인 반응을 억제하는 것이 핵심이다. 우리 내면의 모든 충동이 간절히 원할 때도 다른 사람의 요구를 고려하여 겸손하게 반응할 수 있게 해준다. 자랑하고 싶거나 다른 사람이 칭찬을 받아 질투가 날 때 자기 조절을 연습하면 강하고 오만한 충동을 극복하는 데 도움이 된다. 이는 힘든 결정을 내리거나 난관에 부딪혔을 때도 지속할 수 있게 해주는 메커니즘이기도 하다. 그런데 자기 조절은 어떻게 작동하며, 어떻게 하면 자기 조절 능력을 높일 수 있을까?

자기 조절은 다음과 같은 세 가지 기둥으로 이루어진다. 기준이나 목표 설정하기, 진행 상황 모니터링하기, 참여할 힘을 키우기. 첫째, 자기 조절을 개발하려면 행동을 바꾸고자 하는 기준이나 목표를 세워야 한다. 앞서 논의한 바와 같이, 겸손의 경우 우리의 목표는 나 자신을 정확히 파악하고, 자아를 억제하며, 다른 사람의 요구를 고려하는 것이 된다. 이 세 가지(나를 잘 알기, 나를 점검하기, 자신을 넘어서기) 각각에서 성공을 거둔다면 어떤 모습일지 마음속으로 명확히 그리는 작업이 중요하다. 나 자신을 잘 안다는 것은 나의 강점과 약점을 파악하고, 한계를 인정하며, 규칙적으로 피드백을 요청한다는 뜻이다. 내가 세상을 보는 방식에 편견이 있음을 시인하고, 다른 관점을 이해하거나, 세상에 대한 나의 기본적인 해석을 넘어서는 여러 관점을 수용해야 한다는 뜻이기도 하다. 나 자신을 점검하기 위해서는 자기 과시적 충동을 억제하고 칭찬을 나누며 내 몫의 책임을 받아들여야 한다.

또한 비판을 받거나 갈등이 생길 때 방어적으로 대응하지 않고 열린 마음으로 수용하는 자세가 필요하다. 자신을 넘어서기 위해서는 다른 사람을 향한 공감 능력을 키우고, 주변 사람의 요구를 고려해야 한다. 더불어 다른 사람이든, 자연이든, 영성이든 나보다 더 큰 무언가에 내가 연결되어 있다는 사실을 깨달아야 한다. 이것이 겸손한 삶의 주요 특성이며, 겸손한 삶을 향한 여정의 로드맵 역할을 한다. 이와 같은 특성을 염두에 두면 방향을 조절하여 길을 잃지 않을 것이다.

자기 조절의 두 번째 기둥은 목표를 향한 진행 상황을 모니터링하거나 점검하는 것이다. 목표를 설정하거나 기준을 세우는 것 자체도 중요하지만, 생각과 감정 그리고 행동을 목표에 얼마나 맞추고 있는지 평가하지 않는다면 헛된 노력에 그칠 가능성이 크다. 지도에 세심하게 대륙 횡단 여정을 표시한 다음, 차에 올라타 지도를 뒷좌석에 던지고 막연하게 동쪽으로 운전하는 것이나 마찬가지다. 정기적인 자기 성찰 없이는 올바른 길을 가고 있는지 알 수 없다. 겸손한 삶을 사는 방법을 아는 것이 첫 단계이지만 그것으로는 부족하다. 겸손에 대한 지적 호기심을 넘어 삶이 스스로 목표한 바에 부합하는지(또는 부합하지 않는지) 평가하며 발전해나가야 한다. 먼저 자기 성찰을 통해 시작할 수 있다. 이때 자신의 성찰에 상당한 편견이 있으며 자신의 겸손을 과대평가할 가능성이 크다는 점을 염두에 두어야 한다(내가 예전에 그랬고 지금도 그러는 것처럼 말이다). 그러나 스스로 확인할 수 있는 개선 영역이 무엇이든 다른 사람 눈에는 더 선명하게 보이기 마련이다.

자체 평가를 한 다음에, 믿을 만한 지인에게 꾸준히 피드백을 요청하면 자신이 바라는 목표와 얼마나 가까이 있거나 멀리 있는지 평가하는 데 도움이 된다. 그리고 자기 성찰을 하고 피드백을 요청하는 두 가지 연습을 규칙적으로 꾸준히 실천하면 오래가는 겸손을 개발하는 데 유용하다. 여행을 갈 때 지도를 계속 확인하거나 네비게이션의 경로 안내를 들어야 하는 것처럼, 겸손해지는 방향으로 나아가고 있는지 확인하기 위해서도 지속적인 점검이 중요하다.

자기 조절의 마지막 기둥은 이러한 노력에 참여할 수 있는 힘이나 능력을 쌓는 것이다. 겸손해지기는 어렵다. 최근의 성과를 자랑하고 싶거나 비판을 받아 방어적으로 반응하고 싶을 때 가만히 있기 힘들 수도 있다. 특히 이미지와 자기 강화에 집착하는 세상에서는 다른 사람의 요구를 계속 신경 쓰는 일이 피곤하게 느껴지기도 한다. 하지만 어떤 기술이든 처음 몸에 붙이기가 힘든 것처럼 겸손을 향한 노력 역시 처음에는 힘들더라도 점점 익숙해진다. 시간이 지나면서 연습을 통해 겸손한 행동을 하기 위한 인내심도 차츰 자란다. 발전하기 위해서는 주변 환경을 바로잡는 전략이 유용하다. 선선한 날, 평탄한 길, 충분한 수분 섭취가 우리를 더 멀리, 더 빨리 달릴 수 있게 하는 것처럼 얼마나 겸손하게 행동할 수 있는가도 상황에 따라 달라진다. 스트레스를 받거나 주의가 산만해지거나 압박이 심할 때나 안전하지 않다고 느낄 때는 이기심과 자기 보호라는 기본적인 반응을 극복하기가 매우 어렵다. 겸손에는 상당한 노력이 필요하기 때문에 여러 인지적 또는 감정적 요구로 인해 겸손해지려는 능력이 저하될 수 있다. 이럴 때 삶에서 안전하다고 느끼고, 휴식을 취할 수 있으며, 충분한 관심과 노력을 쏟을 수 있는 공간을 조성하면 상당히 큰 도움이 될 수 있다. 물론 항상 겸손해지려는 노력에 딱 맞는 환경을 선택할 수는 없으며, 가장 열악한 상황에서 겸손이 가장 필요할 때도 있다. 그러나 날씨가 좋을 때 충분히 연습하면 안 좋은 상황에서도 원하는 대로 행동하기가 더 쉬워진다.

동기 찾기

자기 조절을 개발하는 것은 안녕감에 아주 중요하다. 태어날 때부터 32세가 될 때까지 사람들을 꾸준히 조사한 연구에서는 지능과 가정환경을 고려하더라도 자제력이 높은 사람이 더 건강하고 더 많은 부를 쌓으며 범죄를 저지를 확률도 더 낮다고 밝혀졌다. 그리고 이와 같은 측면에서 어린 시절(3세에서 12세)에 뛰어난 자제력을 발휘한 사람이 장차 성공할 가능성이 크다.[4] 어떤 사람들은 자제력이 매우 중요하기 때문에 너무 많이 발달할 수는 없다고 주장한다.[5] 자녀가 만족을 지연시킬 수 있도록 도와주면 자제력을 키울 수 있다고 주장하는 사람도 있다.[6] 우리는 충동에 따라 행동하기가 그 어느 때보다 쉬워진 세상에서 살고 있다. 48시간 이내 배송되는 수많은 상품, 드라이브스루로 살 수 있는 패스트푸드, 끝도 없는 텔레비전 프로그램 목록이나 흥청망청 볼 수 있는 영화들을 떠올려보라. 자기 조절 능력을 키우는 것은 겸손뿐 아니라 삶의 거의 모든 면에 유용하다.

(그랜드 캐니언 모험을 함께한) 내 친구이자 동료인 네이선 드월Nathan DeWall은 전문 지식부터 개인적인 변화에 이르기까지 자기 조절에 관한 광범위한 연구를 수행했다. 그는 좌식 생활 중심의 학자에서 울트라 마라톤 선수로 전향했다. 자신의 생활방식에 만족하지 못한 그는 자기 조절이라는 중요한 기술에 대한 이해를 활용하여 지구상 가장 가혹한 조건에서 아주 먼 거리를 달리는 방법을 배웠다. 나는 네이선이 1년 동안의 안식년에 우리 대학을 방문했을 때 그를 처음 만났다. 그때 그는 세계에서 가장 힘든 달리기로 악명이 높은 '배드워터 135'에 지원하여 그중에 일부 프로그램인 160킬로미터 달리기를 몇 차례 완주했다. 7월에 시작하는 (미국에서 가장 낮은 지점인) 데스밸리에서 (미국에서 가장 높은) 휘트니 산까지 217킬로미터 트래킹을 준비하기 위해, 그는 사하라 사막을 통과하는 6일간의 250킬로미터 트래킹과 여름 날씨에 거의 일주일 만에 여러 주를 가로지르는 500킬로미터 달리기를 마치기도 했다. 그는 자기 조절의 힘을 사용하여 세계에서 가장 까다로운 달리기를 완주하며 세계 정상급의 달리기 이력서를 작성했다.

네이선이 증명하듯이 자기 조절에 능숙해지는 방법이 있다. 우리가 당장 사막의 뜨거운 열기 아래서 달리지는 못하더라도 주의와 집중, 결단력이 필요한 어려운 일에서 발전을 보일 수는 있다. 이는 주로 연습을 통해 이루어진다. 이와 관련해 연구진은 바른 자세를 유지하거나, 꾸준히 기분을 개선하기 위해 노력하거나, 식단 일지를 작성하는 것 같은 어려운 과제를 2주 동안 완료하도록 사람들에게 무작위로 할당한 다음 그 효과를 연구했다.[7] 다양한 형태의 자제력 과제 중 하나를 2주 동안 연습한 후 참가자들을 실험실로 다시 불러오자 그들은 자기 조절 과제를 더 잘 수행했다. 육체적 운동(악력기를 하루에 두 번 가능한 한 오랫동안 쥐기)을 연습하거나 단 음식을 피하도록 배정한 2주간의 별도 연구에서도 유사한 결과가 나타났다.[8] 또 다른 연구에서는 사람들에게 2주 동안 주로 사용하지 않는 손을 사용하는 과제를 주었으며, 이후 사람들이 화나는 일이 생기거나 위협을 받을 때 덜 공격적으로 반응한다는 결과가 나타났다.[9] 어려운 과제를 꾸준히 연습하면 훗날 노력이 필요한 과제를 계속 이어나갈 수 있도록 몸과 마음을 단련할 수 있다.

또 다른 과학 연구에서는 특정 목표를 추구하거나 유혹을 피하려할 때의 동기를 조사했다.[10] 가끔 우리는 정말 원하기 때문에 행동한다. 우리에게는 내재적 동기가 있으며, 이에 따라 목표를 달성하는 것은 우리의 가치와 일치하거나 개인적으로 의미가 있어야 한다. 그런가 하면 해야 하기 때문에 행동할 때도 있다. 얻을 수 있는 것(예를 들어 다른 사람의 승인) 또는 피해야 하는 것(예를 들어 수치심, 당혹감, 다른 사람의 판단) 때문에 어떤 목표를 따르거나 추구해야 한다는 외부 압력을 느끼는 것이다. 물론 진정으로 원하기 때문에 어떤 일을 하려는 동기가 생긴 경우에는 충동적으로 행동하려는 유혹을 덜 느끼고, 자제력을 위해 노력하는 과정에서 맞닥뜨리는 장애물도 더 적다. 게다가 내재적 동기는 암묵적인 반응을 바꿀 수 있다. 우리의 가치에 직접 부합하는 동기는 자제하는 일을 더욱 쉽고 자연스럽게 만든다. 이 논리를 겸손에 적용하자면 스스로 겸손해지기를 원해야 한다. 마지못해 이 여정을 시작해서는 안 되며, 친구나 배우자가 시킨다거나, 겸손해지지 않으면 실패한다는 두려움 때문에 시작해서도 안 된다. 진실하고 오래가는 겸손으로의 변화는 실제로 원하기 때문에 이루어져야 한다. 나 자신을 더 낫고 겸손한 사람으로 만들고자 하는 진실한 열망에서 비롯되어야 한다.

겸손과 가장 직접적인 관련이 있는 방법으로 일부 연구진은 자신을 '축소하는shrink' 활동이 자기 조절을 구축하는 데 도움이 된다고 주장했다.[11] 예를 들어 명상과 마음챙김, 지금에 집중하기, 나에 대해 생각하는 시간을 줄이는 것 모두 자기 조절을 연습하는 데 효과적이다. 이와 같은 연습은 마음을 정리하는 데 유용하다. 내가 세상의 중심이라는 생각에서 벗어나면 나를 더 잘 통제할 수 있다. 연습을 통해 '알맞은 크기'로 돌아가 자연과 다른 사람, 우주에 더 폭넓게 감사할 수 있고, 자신의 크기가 적당한 수준으로 줄어든다고 느낄 수 있기 때문이다. 초점을 나 자신에게서 다른 곳으로 옮기면 이기적인 충동을 극복하고 행동을 통제하는 데 더 능숙해진다.

이 모든 연구의 결론은 다음과 같다. 어려운 과제를 해낼 수 있는 능력을 진정 개발하고 싶다면 어려운 과제에 더 자주 도전해야 한다. 연습이 끈기를 키운다. 자신의 충동과 문화적 메시지가 우리를 오만하게 만드는 상황에서, 자랑하거나 비판에 방어적으로 반응하려는 유혹에 저항하고 기꺼이 겸손을 선택하기는 힘들다. 스스로 과소평가를 받는다고 느낄 때 다른 사람의 입장을 생각하는 것 역시 힘들 수 있다. 아침에 산책을 하거나 틈틈이 명상하는 것이 습관이 될 수 있는 것처럼, 자기 인식을 키우고 자아를 점검하며 다른 사람을 생각하는 것 역시 습관으로 만들 수 있다. 그러나 꾸준한 노력이나 올바른 동기 없이는 겸손을 습관으로 만들려는 목표를 달성할 수 없다. 따라서 (a) 겸손을 발전시키고자 하는 건전한 동기를 찾고, (b) 더욱 겸손해지려는 연습을 지속하며, (c) 더 겸손하게 살기 위해 노력하면서 때로는 실패하더라도 끈기와 인내심을 키우려 노력하는 것이 중요하다.

자제력과 겸손의 선순환

겸손과 자제력은 상호 강화될 수 있다. 자아를 축소하고 자기 조절을 개발하는 법에 관한 연구에서는 자기 조절을 더 많이 실천할수록 더 겸손해진다고 한다. 더 겸손해지면 자제력이 더 높아진다. 겸손과 자제력 간에 선순환이 이루어지는 것이다. 자기 조절은 겸손이라는 어려운 목표를 달성하도록 도우며, 겸손은 자기 조절 기술을 개발하여 힘든 과제를 해낼 수 있도록 돕는다.

일련의 실험 연구에서는 사람들을 무작위로 두 가지 조건에 배정했다. 한쪽은 겸손함을 느꼈던 때를 회상하도록 했고, 다른 쪽은 일상적인 활동을 회상하게 했다. 그런 다음 자제력이 필요한 다양한 작업을 통해 테스트를 받게 했다. 그 결과는 놀라웠다. 겸손을 회상한 그룹의 참가자는 격렬한 악력기 운동을 더 오래 계속했고, 연구진이 제공한 초콜릿을 덜 섭취했으며, 중립 그룹의 참가자보다 어려운 인지 문제를 더 오래 풀었다.[12] 사람들에게 겸손을 일깨워주면 이후 그들은 더 자제력 있게 행동한다.

다른 연구에서는 현실에서 자제력과 겸손 사이의 연관성을 조사했다. 연구진은 대학생을 대상으로 한 표본 연구에서 겸손이 시간에 따른 약물 사용 감소를 예측하고, 교도소에 마약 관련 혐의로 체포된 사람들의 약물 사용 감소 또한 예측한다는 사실을 발견했다.[13] 200명 넘는 미 공군 장교들을 대상으로 한 다른 표본 연구에서는 겸손과 자제력 간의 상호 연관성이 리더십에 미치는 영향을 조사했다. 리더들이 자제력을 보일 때만 겸손의 효과가 더욱 윤리적인 리더십, 더 나은 성과 그리고 전반적으로 더 큰 발전으로 이어졌다.[14]

실천하기

지금까지 살펴본 연구에서 무엇을 배우고 어떻게 실천해야 하는지 궁금할 것이다. 이제부터 몇 가지 실질적 단계를 설명하도록 하겠다. 먼저 자기 조절의 세 가지 기둥(기준, 모니터링, 힘)을 떠올리고, 겸손을 기르기 위한 의도를 이러한 영역과 어떻게 맞출 수 있을지 생각해보자.

먼저 자신의 기준이 무엇인지 생각해본다.

- 내 삶에서 겸손이 어떤 모습이었으면 좋겠는가?
- 내가 구현하고 싶은 겸손한 삶의 행동 지표에는 어떤 것이 있는가?
- 비판에 어떻게 반응하고 싶은가? 어떻게 피드백을 수용하고 싶은가?
- 자신을 더 잘 안다는 것은 어떤 모습일까?
- 어떻게 하면 다른 사람을 더 배려하고 그들에게 더 공감할 수 있을까?

이전 장에서 이에 대해 자세히 설명했으므로, 겸손의 각 차원인 '나를 알기', '나를 점검하기', '나를 넘어서기' 등 세 개의 열로 목록을 작성하면 유용할 것이다. 각 제목 아래 더 겸손해지기 위해 노력하면서 닮고 싶은 행동을 적는다. 이 사항은 이미 다룬 내용을 기반으로 작성할 수 있다. 사람들에게 피드백을 요청하거나, 닮고 싶은 겸손함의 본보기가 되는 사람을 떠올려본다. 예를 들어 다음과 같이 작성한다.

1. 나를 알기: 일주일에 한 번 친구와 만나 성장할 수 있는 방법에 대한 솔직한 피드백을 요청한다.
2. 나를 점검하기: 반응하기 전에 잠시 멈추고 다른 사람의 관점에 대해 생각해본다.

3. 나를 넘어서기: 어떤 상황에서 다른 사람에게 필요한 것이 무엇인지 생각해
   본다.

   이러한 행동이 나의 기준이나 목표가 될 것이다. 4시간 이내에 마
라톤을 완주하겠다는 목표처럼, 이 목표도 노력의 방향성을 유지하
는 데 도움이 될 것이다.

   다음으로 발전 과정을 모니터링할 수 있는 방식을 검토한다. 어떤
방식의 정기 점검이 필요한가? 달력에 점검 일정을 미리 표시하라.
대회를 앞두고 매일 훈련 시간을 마련하는 것처럼, 진행 상황을 평가
하는 데도 정기적인 점검이 필요하다. 그런 다음 적절한 자기 개선 피
드백을 얻는 방법을 생각한다. 자신의 진행 상황을 평가하며 편견이
생길 수도 있음을 기억하라. 실제보다 더 잘하고 있다고 착각할 수도
있다. 처음 달리기를 시작했을 때 나는 종종 실제보다 더 빨리 달리고
있다고 착각하곤 했지만, 시계는 냉정한 현실을 알려주었다. 내 기록
에 대해 변명을 해보려고 해도 거의 소용이 없었다. 디지털 동반자가
제공하는 객관적인 피드백은 나에게 큰 힘이 되었다. 내가 얼마나 많
은 발전을 이루었는지, 얼마나 많은 연습이 필요한지 가르쳐주었다.
마찬가지로 여러분도 최대한 객관적인 피드백을 원할 것이다. 친구,
가족, 동료, 신뢰할 수 있는 상대와 같이 다양한 부류의 사람들에게
나의 발전 과정에 대해 질문하라. 경우에 따라 익명으로 응답을 받는
것이 큰 도움이 된다. 정기적으로 이 작업을 수행하면 사람들이 내가

들고 싶은 말만 하지 않는다는 사실을 알게 되면서 자신의 개선 사항에 자부심을 느끼게 될 것이다.

이제 힘의 중요성을 상기하라. 겸손해지려는 연습은 힘든 과정이며 그 과정에서 지칠 수도 있다. 그러므로 자신이 원하는 내재적 동기를 발전시키는 것이 핵심이다. 나의 가치에 부합하고 선하고 옳은 일이라고 확신하기 때문에 겸손해지려고 노력한다면 해야만 하는 일이라고 생각해서 억지로 하는 것보다 성공할 확률이 더 커질 것이다. 이런 경우에는 당근이 채찍보다 훨씬 많은 동기를 부여한다. 겸손을 향한 여정의 틀을 부정적 가치를 피하는 방향이 아니라 긍정적 가치를 추구하는 방향으로 잡으면, 겸손을 실천하기 어려울 때 큰 힘이 된다. 대부분의 러너는 달리기를 즐기기 때문에 달린다. 많은 러너가 다른 운동을 하거나 운동 자체를 건너뛰기도 하지만, 러너에게는 본질적으로 달리고 싶다는 욕구가 있다. 지나친 압박이나 다른 사람의 기대감 때문이 아니라 자신의 더 큰 목표와 가치에 부합하거나 달리기를 정말 좋아하기 때문에 선택한 것이다. 내 친구 중 한 명은 운동을 좋아한다. 친구는 동네 체육관에 다니지만, 달리기는 그리 즐기지 않는다. 나는 달리기는 좋아하지만, 체육관에서 하는 운동은 죄다 싫어한다. 이처럼 스스로 원하는 동기에 행동을 맞추면 열심히 노력하도록 자신을 독려할 수 있다.

자신이 바라는 기준을 잡고, 모니터링 계획을 세우고, (특히 동기부여를 통한) 힘을 키웠다면 집에 있을 때, 친구와 있을 때, 직장에 있을 때, 혼자 있을 때 등 삶의 다양한 영역에서 폭넓게 연습하라. 꾸준히 겸손을 발전시키려 노력하는 자세가 삶의 모든 영역에 스며들어야 한다는 점을 기억하길 바란다.

설교보다 연습

이번 장에서는 달리기 이야기를 많이 했다. 하지만 요즘은 일상생활에서 달리기 이야기를 많이 하지 않는다. 더 빨리, 더 멀리 달리는 사람들을 많이 알고 있기 때문일 수도 있다. 달리기의 진정한 즐거움은 나라는 사람을 변화시킨 방식과, 내가 그동안 나 자신을 얼마나 제한했고 얼마나 나를 밀어붙일 수 있는지 보여주는 데 있음을 깨달았기 때문일 수도 있다. 마찬가지로 우리 주변에 우리보다 더 겸손한 사람이나, 자아를 억제하는 연습을 더 많이 하는 사람들이 있을 것이다. 하지만 그렇다고 실망할 필요는 없다. 우리의 여정에서는 목적지에 얼마나 빨리 도달하는가가 아니라 나를 어떻게 변화시키는지가 중요하기 때문이다. 이제 나는 대회를 앞두고 훈련을 하든, 친구와 함께 달리든, 그냥 경치를 감상하든 느릿느릿 해나가는 과정을 즐긴다. 꾸준히 노력하는 과정이 좋고, 의미 있는 변화를 만든다는 사실을 알면서, 달리기처럼 삶에 접근하는 방식을 서서히 바꾸고 있다. 달리면서 이야기를 나눌 친구들을 만나고, 몸을 움직이면서 건강을 돌볼 수 있어 감사하다. 무슨 말을 하는지보다 어떻게 행동하는지가 더 중요하다는 것도 배웠다. 달리기와 마찬가지로 겸손을 기르려면 연습과 끈기가 필요하다. 끊임없이 노력하고 연습하다 보면 차츰 변화가 느껴지면서 보상을 얻게 될 것이다.

— 3부 —

겸손은 어떻게
우리의 삶을 바꾸는가?

humble

8장 *Bridging Divides*

분열
극복하기

겸손에는 다양한 유형이나 표현법이 있다. 관계와 생각 또는 우리 자신보다 더 큰 질문에 겸손해질 수 있으며, 삶의 방식과 세상을 보는 방법에 대해서도 겸손해질 수 있다. 이 마지막 유형의 겸손은 문화적 겸손이라고 알려져 있으며, 다른 사람들과 그들의 독특한 문화적 관점에 대한 개방성을 특징으로 삼는다.[1] 사람은 자신의 세계관, 즉 문화적 관점이 기본적으로 다른 이의 세계관보다 우월하다고 여기는 경향이 있다. 틀렸다는 사실을 알면 생각을 바꿔야 한다. 하지만 우리는 생각을 바꾸기는커녕 내 생각과 느낌, 행동 또는 관계를 맺는 방식이 최고라고 믿는다. 직접 표현하지는 않을 수도 있지만 일반적으로 통용되는 가정이다. 문제는 다른 문화적 세계관을 접했을 때 그 관점을 이해하기 어렵다는 것이다. 누구나 자신만의 관점으로 다른 사람의 삶을 본다. 하지만 문화적으로 겸손한 사람은 이와 같은 뿌리 깊은 편견에 맞선다. 이들은 자신의 개인적 관점이 본질적으로 다른 사람의 관점보다 우월하지 않다는 것을 안다. 사람은 모두 중요하며 저마다 세상을 보는 방법이 다름을 알고, 배우고자 하는 호기심이 있으며 열린 마음으로 변화를 맞이한다. 그리고 한 사람에 대해 무언가를 아는 것이 그 사람의 모든 것을 아는 게 아니라는 사실을 알고 있다. 다양한 관점을 제공하는 사람과 서로 존중하고 협력적인 관계를 맺으려 하며 포용력을 넓히기 위해 노력한다.

문화적으로 겸손한 사람은 서로 다른 관계에서 비롯되는 미묘한 차이를 파악할 줄 안다. 자신의 자아를 점검할 수 있으며, 한 집단의 일부 구성원과 상호작용하는 것이 그 집단의 다른 누군가와의 관계로 매끄럽게 전환될 것이라고 가정하지 않는다. '모두에게 통하는 하나의' 접근법을 취하기보다는 모든 사람의 이야기와 문화적 배경이 복잡미묘하고 저마다 다르다는 사실을 이해하며 특정 개인에 대해 배우려 한다. 자신의 편견과 싸우기 위해 열심히 노력하고 세상을 다르게 보는 사람들에게 배우고 싶어 한다. 실제로 문화적 겸손은 다른 문화권의 사람들에게 다가갈 수 있게 해준다. 존중과 호기심을 가지고 세상을 이해하는 사람들은 그들로부터 배우고 그들의 다양성을 강점으로 이해하려고 한다.

기술 덕분에 우리는 그 어느 때보다 신념이 같은 사람과 함께 어울리기 편해졌다. 온라인에서의 행동에 따라 결정되는 알고리즘을 기반으로 우리가 접하는 뉴스와 정보가 결정된다. 예를 들어 폭스 뉴스를 자주 접하는 사람은 CNN 기사를 클릭하는 사람보다 보수적인 관점을 견지하는 기사를 더 많이 접한다. 정보 소비는 우리의 행동 패턴뿐 아니라 주변 사람들의 패턴에도 영향을 받는다. 이러한 종류의 미디어를 엄선하여 제한하는 방식을 통해 제기되는 수많은 문제 중 하나는 집단 양극화가 심해진다는 점이다. 이는 생각이 유사한 집단이 서로 동의하는 문제를 토론하면서 더 극단적으로 변하는 경향을 말한다.[2] 예를 들어 한 집단의 사람들이 재활용 프로그램이 왜 중요한지 토론하기 위해 모였을 때, 이들은 그러한 신념을 유지하는 것이 옳음을 확신케 하는 주장을 더 많이 접할 뿐 아니라, 다른 사람과 차별화하기 위해 원래의 입장보다 더 극단적인 버전을 선택하려 한다. 내 경우는 친구들에게 내가 환경에 관심 있다는 사실을 알리고 싶어 더 열정적이고 강력하게 내 입장을 내세우려 한다. 사람들이 비대면 또는 대면으로 신념을 공유하는 집단을 찾으면 이들은 논의를 통해 자신의 견해를 더 대담하고 극단적으로 몰아붙이게 된다. 그 결과, 중간 지대는 사라지고 거의 모든 문제와 관련하여 두 개의 극단적 진영만 남는다.

지금까지 연구를 통해 서로 다른 집단에 대한 편견이 어느 정도인지 검토된 바 있다. 명시적 혹은 묵시적 보고를 바탕으로 우리는 서로 다른 정치적 성향의 사람들에게 강한 부정적 감정을 드러낸다는 사실이 밝혀졌다.[3] 종교적 신념이 다른 사람들에게도 편견이 있어 다른 견해를 가진 사람들을 무시하고 공격하게 된다.[4] 이 패턴은 우리의 믿음과 다른 사람의 믿음 사이에 차이가 클수록 두드러진다. 주로 반대되는 견해를 가진 사람을 위협적으로 보기 때문이다. 한 탁월한 연구에서는 사람들이 자신의 세계관에 대한 위협에 어떻게 반응하는지를 보여주었다.[5] 우선 참가자들은 표면적으로 반대되는 정치적 신념을 가진 사람이 자신의 이념적 신념을 공격하는 글을 읽었다. 그후 별도의 음식 맛 연구에 참여하게 되는데, 여기서 참가자들은 상대가 매운 음식을 싫어한다는 점을 알더라도 일부러 매운 소스를 뿌려 공격적으로 행동할 수 있는 기회를 얻게 된다. 참가자들은 위협을 느꼈을 때 공격의 수단으로 더 많은 핫소스를 나눠주었다. 우리는 자신과 같지 않은 사람을 비인간적으로 생각하고, 느끼고, 행동한다.

이러한 패턴은 문제가 있지만, 놀랍지는 않다. 사회심리학 분야에서 가장 일관된 발견 중 하나는 민족 중심주의나 자기 집단의 정체성에 대한 선호다(국적, 성, 젠더, 종교, 정치). 학자들은 이처럼 강한 편견이 존재하는 수많은 이유를 생각했다. 예를 들어 오랜 진화의 역사를 거쳐오며 여러 집단이 부족한 자원으로 인해 경쟁했을 수 있다. 내가 속한 집단이 제한된 식량을 얻어야 한다면, 그 부족한 자원을 얻고자 하는 다른 집단에 대해 부정적 태도를 보일 수 있다. 집단 간 싸움에서 나의 생존은 내가 속한 집단이 우세한 정도에 따라 결정되기 때문에 다른 집단은 위협으로 여겨진다.

집단 간 갈등을 다룬 또 하나의 설득력 있는 이론은 우리의 자존감이 집단 소속감group membership과 밀접하게 연관되어 있다는 점이다. 내가 속한 집단은 내가 구성원이기 때문에 최고여야 하고, 내가 속하지 않은 모든 집단은 당연히 다른 집단이며, 그 집단은 내 집단보다 어떤 면에서든 열등해야 한다. 이것이 우리가 과장된 자존감을 유지하는 방법이다. 나의 가치와 위상 또는 자존감의 입지는 다른 사람에 비해 불안정하게 느껴지고는 한다. 이런 감정은 나와 내가 속한 집단이 우월감을 유지하기 위해 다른 집단에 대한 우위를 끊임없이 주장하게 하며, 편협과 편견 그리고 증오를 낳는다. 그래서 끊임없이 갈등이 빚어지게 된다.

문화적 겸손은 성별, 성적 지향, 정치적 충성도, 종교적 정체성, 인종적 정체성 등의 문제를 포함해 사람들의 다양한 정체성이 삶에서 어떤 역할을 하는지를 이해하는 것과도 관련 있다. 문화적 겸손을 갖는 것은 이러한 다양한 관점이 관계, 조직, 공동체를 강화할 수 있다는 자신감을 갖는 것도 포함된다. 문화적 겸손을 기반으로 행동할 때 다양성이 어떻게 사회, 사업, 관계를 풍요롭게 하는지 이해할 수 있다.

일부 연구에서는 문화적 겸손의 전조와 결과를 탐구했으며, 문화적 겸손은 겸손의 세 가지 핵심, 즉 자기 인식, 자아 조절, 다른 사람을 열린 마음으로 지지하면서 대하는 태도뿐 아니라 자기 성찰과 비판을 통해서도 이루어진다고 주장했다.[6] 어떻게 하면 발전할 수 있을지 자주 의논한다면 문화적으로 더 겸손해지는 데 도움이 될 것이다. 사회 계층을 다양화하고, 권력 불균형에 주의를 기울이고, 사회 정의를 구현하는 일에 참여함으로써 문화적 겸손을 기를 수 있다. 문화적 겸손을 실천하면 상호 존중하고 협력적인 관계를 형성할 수 있다. 문화적 겸손은 저절로 얻어지는 것이 아니다. 자신과 다른 정체성을 가진 사람들에 대한 지속적인 보살핌과 관심이 필요하다.

이번 장에서는 문화적 겸손의 중요성을 알 수 있는 일반적인 영역을 살펴보고, 문화적 겸손이 역사적으로 분쟁과 멸시를 겪어온 협력적 관계에 어떤 도움이 되는지 알아볼 것이다. 겸손한 대응이 절실히 필요한 분야인 사회, 정치, 종교에 대해서도 자세히 살펴볼 것이다. 연구에서 어떤 이야기를 하는지, 그리고 어떻게 더 높은 수준의 문화적 겸손을 구체화할 수 있는지 논의할 것이다.

몇 가지 고려 사항

겸손은 중요하다. 그리고 겸손에서는 경청하는 태도가 핵심이다. 그러나 문화적으로 겸손해지기 위해 노력한다고 해서 자신이 지켜온 가치를 버리거나 옳다고 생각하는 일을 위한 싸움을 포기해야 하는 것은 아니다. 겸손은 수동적으로 나를 낮추는 것이 아니기 때문이다. 이그나시오 마르틴바로Ignacio Martín-Baró[7]와 파울루 프레이리Paulo Friere[8] 같은 학자들은 사회적 분열을 치유하는 데 있어서 해방의 중요성을 주장하고, 사람들이 사회와 정치 세계에서 억압적인 구조를 찾고 이에 문제를 제기하도록 돕는 해방 심리학 연구를 개척했다. 다른 사람, 특히 역사적으로 소외되고 억압된 사람의 관점을 이해하는 것은 세상의 깊은 사회적 상처를 치유하는 데 매우 중요하다.[9] 그리고 겸손이 이 과정에서 핵심적인 역할을 한다는 것을 알 수 있다. 생생한 경험에 귀를 기울이고 다른 사람의 관점을 이해하려는 노력은 해방 작업에 필요한 구성 요소다. 사실 적극적으로 경청하는 동안 겸손은

더욱 높아진다.[10]

겸손은 해방 과정에 핵심적인 역할을 한다. 겸손한 대응이란 자신을 딱 맞는 크기로 보는 관점을 말한다. 정체성이 뚜렷하거나 권력과 특권이 있는 사람에게는 더 정확한 관점으로 현실을 재구성하기 위해 부풀려진 자아감이나 인지된 우월감을 줄이는 것을 의미할 수 있는데, 이때 보편적 인간성이 우리를 연결하는 특성이 된다. 주변인이거나 소수자의 정체성이 있는 사람들의 경우에는 문화적으로 위축되거나 더 작은 영역을 차지하라는 강요에도 불구하고, 자신에게 고유한 가치와 의미가 있다는 확신에서 비롯된 안정감을 갖추고, 정당하고 온전한 크기로 올라서는 것을 말한다. 그리고 자의식을 배양함으로써 자신의 가치를 알고, 그렇지 않다고 말하는 사람 앞에서도 자신감 있게 이런 태도를 유지하는 것을 의미한다.

여기서 끝이 아니다. 겸손에는 용기와 지혜가 필요하다. 다시 말하면, 매우 고통스러운 사회적 분열을 야기하는 억압적인 구조를 계속 찾아내고 해체하는 용기, 그리고 정의와 치유라는 명분을 위해 자신 있게 주장할 수 있는 시기와 방법을 아는 지혜가 필요하다. 억압에 대한 저항은 겸손해 보이지 않을 수 있지만, 저항은 소외된 사람들의 말에 귀 기울이고, 고통에 공감하고, 관점을 이해하려 노력하며, 이들을 나와 동등하게 여기고 나서 무엇이 옳은지 안다는 완전한 확신에서 비롯된다. 이 모든 노력이 우리를 올바른 행동으로 이끈다. 그리고 고유한 가치와 존엄성을 믿는 안정감에서 우리를 억압하려는 자들에 맞서 저항하려는 행동이 싹튼다.

겸손은 우리의 가치를 포기하라고 요구하지 않는다. 경청하려는 태도 역시 모든 관점이 똑같이 도덕적이거나 정의롭다고 가정하지 않는다. 겸손은 인종차별, 성차별, 동성애 혐오, 성전환 혐오, 능력주의 그리고 '타인'을 배제하고 개인과 집단을 소외시키는 억압적인 편견을 뿌리 뽑기 위해 함께 일할 수 있도록 한다. 소속과 포용을 위한 싸움을 미루라고 요구하지도 않는다. 오히려 그와 같은 싸움을 위해 행동할 수 있는 동기를 부여한다. 나의 가치와 다른 사람들의 가치를 인정할 때, 분열을 극복하기 위한 나의 노력을 주변에서 인정하지 않더라도 정의와 공정성에 대한 추구가 충분히 정당하다는 믿음으로 그 노력을 유지할 수 있다.

겸손에 닻을 내리기

겸손, 특히 문화적 겸손에 대한 논의에는 평등에 대한 논의가 포함되어야 한다. 다른 사람이 나와 동등하다고 보는 시각은 모든 종류의 겸손을 발달시키기 위한 전제 조건이다. 자기 자신이나 자신이 속한 집단이 우월하다고 생각하는 사람, 다른 사람이나 집단이 열등하다고 생각하는 사람은 겸손하지 않다. 비록 우리가 상대의 견해에 강하게 반대하더라도, 관계를 맺는 모든 사람의 인격과 인간성을 인정하고 존중해야 한다. 문제는 우리 대부분이 도덕적으로 비난받을 만한 행동을 정당화하기 위해 다른 사람을 비인간화하는 방법을 쓸 수 있다는 점이다. 우리는 어떤 한 사람의 이야기를 하지 않는다. 대신 '좌파'나 '우파' 또는 '그들'이나 '다른 사람들'에 대해 이야기한다. 우리의 언어는 타자화를 일삼는다. 우리가 다른 사람을 경멸하는 시각을 고수하는 데 따른 부담에서 자신을 보호하려 하기 때문이다.

다른 사람들이 누군가의 자녀나 부모, 형제나 친구, 배우자나 직원이라는 사실을 기억하지 않는다. 그들이 우리와 마찬가지로 소중하고 아름다우며 우리와 같은 인간임에도 그렇다. 그리고 나와 견해가 다른 사람들과 심리적 거리를 둠으로써, 혐오스러운 말이나 상처를 주는 행동을 정당화할 수 있다고 착각한다.

그 심리적 거리의 일부는 도덕적 우월성의 형태로 나타난다. 우리는 내가 옳고 나의 입장을 견지할 도덕적 명분이 있다고 생각한다. 기껏해야 내가 아는 것을 모르는 사람을 불쌍히 여겨 변화시키거나 설득하려 하며, 최악의 경우에는 이들을 포기하고 비인간적으로 대한다. 구원자 콤플렉스나 도덕적 방어를 근거로 삼은 접근 방식에서는 다른 사람이나 집단의 인간성과 존엄성을 존중하지 않는다. 이것이 바로 문화적 겸손을 향한 노력에서 인간은 근본적으로 평등하다는 깊은 믿음에 뿌리를 두어야 하는 이유다. 그리고 일상생활에서 그 믿음에 따라 살아야 한다.

사회에 관하여

문화는 사회의 각 분야에 넘칠 정도로 스며들어 우리에게 의미를 부여한다. 세상을 보는 방식에 너무 깊이 뿌리박혀 있어 자신의 문화적 세계관이 정상적이고 옳다고 가정하게 한다. 이 가정에서 다른 관점이 비정상적이거나 틀렸다는 편견이 비롯된다. 이때의 메시지는 자못 분명하다. 다른 사람의 방식이 우리의 방식보다 열등하다는 것이다. 이는 인간의 가치에 대한 암묵적인 메시지며, 우리와 다른 사람은 인간 이하의 존재고, 우리와 같은 권리와 존중을 받을 자격이없다는 생각, 감정, 행동으로 이어질 수 있다.[11] 결국, 우리는 나와 다른 사람들을 분노와 두려움으로 대하기 시작한다. 그리고 다른 사람들을 비인간적인 존재로 보면 그들에게 세상을 보는 방식을 우리의 방식대로 바꾸라고 강요할 수 있다.

문화적 겸손은 타인을 존중하고 배우려는 진정한 열망에서 비롯된다. 어떤 사람은 진정성 없이 신뢰를 쌓거나 자존심을 높이기 위해 미덕을 과시하기 위한 수단으로 문화적 겸손을 꾸며내기도 한다. 이는 겸손과 반대되는 행위다. 자신의 수용성을 과시하고, 우리 문화에서 불쾌하게 여길 수 있는 지점을 비난하고자 하는 나르시시즘에 불과하다. 거짓으로 겸손한 척하는 사람은 자신이 표방한 가치에 따라 살지 않으며, 암묵적인 편견과 해악을 해소하기 위해 노력하지도 않는다. 미덕 과시는 거짓된 문화적 겸손을 상품화한 것으로, 주된 동기는 집단 내에서 인정받음으로써 자아를 충족시키는 관심이다. 트윗을

올리거나 소셜 미디어에 스토리를 게시해도 백 명 남짓한 팔로워의 인지도를 높이는 것 외에 거의 도움이 되지 않는다. 때로는 정의와 형평성을 위해 노력해야 한다는 심리적 압박을 해소하는 정도에 불과하다. 껍데기만 번지르르하고 알맹이가 없는 인지적 불협화음을 줄이기 위한 정신적 속임수일 뿐이다.[12]

진정성이 결여된 겸손은 일종의 문화적 소비와 같다. 다른 사람들에게 감사하고 그들이 소중하다고 생각하지만, 실제로는 자신의 목적을 발전시키거나 죄책감을 달래기 위해 이들을 이용하는 셈이다. 이 은밀한 나르시시즘은 다른 사람을 존중하는 태도로 보이기도 하지만, 나의 관점이 우월하지 않다(결함이 있다)는 어떤 고려도, 내 믿음을 수정하려는 어떠한 시도도 포함되지 않는다. 다른 사람들로부터 피드백을 구하거나 그들의 관점을 적극적으로 받아들이지 않으면, 다른 사람들의 가치와 본질적인 존엄성을 존중할 수 없다. 암묵적으로 내가 더 낫다고 여기거나 이들에게 호의를 베풀고 있다고 생각하는 구원자 콤플렉스에 빠지게 된다. '불우한 사람'을 돕는 자신이 대단하다고 생각하게 되는 것이다.

미덕 과시나 문화적 소비와 같은 행동은 관계가 아니라 거래의 문제이기 때문에 겸손의 표현이 아님을 알아차릴 수 있다. 이런 행동을 하는 사람은 억압받는 자들에게 무엇이 필요한지 생각하기는커녕, 다른 사람의 인간성 자체를 존중하지 않는다. 모든 행동에서 '나'라는 존재가 이 교환을 통해 무엇을 얻을 수 있는지만 중요하며, 나한테 뭘 제공할 것인가와 같은 효용성의 잣대에 맞추어 사람의 가치를 판단한다. 이는 겸손과 거리가 멀다. 겸손에는 관계가 가장 중요하기 때문이다.

문화적·인종적·민족적 정체성

문화적·인종적·민족적 편견과 차별을 경험하고 행동하는 것 모두 트라우마를 남기는 상처가 될 수 있다. 작가이자 트라우마 전문가인 레스마 메나켐Resmaa Menakem은 억압을 가하는 사람과 억압을 받는 사람 모두의 몸에 인종적 트라우마가 생긴다고 주장한다.[13] 트라우마는 뇌가 사건에 반응하는 방식을 바꾸고 반사적으로 이성적인 설명을 회피하게 만든다. 예를 들어 트라우마를 경험한 사람은 두려워할 이유가 없을 때도 두려움 때문에 공격적으로 행동한다. 트라우마가 체화되면 정보를 처리하고 결정을 내리는 방법이 달라진다. 마찬가지로 역사에서 권력을 차지한 집단을 보면, 편견에 치우친 반응이 얼마나 강해질 수 있는지, 이를 저지하는 데 겸손이 얼마나 필요한지 알 수 있다. 하지만 이와 같은 개인적, 집단적 치유는 우리가 그 일을 시작해야만 일어날 수 있다. 문화적 특권을 누리는 사람들은 자기 자신을 점검함으로써 기본적인 충동에 의문을 제기하고, 이에 따른 이후의 행동을 형성하여, 자신의 가치와 더욱 일치하는 삶을 추구해야 한다.

문화적 겸손은 정체성이 다른 사람들과의 관계에서 필수다. 그러나 종종 인종과 민족성에서 문화적 겸손이 부족한 사례를 발견할 수 있다. 인종차별에 대한 명시적인 표현이 지난 수십 년 동안 감소했지만(하지만 2016년 이후 특정 지역에서는 급증했다), 암묵적인 편견은 계속 문제가 되고 있다.[14] 혐오적인 인종차별을 포함해 다양한 이름으로 불리는 이 악의적인 편견의 표현은 한층 은밀한 형태를 띠고 있다. 이와 같은 견해가 있는 사람은 대부분 자신의 동기를 인식하지 못하고, 공개적으로는 어떠한 편견적인 태도도 부인하기 때문이다.[15] 그러나 이러한 편향된 성향은 책임을 지지 않고도 인종차별적인 행동이 가능한 모호한 상황에서 드러난다. 예를 들어 한 연구에서는 참가자들에게 대학 지원자들을 비교하여 어떤 학생을 입학시킬지 결정하도록 했다.[16] 어떤 학생은 표준화 시험 점수가 낮고 학업 평점이 높은 반면, 어떤 학생은 표준화 시험 점수가 높고, 학업 평점이 낮았다. 또한 학생들의 글은 일부 지원자가 흑인이고 다른 지원자가 백인임을 나타내기 위해 수정되었다. 참가자들은 평점이 더 중요하다고 주장하면서 평점이 낮은(그러나 시험 점수가 더 높은) 흑인 지원자보다 평점이 더 높은 백인 지원자를 선호했다. 이러한 가중치를 감안할 때 평점이 높은(그러나 시험 점수가 낮은) 흑인 지원자를 뽑았어야 했는데 결과는 그렇지 않았다. 이 경우 참가자들은 시험 점수가 더 중요하다고 주장했고, 다시 한 번 백인 지원자를 선택했다. 흑인 지원자가 모든 면에서 빠짐없이 점수가 높은 경우를 제외하고는 백인 지원자가 선호되었다. 참가자들은 인종차별주의자가 아닌 합리적인 사람으로 보이기 위해 그들의 이론적 근거를 바꾼 것이다.

안타깝게도 암묵적인 인종차별은 다양한 영역에서 나타난다. 예를 들어 미세공격microaggressions은 특정 대상을 훼손하는 방식으로 인종차별적 정서를 드러내는 언어를 통해 나타난다. 이는 노골적인 인종적 비방(미묘한 공격microassault)에서부터 유색 인종에게 어떻게 직업을 구했는지 묻거나(미묘한 모욕microinsult) 유색 인종에게 '나는 인종을 따지지 않는다.'(미묘한 부정microinvalidation)라고 말하는 것까지 다양하다.[17] 한 연구에서는 상담 환경에서 발생한 미세공격과 그것이 치료에 미치는 영향을 조사했다. 치료사와 의뢰인의 관계에 균열이 생겼을 때 치료사가 문화적으로 겸손한 사람이면, 갈등이 개선되고 의뢰인이 상담을 받아 상황이 좋아졌다고 인식할 가능성이 컸다. 문화적으로 겸손한 치료사는 오만한 치료사보다 이와 같은 어려움을 더 잘 헤쳐나갈 수 있다.

문화적 겸손을 스스로 평가할 때는 신중해야 한다. 때때로 우리는 자신이 실제보다 더 문화적으로 겸손하다고 오해하는 경우가 많기 때문이다.[18] 이때 믿을 만한 지인, 특히 자신의 주변에 널리 퍼진 문화적 배경을 공유하지 않는 누군가에게 피드백을 요청하면 유용하다. 다른 사람이 실제로 나를 어떻게 보는지 파악하는 것은 냉철하지만 유익한 정보가 된다. 배우고자 하는 열망, 경청하려는 의지, 변화하고 성장하려는 열망으로 접근한다면 피드백에 더없이 소중한 가치가 생길 것이다. 신뢰할 수 있는 피드백을 줄 만한 지인 대부분이 나와 문화적 정체성을 공유한다면, 직장이나 이웃 또는 공통 관심사의 모임 (독서 모임이나 하이킹 그룹)에서 문화적 관점을 공유하지 않는 다양한 정체성의 사람들과 진정성 있는 관계를 모색해야 한다. 네트워크를 다변화하겠다는 의도로 지역사회에서 자원봉사를 하는 것도 좋은 방법이다.

열린 대화를 할 수 있는 환경을 조성하는 것 역시 중요하다. 로빈 디안젤로Robin DiAngelo의 연구에 따르면 백인들은 인종 문제를 논의할 때 백인의 취약성을 표현하는 경향이 있다고 한다. 즉 백인은 종종 방어적이 되고, 자신의 행동이 어떻게 인종차별을 영속시키는지에 대한 뼈아픈 진실과 씨름하기를 꺼린다. 문화적 구조가 자신에게 이익이 되다 보니 유색 인종을 억압하기 위해 고안된 방식에 대해 논의하는 것을 거부한다. 이들은 인종차별을 행한 것에 불편함이나 죄책감을 느낄 때 종종 다른 사람들에게 위로를 구한다. 사실 문화적으로 다수에 속하는 사람들은 문화나 문화적 정체성을 고려하지 않는 경우가 많다. 백인은 그저 자신이 세상을 보는 방식이 표준이거나 기본이라고 가정한다. 나는 정상이거나 일반적이지만, 다른 사람은 어떤 식으로든 비정상적이거나 일탈적이거나 완전히 비뚤어져 있다고 보는 것이다. 이들은 자신의 제한된 관점이 단지 하나의 방식일 뿐 올바른 방식이 아니라는 점을 고려하지 않는다. 그렇게 다른 사람들에게 자신이 오만하다는 신호를 보낸다. 검증되지 않은 우월성의 특권은 무의미한 제스처나 진부한 표현으로는 극복하기 어렵다.

문화적 겸손을 위해 노력하면 나의 견해가 많은 견해 중 하나일 뿐이라는 현실을 깨닫게 된다. 내가 다른 집안이나 다른 지역에서 태어났다면 세상을 보는 패러다임 전체가 달라졌을 것이다. 이 사실을 인정하는 것을 출발점으로 삼아도 좋지만, 이런 노력이 정의를 위해 싸우고 치유를 모색하고 분열을 해소하는 데 필요한 전부는 아니다. 우리는 다른 사람들, 특히 소외된 사람들의 생생한 경험에 귀를 기울여야 한다. 그리고 행동으로 옮겨야 한다. 겸손은 소수에게만 혜택이 돌아가는 억압적인 시스템을 뒤집는 용기 있는 조치를 할 수 있게 해준다.

정치적 정체성

우리는 의견이 다른 사람과 정치 문제로 토론하는 데 어려움을 겪는다. 여기에는 몇 가지 이유가 있다. 자연스럽게 내가 옳고 다른 사람이 틀렸다고 생각할 수도 있고, 다른 사람의 신념에서 긍정적인 특징을 인식하지 못할 수도 있고, 자신의 관점에서 잘못된 부분을 보지 못할 수도 있다. 결과적으로 깊이 간직하고 있는 믿음에 어긋나는 정보는 피하게 된다. 사흘에 걸쳐 하루에 여러 번 설문조사한 연구에 따르면, 사람들은 대체로 자신의 세계관과 상충하는 정보의 출처를 피한다.[19] 우리는 이미 믿고 있는 것을 확인하는 방식으로 삶을 구성하고 정보를 수집한다. 사람들이 다른 관점을 제시할 때 변화에 완강히 맞서고 방어기제를 작동하는 것은 당연한 일이다.

정치에 대해 논할 때 겸손을 갖추면 도움이 될 수 있다. 나와 동료들은 위협적인 정보라는 맥락에서 정치적 겸손을 살펴보았다.[20] 첫 번째 연구에서는 정치적 겸손, 즉 대안적 관점을 고려하는 능력이 더 큰 개방성과 관련이 있다는 사실을 발견했다. 두 번째 연구에서는 참가자들에게 두 편의 글을 읽게 했다. 첫 번째 글은 낙태에 관해 엇갈리는 증거를 제공하는 글로, 이들이 양면적이거나 엇갈리는 정보를 어떻게 처리하는지 검사하기 위해 고안되었다. 두 번째 글은 기존에 세계관 방어를 위해 사용되었던 미국적 가치를 공격하는 내용이었다. 마지막으로 참가자들이 자신의 견해를 적은 서면 답변을 모았다. 정치적 겸손을 보인 사람들은 그들의 정치적 관점에 부정적인 면이 있음을 시인했고, 다른 관점에 긍정적인 면이 있다는 사실도 인정했다. 이는 혼합적인 증거를 제시하는 글이 설득력이 있다는 점을 시사했다. 이들은 위협적인 글의 저자에 대해서도 긍정적인 면을 발견했다. 반면 자신의 견해에 대해 강한 정치적 의지를 보인 사람들은 자신의 관점에서 부정적인 면을 거의 파악하지 못했고, 혼합된 증거가 제시된 글을 읽은 후에 태도가 강화되었으며, 양면적 내용의 글이 결정적인 증거를 제시했다는 점을 부인하고, 위협적인 글을 쓴 저자에게 부정적인 태도를 보였다.

특히 위협에 직면했을 때 겸손은 자신의 잘못된 신념에 대해 더 정직한 자세, 증거에 대한 더 정직한 평가, 의견이 무척 다른 사람들에 대해 더 긍정적인 태도로 이어질 수 있다. 겸손은 정치적 의견 대립에서 공통점을 찾는 열쇠다.

정치와 관련하여 한 사람이 다른 사람을 불쾌하게 하는 상황도 조사했다.[21] 참가자들은 정치적 갈등을 겪었던 때를 회상하고 자신의 정치적 헌신과 겸손 그리고 가해자의 정치적 겸손에 대한 평가를 작성했다. 또한 가해자에 대한 용서의 정도와 일반적인 겸손의 수준도 표시하게 했는데, 우리는 일반적인 겸손이 아닌 정치와 관련된 구체적인 겸손에 초점을 맞추고자 했다. 결과는 놀라웠다. 참여자와 가해자 모두에게 정치적 겸손은 더 큰 용서와 연관되어 있었으며, 심지어 정치적 헌신 수준을 고려한 경우에도 마찬가지였다. 정치적으로 겸손하면 정치적 갈등을 겪은 후에 용서하고 용서받을 가능성이 높아진다. 하지만 정치적 헌신도가 높은 사람은 정치적 겸손이 높은 경우를 제외하고는 용서할 가능성이 더 낮았다. 이는 겸손함을 가지고 있어도 자신의 신념을 소신 있게 지킬 수 있다는 점을 시사한다. 겸손한 사람이라고 자신의 신념을 잘 지키지 못하는 것은 아니다. 겸손은 헌신이 부족한 것이 아니라, 새로운 관점을 열린 마음으로 수용하고, 자신의 관점이 제한되거나 틀릴 수 있다는 사실을 인정하는 것이다.

종교적 정체성

대부분의 종교에서 겸손을 미덕으로 찬양한다는 점을 고려할 때, 종교를 실천하면 가장 겸손한 반응이 나올 수 있다고 생각할 것이다. 종교적 맥락에서 다른 종교적 신념을 가진 사람을 만남으로써 사랑과 수용을 이끌어낼 수도 있지만, 한편으로는 동정이나 불신을 불러일으킬 수도 있다.[22] 신과 관련된 문제에 있어 방어기제와 변화를 원치 않는 특성이 가장 강하다는 사실은 쉽게 알 수 있다. 한 종교 문헌에서는 종교 및 영성과 겸손은 그 관계가 미약하다고 주장했다.[23] 나 역시 연구를 진행하며 사람들에게 겸손을 얼마나 중시하는지, 신앙심이 있는지뿐만 아니라 스스로 겸손한 정도를 평가해달라고 요청했다. 그 결과, 종교적인 사람은 종교적이지 않은 사람보다 자신이 더 겸손하고 겸손을 더 중시한다고 답했다. 비종교적인 사람은 겸손을 굴욕과 비슷하게 여겼다.[24] 다음으로 사람들에게 겸손하게 행동했음에도 굴욕감을 느끼지 않았던 때를 떠올려보라고 요청했는데, 그 결과 인상적인 결론이 하나 도출되었다. 요청을 받은 사람들이 후에 종교적 견해에 대한 위협을 받았을 때 공격성이 줄어든 것이다. 이는 겸손의 중요성을 시사하는 결과였다. 이 결과만으로 종교인이 비종교인보다 더 겸손하다고 단정할 수는 없다. 하지만 종교인이 겸손이라는 덕목에 더 익숙하고, 이를 지지하는 데 열심일 수 있다고는 말할 수 있다.

종교적인 사람들이 겸손을 중요하게 여기면서도 비종교인들보다 겸손을 실천하는 데 더 뛰어나지 않은 이유는 무엇일까? 아마도 종교에 너무 많은 심리적 투자를 하기 때문일 것이다. 종교가 사후세계의 가능성을 통해 잔혹한 죽음의 문제를 해결하겠다고 약속한다는 점을 감안할 때, 그저 올바른 길을 추구하기에는 너무 많은 위험이 따른다. 누가 일부러 여러 생을 고통스럽게 살거나 영원히 의식적인 고통 속에서 보내기를 원하겠는가? 많은 종교적 견해가 인식론적 배타성을 주장하는 상황에서 종교적 약속은 개방성에 맞서는 쪽으로 향한다. 특정한 종교적 방식을 따르고 다른 모든 방식을 비난할 수밖에 없다. 이와 같은 접근 방식은 집단 내에서 응집력을 조성할 수는 있지만, 문화적 겸손을 촉진하지는 않는다. 오히려 공격성과 집단 바깥에 대한 편견을 강화할 수 있다. 많은 위험이 따르면 종교적 사명은 더욱더 두드러진다. 예를 들어 겸손과 사랑은 많은 종교의 핵심이지만, 사람들이 긴장과 압박을 받으면 집단에 대한 충성도와 헌신을 우선하느라 다른 집단을 향한 관용과 수용을 실천하기 어려워진다.[25] 다른 집단으로부터 위협을 감지하면 우리는 대부분 자신의 신념에 더 강하게 집착하고, 집단에 충성스럽고 헌신적이라는 신호를 보내려 애쓴다. 이로 인해 다양한 관점을 이해하기가 매우 어려워질 수 있다.

종교에 대해 겸손을 보이면, 다른 사람과 더 큰 유대감을 형성할 수 있다. 종교 지도자는 겸손할 때 일을 더 잘한다. 한 연구에 따르면 겸손한 종교 지도자는 심리학에 대해 더 긍정적인 태도를 보였다. 일부 성직자는 심리학을 경쟁적인 설명의 틀이나 (해가 되지는 않지만) 쓸모없고 열등한 분야로 본다.[26] 성직자가 심리학을 부정적인 시각으로 보면 교인들이 심리학을 부정적으로 받아들여 심리 치료를 피하게 되고 결과적으로 치료의 혜택을 받을 수 있는 사람들에게 해가 된다.

정신 건강을 개선하는 것으로 알려진 경험적 기반의 광범위한 연구 결과를 무시한다면 목회자들의 능력이 심각하게 제한될 것이다. 다른 연구에서는 참가자들에게 이념적으로 다양한 사람들로 구성된 종교적 소집단(예를 들어 경전 연구)의 구성원이 될 것을 고려해보라고 했다. 그러자 사람들이 느끼는 소속감과 삶의 의미가 줄어들 수 있다는 사실이 발견됐다. 단 겸손한 집단에서는 이 잠재적인 대가가 완화되거나 사라졌다.[27]

종교 공동체가 문화적으로 겸손해질 때 많은 것이 변화한다. 나와 동료가 수행한 연구에서는 종교 공동체가 지닌 문화적 겸손의 정도가 공동체의 성 소수자에게 어떤 영향을 미치는지 조사했다.[28] 성 소수자 참가자들이 그들의 종교 공동체가 문화적으로 더 겸손하다고 응답할수록 소수자 관련 스트레스가 줄어들었으며, 그 결과 우울증 및 불안감이 감소하고 소속감이 증가하는 것으로 나타났다. 훨씬 더 눈에 띄는 결과는 이러한 연관성이 성 소수자에 대한 종교계의 입장(긍정적이든 부정적이든)을 고려했을 때도 유지되었다는 점이다. 종교 공동체가 믿음을 겸손하게 유지할 때, 그 믿음이 무엇이든 간에 공동체에서 가장 소외된 사람들이 더 큰 소속감을 느끼고 정신 건강도 개선되는 것으로 나타났다. 문화적 겸손은 집단에 긍정적인 효과를 퍼지게 해 더욱 발전적인 집단으로 변화시킬 수 있다.

성과 성 정체성

성과 성 정체성을 둘러싼 갈등은 깊고 첨예할 수 있으며, 대화의 양측에 있는 사람들이 서로 다른 의견을 가지고 있는 경우가 많다. 연구자 아넬리세 싱Annaliese Singh은 해방 심리학적 실천이 성별 비순응자 및 트렌스젠더 내담자들과의 상담에서 활용될 수 있다고 주장했다.[29] 싱은 긍정이 필요하지만 불완전한 출발점이라고 주장하면서, 치료사들이 이성애적 문화 기준에 따르지 않는 사람들을 억압하는 더 큰 시스템적 압력에 대처하여 사회적 변화를 위해 내담자와 협력해야 한다고 요구했다. 해야 할 일의 대부분은 억압을 일으켜 깊은 상처를 유발하는 무의식적인 편견을 찾아내고 이를 뒤집는 데 있다.[30]

이와 같은 문제는 여러 유형의 성차별에서 나타난다. 사회심리학의 오랜 연구에 따르면, 여성을 남성보다 열등한 존재로 대우하는 성차별에 관한 일관된 증거가 발견되었으며, 이는 주로 두 가지 방식으로 표현된다. 적대적 성차별hostile sexism은 노골적이고 공격적인 발언을 하는 것을 말하며, 온정적 성차별benevolent sexism은 여성을 연약하고 보호받아야 하는 존재라고 믿는 것을 의미한다. 적대적 성차별의 확산은 크게 감소한 반면, 온정적 성차별은 널리 퍼져 있고 뚜렷한 지지를 받는다. 예를 들어 기사도의 개념은 온정적 성차별의 입장을 지지하며, 여자를 보호하기 위해서는 여자에게 남자가 필요하다고 주장한다. 이 주장은 분명 남자에게도 해를 끼친다. 여자 없이는 남자의 삶을 완성할 수 없다는 논리가 포함되기 때문이다. 이러한 가정은 대체로 문제시되지 않았으며 이를 수용하는 사람들의 의식 너머에서 작동해왔다.

이러한 이분법 외에도 다른 형태의 편견과 차별이 존재한다. 성 고정관념에 부합하지 않거나, 전통적인 성 정체성을 따르지 않는 사람(제3의 성, 성별 비순응, 트랜스젠더), 소외된 성적 취향이 있는 사람(성 소수자LGBTQ+)은 차별과 폭력을 포함한 노골적이고 암묵적인 편견을 겪는다. 연구에 따르면 이러한 적개심은 익숙하지 않은 정체성이나 행동이 역겹거나 불순하거나 혹은 부자연스럽다는 믿음에서 비롯되는 경우가 많다.[31] 다른 연구에 따르면 성 소수자와 접촉한 경험이 있는 사람들은 그렇지 않은 사람들보다 성 소수자 공동체에 더 긍정적인 태도를 보였으며, 성 소수자와 친밀한 관계를 맺을수록 이러한 긍정적인 연관성이 강화되는 것으로 나타났다.[32] 간단히 말해 성 소수자나 비전통적인 성 정체성이 있는 사람을 알게 되면, 일반적으로 소외된 성별이나 성 소수자에 대해 더 긍정적인 태도가 형성된다. 사람들은 처음 보는 사람에게 편견이 생기기 쉽지만, 다른 사람의 인간적인 특성을 이해하면 부정적인 감정이 사라지는 경우가 많다. 직접 알고 지내면 우리와 '다른 사람들'이 우리처럼 평범하고 사랑스럽다는 사실을 알게 된다. 하지만 나와 다르거나 소외된 사람들과 더 잘 소통하기 위해서는 세상을 보는 지배적인 방식에서 벗어나 문화적 겸손을 갖춰야만 한다.

정체성 가로지르기

사람들의 정체성은 다채롭다. 문화적 겸손을 함양하면 사람들의 교차하는 정체성을 인정하고 포용하는 데 도움이 된다.[33] 인종적·민족적·정치적 정체성, 종교적 연대, 성 정체성 및 성적 지향은 인간의 여러 특성 중 일부에 불과하다. 개개인에게 다양한 조합이 존재할 수 있으며, 특정한 교차점은 사람에 따라 다르게 경험할 수 있다. 문화는 주로 시스젠더(생물학적 성과 성 정체성이 일치하는 사람—옮긴이), 이성애자, 백인, 남성 등 특권적 정체성 위주로 형성되어왔기 때문에, 이 좁은 교차점에 속하지 않는 사람들은 종종 편견과 차별을 겪는다. 특정 정의에 맞지 않는 사람은 열등한 사람 그리고 '다른 사람'으로 간주된다. 대부분의 사람들이 다수가 선호하는 정체성에 관한 단일한 관점을 의심 없이 받아들이지만, 이러한 믿음에서 비롯된 체계적인 억압을 해체하기 위해서는 기존의 사고방식에 도전해야 한다. 이를 위해 사용할 수 있는 강력한 도구는 문화적 겸손이며, 이는 자신의 신념을 비판적으로 평가하게 하여 변화를 촉구한다.

정체성은 주로 상황에 따라 두드러지게 나타난다. 예를 들어 다른 성별의 사람들이 많은 공간에서는 자신의 성 정체성을 날카롭게 인식할 수 있다. 또는 인종적 배경이 다른 사람들과 교류할 때는 인종적 또는 민족적 정체성이 두드러질 것이다. 이렇게 서로 교차하는 정체성은 우리가 문화적 겸손을 가지고 다른 사람과 소통하는 방식에 일조할 수 있다. 각 개인의 정체성은 그들이 삶에서 겪는 경험에 기여한다. 진정 다른 사람의 말에 귀를 기울이고 싶다면, 세계관을 확장하는 데 관심이 있고 자신의 세계관이 다른 사람의 세계관보다 우월하다고 믿지 않는다면, 다른 사람의 정체성을 인식하고 인정해야 한다. 우리는 보편적인 인간성을 공유하고 있지만, 그 인간성에 대한 각자의 경험은 다르다. 다른 정체성과 그 정체성이 교차하는 방식을 무시하거나 일축하지 않아야 보편적인 인간성을 통해 사랑과 포용력을 구현할 수 있다.

분열된 문화 속에서 치유로 나아가기 위해서는 주어진 상황에서 정체성에 가장 큰 영향을 받는 사람들의 말에 귀를 기울여야 한다. 백인이자 시스젠더 남성인 나는 여성이나 유색인종을 대변할 수 없다. 그런 특성이 나의 정체성이 아니기 때문이다. 그들이 겪었을 생생한 경험이 어떤지 어떻게 알겠는가? 하지만 나는 평등을 위해 노력하는 협력자가 될 수 있고, 또 그래야 한다. 어떤 사건, 정책, 변화로 가장 직접적인 영향을 받는 사람보다 더 많은 특권이 나에게 주어져서는 안 된다. 내가 소외된 사람에게 무엇이 최선인지 안다고 가정하는 것은 오만한 착각이다. 겸손하게 경청해야 할 책임은 권력과 특권을 누리는 사람들에게 있다. 직접 겪지 못한 삶을 경험한 사람들에 대해 함부로 이야기해서는 안 되며, 그들의 이야기를 경청하고 함께 나눌 수 있는 장을 마련해야 한다. 그들의 감정적 경험을 이해하고 공감하면서 그들과 같은 존재로 살아간다는 것의 의미를 생각해볼 필요가 있다. 자신에게 어떤 특권이 있다면 왜 다른 사람에게는 같은 특권이 없는지 자문해보라. 우리 모두 똑같이 존중받을 자격이 있지 않은가? 이러한 공감적 이해가 변화를 향해 노력하게 이끄는 동기가 되어야 한다. 문화적 겸손에 대해 논의할 때도 공감이 겸손의 개발과 표현 모두에 중요하다는 사실을 알 수 있다.

자아의 역할

자아는 차이를 극복하는 데 어떤 역할을 할까? 겸손에는 한계를 충분히 인지하고 틀렸을 때 인정할 만큼 나를 잘 아는 것과, 세상을 보는 나의 방식이 유일하지 않고 최선의 방식이 아니라는 점을 깨닫는 것이 포함된다는 사실을 기억하라. 건강한 자아는 좋은 것이다. 나 자신을 지지하고, 우려를 표명하고, 다른 사람의 권리를 위해 싸우기도 해야 한다. 세상을 더 사랑스럽고 정의로운 곳으로 만들기 위해 노력하려면 깊은 안정감이 뒷받침되어야 한다는 사실이 중요하다. 세상의 억압적인 시스템을 뒤엎기 위해서는 불의에 맞서 싸울 줄 아는 강한 도덕적 신념이 있어야 한다.

　옹호와 정의에 관한 토론이 진행될 때, 문화적 불의로 인해 종종 소외된 정체성을 가진 사람들에게 가장 많은 자제력이 요구된다는 점에 주목해야 한다. 부당하게도 억압받는 사람들은 가장 침착하게 행동해야 한다는 기대를 받는 경우가 많다. 몇 년 전, 내 아내 사라는 시에서 광범위하고 포괄적인 차별 금지 조례를 채택하라고 촉구하는 단체를 공동으로 이끌었다. 이 단체는 1년이 넘는 기간 동안 여러 회의를 거쳐 시의회에 사례를 제출했다. 포용과 평등을 옹호하는 이 단체에서는 회의 때마다 시종일관 자제력을 보여야 했지만, 반대 단체는 모욕, 허위사실, 공격적인 비난, 데이터 조작을 일삼았고 사람들을 따돌렸다. 회의는 참석자들에게 힘든 시간이었고, 트라우마를 남길 때도 있었다. 회의가 진행되는 동안 아내가 속한 단체가 한결같이 침착성을 유지하고 반대파의 근거 없는 주장과 허위 진술에 방어적으로 대응하지 않았기에 의회는 조례를 수용했다. 의회의 결정은 거의 만장일치로 통과되었으며 다음 해에 아내와 공동 지도자들은 이 조례를 옹호한 공으로 시에서 사회 정의상을 수상했다.

소외된 사람들은 이미 정책이나 법률로 인해 가장 부정적인 영향을 받는 사람들인데도, 이와 같은 평정을 보여야 한다는 것은 잔인한 불의다. 이때 문제는 권력을 가진 사람들의 과도하게 팽창된 자아다. 그렇기 때문에 경청해야 할 일차적인 책임은 특권을 가진 사람들에게 있다. 내가 옳다고 너무 확신하면 듣기를 멈추게 된다. 자기 과시에 빠지면 다른 사람들과 공감하고 그들의 관점을 보는 능력을 잃어버리며 자기애적 편견에 빠지게 된다.

연구에 따르면 나르시시즘은 인종차별과 관련 있지만, 겸손과 성실성은 더 큰 받아들임과 관련이 있다고 한다.[34] 받아들인다는 것은 다른 사람의 관점을 듣고 그것이 타당하다고 생각하는 것이다. 공정하고 평등한 사회에서 생산적인 기여자로 성장하기 위한 가장 힘겨운 노력 중 하나는, 자신이 옳고 정당하다고 믿는 대의를 위해 싸우는 동시에 내가 틀릴 수도 있다는 현실에 열린 자세를 유지하는 균형을 갖추는 것이다. 때때로 우리는 자신이 옳다고 확신하며 다른 사람의 말을 듣지 않을 수 있다. 그렇다면 우리의 침묵마저 억압으로 이어질 때는 어떻게 해야 할까? 겸손을 추구하다가 안일해지거나 다른 사람에게 복종하게 되면 어떻게 해야 할까? 어떻게 하면 이 까다로운 균형을 맞출 수 있을까?

그 바람직한 출발점은 나와 의견이 다른 사람을 포함하여 다양한 대화 상대를 찾는 것이다. 다음으로 중요한 것은 다른 사람도 우리와 마찬가지로 자신의 관점과 제한된 세계관에서 최선을 다하고 있다는 점을 인정하는 것이다. 경청은 다른 사람의 주장을 진지하게 받아들인다는 신호다. 또한 상대방이 자신의 의견이 전달되고 확인된다는 느낌을 받을 수 있도록, 그들의 관점을 공유할 수 있는 현실적인 기회를 제공하는 것도 우리의 책임이다. 우리는 기꺼이 열린 마음으로 다른 이들의 증거와 주장에 따라 우리의 마음이 바뀔 기회를 스스로에게 주어야 한다.

결국 마음을 바꾸지 못할 수도 있다. 증거가 나의 관점을 바꾸기에 불충분하다는 결론을 내릴 수도 있다. 그러나 다른 사람에게 의견을 제시할 여지를 주지 않거나, 다른 사람과 대화를 반복하는 과정에서 결코 마음을 바꾸거나 신념을 바로잡으려 하지 않는다면, 오만하게 행동하고 있을 가능성이 높다. 누구도 항상 옳을 수는 없다. 적어도 나는 확실히 항상 옳지 않다. 현재 알지 못하는 모든 것, 즉 우주에 관한 대부분의 것들을 떠올려보라. 우리의 실질적인 지식의 양은 매우 적으며, 지식에 대한 확신 또한 미미하다. 배우고 성장하고 의견을 바꾸지 않는다면 무척 자만심이 강하거나 성장을 멈춘 동질적인 사회집단에서 살아가게 될 것이다. 마지막으로 마음을 바꾼 때가 언제인지 기억나지 않는다면 겸손을 발전시켜야 한다는 경고 신호라고 볼 수 있다.

문화적 겸손에는 실질적인 이점이 있다. 문화적으로 겸손한 리더는 다양한 팀을 더 잘 이끌고, 팀원 모두에게 기꺼이 배우려는 의지를 보일 수 있다.[35] 문화적으로 겸손한 전문 치료사에게는 더 나은 영적·종교적 능력이 있으며, 광범위한 종교적· 영적 신념을 따르는 내담자와 함께 일할 수 있는 능력도 뛰어나다.[36] 문화적 겸손을 개발하는 것은 사회적으로 존경할 만하고 개인에게 유익할 뿐 아니라 더 유능한 리더가 되고 다른 사람과 더 잘 협력할 수 있도록 돕는다.

무엇이 두려운가?

나의 핵심 가치를 다른 사람이 반대하면 실존의 계곡(존재의 위기)에 맞닥뜨린 느낌이 들 수 있다. 어떤 경우에는 계곡이 아니라 막다른 절벽에 부딪힌 것 같기도 하다. 여러 차례에 걸쳐 우리가 세상을 이해하고 실존적 불안을 억제하기 위해 문화적 세계관을 고수한다는 점을 설명한 바 있다. 우리는 죽음을 향한 압도적인 공포를 완화하기 위해 자신의 중요성을 확인하는 의미 있고 지속적인 변화를 만드는 현실에 귀속된다. 우리는 자신의 흔적을 남김으로써 상징적인 불멸을 달성하고자 한다. 삶이 끝난 뒤에도 살아갈 사람들의 기억 속에 우리의 존재를 확장하여 우리의 공헌에 감사하고, 우리의 발견과 업적에서 혜택을 누릴 수 있게 할 기회를 모색한다. 우리는 이 세상이 단순히 무의미한 교환과 혼란스러운 무질서가 제멋대로 조합된 곳이 아니라고 믿어야 한다. 그렇지 않으면 우리의 삶은 목적이 없고, 바다민달팽이나 타이어 이상의 본질적인 가치가 없는 것이 되어버린다. 세계관은 이 역할을 훌륭히 수행하며, 그래서 사람들이 그토록 자신의 세계관을 강력하게 옹호하는 것이다.

문제는 우리의 세계관이 실존적 고뇌의 깊은 상처를 가리는 붕대에 지나지 않는다는 것이다. 세계관은 불안을 완화하기 위해 존재한다. 하지만 세계관을 고집하고 안전하게 유지할 수 있을 때만 효과가 있을 뿐이다. 상충되는 대중 매체 정보, 서로 다른 견해, 개인적인 불확실성 등 수많은 요인이 우리의 문화적 세계관에 혼란을 초래할 수 있다. 따라서 우리는 현실을 왜곡하고 부정하더라도 세계관의 무결성을 보존하기 위해, 이를 방어하고 재구성하는 데 상당한 정신적, 감정적 에너지를 소모하고 있다. 그렇게 우리는 기존의 견해를 유지하기 위해 무척 애를 쓴다.

두 번째 문제는 훨씬 더 복잡미묘하다. 경험이나 개인적인 성장, 다른 사람에게서 배운 새로운 정보를 반영하여 우리의 문화적 세계관을 수정하는 노력을 기울일 때, 우리는 이제 진정 열린 마음을 갖게 되었다는 착각에 빠질 수 있다. 나는 목적을 달성했다. 낡아빠진 믿음을 고수하던 과거의 자신을 동정하거나 심지어 비판하기도 한다. 하지만 안타깝게도 우리는 과거의 신념 체계를 고수할 때처럼 완고하게 새로운 세계관을 옹호하기 시작한다. 덜 방어적이 된 것이 아니라 그저 방어하는 대상이 달라졌을 뿐이다. 나는 사람들이 보수적이고 근본주의적인 신념 체계에서 벗어나 극도로 진보적이거나 자유적인 관점에 합류한 후 자신의 관용을 칭찬하면서, 곧바로 새로운 신념을 따르지 않는 사람을 배제하는 경우를 수없이 보았다. 이전에 그들의 동기가 순결과 신성함이었다면, 지금의 동기는 정의와 공정성이 되었다. 이런 상황에 자주 언급되는 심리학자 윌리엄 제임스William James의 간결한 설명을 인용해보도록 하겠다. "많은 사람이 단지 편견을 재배열할 뿐인데도 자신이 생각하고 있다고 착각한다."

그렇다면 우리는 계속 방어적으로 살 운명일까? 미래를 향한 최선의 계획이 가장 '관용적'인 세계관을 선택하고 최선을 바라는 것뿐일까? 과연 그럴까 싶다. 실제로 더 많은 것을 기대하고 있기도 하다. 나는 우리가 방어적으로 살아야 할 운명이라고 생각하지 않는다. 그렇지만 우리는 기존의 세계관에 집착하게 하는 근본적이고 실존적인 현실을 더욱 정직하게 마주해야 한다. 문제를 붕대로 감싸는 방식, 즉 세계관을 바꾸기보다 문제의 핵심에 접근해야 한다. 자동으로 방어기제를 작동시키지 않는 신뢰할 수 있는 방식으로 실존적 현실과 소통할 수 있는 방법을 구축해야 한다.

겸손은 우리가 자유/무근거성, 고립, 정체성, 죽음, 무의미함이라는 다섯 가지의 실존적 두려움을 해결할 수 있도록 돕는다.[37] 겸손을 기르는 것은 인간에게 내재된 가치와 존엄성이 있다는 것을 아는 안정감에서 출발하여, 인간으로 살아가야 하는 불가피한 운명 속에서 자신의 정당한 위치를 찾을 수 있게 도와준다. 자유 혹은 무근거성은 명확한 방향이 없거나 수많은 선택이 전혀 다른 결과로 이어지는 상황에서 결정을 내려야 할 때 유발되는 불안감을 일컫는다. 어떤 직업을 선택해야 할까? 어떤 배우자를 골라야 할까? 어디서 살아야 할까? 시간을 어떻게 보내야 할까? 우리가 유한한 존재임을 겸허히 인정하고, 인간으로서의 한계를 시인하고, 인생에 정답이 없다는 사실을 깨닫는다면 이러한 압박감을 일부 완화하고 불안감을 줄일 수 있다. 마찬가지로 고립에 대한 두려움, 즉 우리 모두는 세상에 혼자 왔다가 혼자 떠나며, 각자가 서로 다른 고유한 경험을 하고 있다는 사실을 깨닫는 것은 우리에게 불안을 일으키고 공격적이거나 방어적으로 반응하게 만든다. 모두의 독특한 관점이 타당하다는 사실을 인정하고, 다른 사람의 경험을 이해하고, 그것에 공감하려 노력하면, 고립감을 줄일 수 있다. 정체성과 관련된 고민은 내가 누구이고 세상과 어떤 관계를 맺는지 알아야 할 때 찾아온다. 이때의 겸손한 반응은 사람이 성장하고 변한다는 사실을 이해하는 것일 수 있다. 죽음만이 유일하게 확실하다는 깨달음은 지속적인 공포의 원인이 되며 우리를 특히 방어적으로 만들 수 있다. 우리가 언젠가는 실제로 죽을 것이라는 사실을 겸허히 받아들이자. 그러면 우리의 시간이 소중하다는 것을 알게 되고, 내가 유한한 존재라는 현실을 받아들이게 되며, 세상을 더욱 사랑스럽고 정의롭고 온전하게 만드는 데 남은 시간을 써야 한다는 사실을 깨닫게 된다. 마지막으로, 인생에 객관적이고 쉽게 인식할 수 있는 어떤 의미도 없다는 무의미함에 대한 두려움 역시 겸손을 통해 완화할 수 있다. 우리의 이해를 넘어서는 것, 지적 능력 밖에 존재하는 것들이 있음을 겸허히 인정하면, 명확하게 설명할 수 없는 현실을 받아들이고 살아가는 데 도움이 된다. 이러한 모든 실존적 고민의 공통점은 객관적인 현실을 받아들이고, 이를 '두려움이 아니라 현실'로 바라보기 시작하는 데 있다.[38]

문화적 겸손 추구하기

이제 문화적 겸손이 나와 다른 정체성 혹은 관점을 보유한 사람과의 관계를 어떻게 변화시킬 수 있는지 알게 되었으니, 이 힘든 일을 좀 더 쉽게 할 수 있는 몇 가지 팁을 소개하겠다.

- 앞으로도 실수하게 될 것이다. 변화는 힘들고 종종 더디다. 지배적인 관점에서 벗어나 세상을 바라보는 폭넓은 시각을 가지려면 자신을 재훈련하기 위

한 지속적인 노력이 필요하다. 우리의 지배적 세계관은 태어날 때부터 마음과 몸, 행동에 스며들었다. 그 영향은 무척 깊다. 그러므로 우리는 실수를 되풀이하게 된다. 스트레스를 받거나 당황하거나 주의가 산만해지거나 위협을 받을 때 기본적인 방어기제가 되살아날 가능성이 커진다. 따라서 실수를 저지르거나 겸손하게 행동하지 못했을 때는 한 걸음 물러서서 이것이 과정의 일부임을 깨닫고 앞으로 나아지기 위해 노력하라. 한 번 망쳤다고 해서 문화적으로 겸손해지려는 노력을 포기하지 마라. 마찬가지로 다른 사람들의 실수를 이해하라. 그들에게 다시 시도할 수 있는 여지를 주고 꾸준히 노력할 수 있도록 이끌어라. 그러면 문화적으로 겸손한 사회로 발전하는 데 큰 도움이 될 것이다.

- 완벽보다 발전을 추구하라. 문화적 겸손을 기르면서 되새길 다짐이 있다면 '어제보다 나아져라.'일 것이다. 방금 설명한 바와 같이 앞으로도 실수를 하겠지만, 노력이 부족한 점에 대해서만큼은 변명의 여지가 없다. 매일 전날보다 더 겸손하려고 노력하라. 완벽해지겠다는 불가능한 목표를 따르기보다 지속적인 발전 과정을 통해 스스로 증명하라. 매일 조금 더 나아져라. 날마다 의도를 설정하여 나와 다른 문화적 세계관을 가진 사람과 소통하는 방법을 개선하라. 시간이 흐르면서 성실한 노력을 기반으로 한 의도가 더욱 자연스러워지며 우리의 인지·감정·행동 패턴을 재훈련하여 기본값을 재설정할 수 있게 될 것이다.

- 배움을 멈추지 마라. 문화적 겸손은(또는 다른 어떤 겸손도) 결코 '통달'할 수 없다. 문화는 진화하기 때문에 목표 대상 자체가 계속 움직인다. 꾸준히 발전하

려면 계속 배워야만 한다. 관점을 넓히는 한 가지 방법은 폭넓은 정체성을 대변하면서 자신의 경험에 대해 수많은 이야기를 들려주는 사람들의 다양한 목소리에 귀를 기울이는 것이다. 어떤 사람은 뉴스나 미디어 채널에서 새로운 정보의 출처를 찾는 것으로 시작할 수 있다. 또 어떤 사람은 정체성이 다르거나 관점이 다른 작가나 사상가의 책 또는 기사를 읽고 싶을 수도 있다. 하지만 아마 가장 가치 있는 일은 직장이나 지역사회처럼 이미 일상에 존재하는 나와 다른 성향의 사람들을 찾아 그들과 진정한 관계를 시작하는 것이다. 그들에게 커피를 마시거나 산책을 하자고 청하라. 먼저 다가가는 것이 좋은 첫걸음이 될 것이다. 자신과 같은 문화적 관점을 가진 대화 상대를 넘어 반향실 밖으로 나오는 것은 세상을 보는 방식을 변화시킬 것이다.

- 언어는 중요하다. 마지막으로 언어에 주의하라. 언어는 세상을 생각하고 경험하는 방식을 형성하는 수단이다. 의미를 전달하며, 자신과 다른 사람들, 세상의 본질에 대해 품고 있는 더 큰 가정을 상징한다. 마음의 내부 작용과 깊은 감정을 향해 열리는 문이다. 가장 깊은 욕구와 열망을 표현하고, 약점이나 슬픔을 공유하며, 분노나 두려움을 분출하는 방식이다. 언어는 중요하다. 우리의 말을 듣는 사람들에게도 중요하다. 우리는 언어를 통해 다른 사람들을 존중하고, 소속감과 포용력을 전할 수 있으며, 공유된 서사를 구축할 수도 있다. 언어의 힘은 강력하며 관심을 쏟을 가치가 있다. 당신이 사용하는 언어가 다른 사람에게 어떻게 눈에 띄고, 포용되고, 사랑받는 느낌을 줄 수 있을지 신중하게 생각하라.

다리 만들기

우리의 깊은 분열은 몸에 새겨진 상처이며 본능적인 반응으로 표현된다. 강한 경멸과 증오, 신랄함에서 비롯된 피해를 바로잡을 수 있는 간단한 해결책은 없다. 겸손은 사회를 순식간에 정상으로 바꿀 수 있는 팁 같은 것이 아니다. 겸손과 관련된 문제는 복잡하며, 해결할 수 없다고 우려하는 사람도 있다. 그러나 나는 겸손이 우리를 천천히 변화시켜 시간이 지남에 따라 옳고 그름을 따지는 일이나 권력을 추구하는 문제보다 지역사회의 발전을 우선시하는 더 건강한 사회로 나아가는 데 기여할 수 있다고 믿는다.

겸손은 우리가 이 불안정하고 아름다운 세상에 참여하는 방식을 바꾸고, 갈등이나 차이를 방어해야 할 위협이 아니라 배움을 위한 초대로 느끼도록 바꿈으로써 효과를 발휘한다. 다양성을 선물로, 다양한 생각을 사회의 풍성한 기본 구조로 보도록 이끈다. 인생은 더불어 살 때 가장 값지다. 이는 혼란스럽고 힘들지만 필요한 과정이기도 하다. 문화적 겸손을 추구하는 일은 소외된 사람과 가장 잊힌 사람을 포함하여 지역사회의 각 구성원이 보살핌과 관심, 경청과 존중, 그리고 평등한 대우를 받게 하는 방식으로 실존적 상처를 극복할 수 있는 다리를 놓는 데 도움이 될 수 있다. 이 다리 없이는 더 사랑스럽고 정의로운 사회를 건설하는 일을 시작할 수 없다.

9장 *Making Progress*

발전하기

우리 아버지는 내가 열여섯 살 때 운전하는 법을 가르쳐주셨다. 나는 우리 가족의 오랜 가보와 같은 1964년형 쉐보레 노바 스테이션왜건을 샀다. 이 차는 특히 여러 가지 색깔의 페인트와 녹슨 지붕이 돋보였는데, 여러 운전자의 손에서 여러 차례 사고를 겪으며 살아남은 흔적이다. 한때 가족용 차였다가 캘리포니아에서 콜로라도로 이사하는 동안 뉴멕시코 사막 어딘가에서 고장이 나서 수리 비용만 받고 형에게 팔린 후, 내가 1달러라는 엄청난 금액을 내고 형에게서 물려받았다. 물론 훗날 아버지가 '책임이라는 값진 교훈을 가르치기 위해' 판매가에 499달러의 '가계세'를 추가했지만, 이 바퀴 달린 요새는 충분히 가치가 있었다. 에어컨도, 파워 브레이크도, 크랭크 윈도도, 라디에이터도 없어서 지구력 운동선수보다 더 많은 수분 공급이 필요한 이동식 공간에서 나는 운전을 배웠다.

안전벨트를 꼭 하라는 말씀과 더불어 내 차가 이동식 파티 장소로 바뀌지 않도록 한 번에 한 명 이상의 친구를 태울 수 없다고 강조하신 후, 아버지는 내게 간단한 운전 규칙을 가르쳐주셨다. 양손을 10시와 2시 방향에 두라는 것이었다. 핸들 위의 이 위치는 차량을 최대한 제어하고 안전을 보장하는 것으로 생각되었다.

문제는 아버지의 오래된 충고가 지금은 아예 맞지 않다는 점이다.

당시에는 유용했고, 35년 가까이 된 내 차에는 딱 맞는 충고였을지 모른다. 그 차는 안전 기능은 고사하고 난방도 거의 되지 않았다. 성애 제거 장치가 있었는지는 기억나지 않지만, 분명 에어백은 없었다. 그래서 10시와 2시에 대한 조언이 당시에는 적절했을지 몰라도, 지금은 전혀 그렇지 않다. 모든 자동차에 에어백이 장착되어 있음을 감안할 때 운전자가 10시와 2시 방향에 손을 두었다가 사고를 당하면 에어백 때문에 손이 이마를 쳐 엄지손가락이 부러지거나 틀림없이 우스운 꼴을 당할 것이다. 운전 강사는 이제 9시와 3시 방향에 손을 두라고 가르친다. 그러면 에어백이 전개될 충분한 공간이 생겨 운전자의 손이나 얼굴이 다치지 않는다.

유용한 조언이다. 몇 대의 차를 거친 후 대학원 시절 형의 비극적인 죽음을 겪고 며칠이 지나지 않아 슬픔이 가라앉지 않은 채로 학교에서 집으로 운전하고 오는 길에 나의 새 차를 파손시키고 말았다. 슬픔에 경황이 없는 가운데 차를 추돌했지만 다행히 에어백이 터져 중상을 입지 않았다. 그때 내 손은 9시와 3시 방향에 있었고 안전하게 부상을 피할 수 있었다. 모두 무사했고, 나는 비교적 멀쩡하게 걸어 나갈 수 있다는 사실에 감사했다.

인생에는 기꺼이 배워야 할 '에어백' 교훈이 얼마든지 많다. 그러나 개개인이 꾸준히 배우고 사회가 계속 발전하기 위해서는 특정한 종류의 겸손, 즉 지적 겸손이 필요하다. 전통이나 '예전 그대로의 방식'에 지나치게 의존하면 성장하지도, 세상에 존재하는 새로운 방식에 적응하지도 못한다. 정체될 수도 있고 새로운 정보가 부족하여 위험해질 때도 있다. 지식이 끊임없이 진화하고 있으며 계속해서 새롭고 더 나은 방법을 배워야 한다는 사실은 재미있기도 하지만, 고통스럽고 힘들기도 하다. 새로운 과제를 접할 때는 정신적으로 항상 깨어 있어야 할 뿐 아니라, 더는 유효하지 않은 오래된 전문 지식에 의지하기보다는 개방적인 자세로 기꺼이 배우려는 의지가 있어야 하기 때문이다.

이번 장의 주요한 전제는 모든 방면, 즉 개인적·조직적·사회적·문화적·세계적 발전에 지적 겸손이 필요하다는 점이다. 자신이 옳다고 지나치게 확신하면 배우거나 성장할 수 없으며 지적으로 멈춘 상태가 되고 낡은 사람이 된다. 우리가 하는 일이 더 이상 혁신적이지 않게 되며, 사회는 시민의 요구를 충족하지 못하고 정체될 것이다. 사람들이 변화하는 비즈니스 및 기술 환경에 더 잘 적응하는 커뮤니티로 떠나면서 조직은 축소될 것이다.

변화가 꼭 두려운 것만은 아니다. 변화는 짜릿하고 의미 있으며 우리의 삶을 구할 수도 있다.

겸손해야 진보한다

진보를 향한 걸음에는 겸손이 필요하다. 어떤 사람들이 얼마나 강한 신념을 가지고 있었고, 그 신념을 공유하지 않는 이들을 죽이기까지 했으며, 그렇게 옹호했던 신념이 결국 잘못된 것으로 밝혀졌다는 사실을 깨닫기 위해 굳이 먼 과거로 거슬러 올라갈 필요는 없을 것이다. 코페르니쿠스의 이론에 근거해 지구가 태양 주위를 공전한다고 쓴 갈릴레오의 글은 가톨릭교회에서 이단으로 비판받았고, 그는 가택연금형을 선고받았다. 이와 같은 과학적 이론이 지구가 우주의 중심이라는 성경 기록에 따른 오랜 믿음과 모순되기 때문에, 교회에서는 과학적 이론이 틀렸다고 확신하고 과학적 견해를 주장한 학자들을 조롱하고 박해했다. 그러나 우리 모두 초등학교에서 배웠듯이 갈릴레오가 옳았다. 지구는 태양 주위를 공전한다. 그러나 지배적인 문화적·종교적 규범은 오랜 믿음의 전통을 확고하게 떠받들었으며 명백한 증거가 있었음에도 대안적인 시각을 받아들이지 않았다. 겸손이 심각하게 부족했다.

바로 이런 이유로 진보에서 겸손이 무척 중요하다. 내 견해의 약점과 한계를 인정할 수 있어야 한다. 강력한 증거가 제공되면 자료를 검토하고 생각을 바꿔야 한다. 틀렸을 때 인정하고, 성장을 열망하라. 그렇게 하지 않으면 철저한 오만과 현상 유지를 향한 집착으로 얼마나 많은 과학적·문화적 진보를 놓치게 될지 생각해보라.

지적 겸손이 새로운 지식을 얻는 것과 어떤 관련이 있는지 여러 연구를 통해 입증된 바 있다.[1] 다섯 가지의 다른 연구에서는 지적 겸손이 얼마나 강력한지 설명한다. 지적 겸손에서 높은 점수를 받은 사람은 자신이 얼마나 많이 알고 있는지에 대해 더 정확히 알고 있을 가능성이 크고, 지적 겸손이 낮은 사람은 자신이 모르는 것을 알고 있다고 주장할 가능성이 더 크다. 지적 겸손은 더 큰 호기심과 열린 마음, 협업 및 배우고자 하는 내재적 열망과도 관련이 있다. 또한 지식을 더 많이 얻게 하는 통로가 될 수 있다.

지적 겸손에는 몇 가지 단점이 있다. 지적으로 겸손한 사람은 자신의 인지 능력을 과소평가할 가능성이 더 크다. 즉 자신이 얼마나 똑똑한지에 대해 과소평가한다. 물론 자신감과 야심은 혁신과 성취를 이끄는 데 필요한 연료가 될 때가 많지만, 지적 겸손을 기반으로 삼지 않으면 파멸을 초래할 수 있다. 그래서 연구진은 좋은 전략을 찾아냈다. 자신감과 조심스러움 사이에서 적절한 균형을 찾는 것이다.[2] 자신이 알고 있는 지식을 인지하는 지적 겸손이 바로 그 황금률일 수 있다.

겸손은 나의 능력을 정확히 평가하는 것임을 기억하라. 전문가일 때 위축되는 것도 아니고, 지식이 많다고 자신을 대단하게 여기는 것도 아니다. 겸손이란 내가 무엇을 알고 있고 무엇을 모르는지 아는 것이다. 지적으로 겸손하다는 말은 지적으로 우월하다는 것도 아니고, 지적인 확신이 부족하다는 것도 아니다. 증거를 알고 싶다는 열망을 느끼며 개방적으로 아이디어와 신념에 접근하는 것이다. 여기에는 큰 장점이 있다. 예를 들어 과거의 한 연구에서는 지적 겸손이 높을수록 인지적 유연성도 높아지는 관계가 있다고 밝혔다.[3] 지적으로 겸손할수록 증거를 반영하여 신념을 바로잡을 의지가 더 크다. 이는 개인의 성장과 사회 변화 및 혁신을 촉진할 수 있는 능력이다.

앞으로 더 자세히 살펴보겠지만 지적 겸손을 키우는 방법이 있다. 먼저 우리가 생각하는 방식의 어떤 특성이 바뀔 수 있다고 인정해야 한다. 예를 들어 한 연구에 따르면 사람들에게 지능이 고정되어 있지 않으며 변할 수 있다는 '성장형 사고방식'을 알려주면 지적으로 더 겸손해진다고 한다. 이에 따라 자신에게 동의하지 않는 사람을 더 존중하게 되고 나와 다른 견해에서 배우는 데 더 큰 개방성을 보인다는 결과가 나왔다.[4] 변할 수 있다는 점을 상기하면 자신의 견해와 다르거나 반대하는 견해에 직면했을 때 개방적으로 내 생각을 바꾸는 데 도움이 된다. 또 다른 연구에서는 관계의 안정성을 경험하고, 이것이 '안정 애착 유형'으로 특징 지어지는 사람이 지적으로 더 겸손하다는 사실을 발견했다.[5] 이 연구는 겸손이 안정감에서 비롯된다는 개념을 뒷받침한다. 세상을 경험하고 이해하는 다양한 방식을 열린 마음으로 받아들이기 위해서는 먼저 나 자신의 고유한 가치와 의미를 아는 데서 출발해야 하며, 그것이 항상 옳은 것이 아니라는 점을 확신해야 한다.

지적 겸손이란 무엇인가?

연구자들은 지적 겸손을 구성하는 요소에 대해 서로 다른 관점을 제시했지만, 현재는 다음과 같이 서로 맞물리는 특성이 드러나고 있다.

- **지적으로 개방되어 있다.** 기존 연구에 따르면 지적으로 겸손한 사람들은 새로운 아이디어와 가치관에 열려 있는 것으로 나타났다.[6] 이는 종교적이거나 영적인 신념을 보다 유보적으로 가지고, 모호함과 불확실성에 관대해지는 것처럼 보일 수 있다. 하지만 실상은 반대로 개방성에 관용적인 게 아니라 경직성에 거부감을 갖는다. 즉 이들은 독단주의를 거부하고 경직된 종교적 신념을 갖지 않으려 한다. 지적 개방성이란 다른 사람의 관점을 존중하고, 아이디어에 열려 있으며, 다양한 관점을 즐기고, 갈등이 생겼을 때 방어적으로 대응하지 않는 것이라고 주장하는 사람도 있다.[7] 지적으로 아주 겸손한 사람은 자신의 견해에 반대되는 의견도 기꺼이 듣는다.[8] 자신의 관점을 방어적으로 고수하고 폐쇄적인 태도로 세상을 살아가기보다, 다른 관점에 열려 있으며 모르는 데서 비롯되는 불안에도 편안하다.
- **호기심이 강하다.** 지적으로 겸손한 사람들은 호기심이 강하다. 이들은 알고자 하는 욕구가 강하며, 인지 욕구, 즉 생각하는 것을 좋아한다. 어려운 문제와 씨름하기를 즐기며, 문제의 핵심으로 파고들어 가고자 한다.[9] 자신과 다른 견해를 모색하며 엇갈리는 생각을 비교하기를 즐긴다.[10] 이들의 호기심은 증거가 뒷받침된다면 생각을 바꿀 수 있다는 믿음에 뿌리를 둔다.[11] 무지를 도전 과제로 간주하며 끊임없이 새로운 방법을 추구하여 관점과 신념을 넓히려 한다. 이를 위한 가장 확실한 방법은 탄탄한 증거를 찾는 것임을 알고 있다.
- **현실적이다.** 지적 겸손에는 우리의 지적 결점을 인식하고 받아들이는 안정

감이 필요하다. 지적 겸손의 핵심 지표는 나의 견해에 약점이 있음을 인정하고 한계를 시인하는 것이다.[12] 지적으로 겸손한 사람들은 자신이 틀릴 수 있고 자신의 신념이 바뀔 수 있음을 인정한다.[13] 모든 것을 알지 못하며, 특정 주제에 대해서라도 모든 것을 알지 못한다고 인정할 수 있다. 인간으로서의 고유한 한계를 수용하고, 자신의 편견을 깨닫고, 이러한 인식을 활용하여 새로운 아이디어와 다양한 신념을 보유한 사람들에게 다가갈 수 있다.

- 잘 배운다. 지적으로 개방적이고 호기심이 강하며 나의 한계를 인정하고 시인하는 사람들은 열심히 배우려 하는 경우가 많다. 이들은 진실을 추구하기 때문에 방어적이지 않게 피드백을 기꺼이 수용한다. 호기심이 많고 개방적이며 생각을 바꾸는 것을 좋게 여긴다. 오늘보다 내일 더 많이 알고 더 정확하게 알겠다는 희망을 품는다. 배우고 그에 따라 자신의 행동을 변화시킨다.

지적으로 겸손한 사람들은 생각을 바꾸는 사람을 '우유부단'하거나 '말을 바꾸는 사람'으로 볼 가능성이 낮다.[14] 데이터에 따라 신념을 수정하는 일의 가치를 알고 있으며, 충분한 증거를 접했을 때 태도를 바꾸는 사람을 탓하지 않는다. 무엇이 강력한 주장과 허술한 주장을 이루는지 판단하는 데 능숙하다. 필요할 때는 뛰어나게 설득하는 법도 안다. 논쟁에서 꼭 최후 발언을 하거나 무엇이든 알고 있는 것처럼 행동할 필요가 없으며, 공격을 받았을 때 용서할 가능성이 더 크다.[15]

관계에서 지적 겸손은 틀렸을 때 인정하고, 좋은 논쟁을 거쳐 신념을 바로잡으며, 자신의 견해를 제시할 때 오만하거나 우월해지지 않으려 주의할 때 나타난다. 피드백을 환영하고, 새로운 아이디어와 대안적 관점에 호기심을 품으며, 의견이 다른 사람을 존중과 공감으로 대할 때도 지적 겸손이 발휘된다.

현재의 문화에서 지적으로 겸손해지기란 무리한 요구 같기도 하다. 우리는 종종 우리의 견해를 단호하게 밀어붙이며, 동의하지 않는 사람을 무시(또는 폄하)하는 대가로 보상을 받는다. 그러나 지적 겸손은 우리뿐 아니라 모든 사회의 장기적인 발전과 성숙에서 매우 중요하다. 지적 겸손 없이는 지역사회와 조직이 정체되어 발전의 기회를 놓치고 발견과 기술 면에서도 뒤처진다. 새롭게 떠오르는 문제를 해결하지 못하는 동시에 더 이상 존재하지 않는 문제에 연연하는 시대착오적인 접근 방식에 얽매이기도 한다. 지적 오만은 진보에 있어 사형선고나 마찬가지다. 반대로 지적 겸손을 우선시하는 개인과 조직은 끊임없이 진화하는 산업에서 새로운 정보를 배우고 적응하는 것이 핵심이라는 점을 이해한다.[16]

지역사회에서 지적 겸손이 갖추어지면 성장을 경험하고 발견과 혁신에 필요한 구성 요소를 촉진할 가능성이 더 크다. 안타깝게도 오늘날 사람들은 종종 다른 의견을 받아들이기를 꺼린다. 많은 사람이 지적으로 고립되어 자신과 같은 목소리에만 귀를 기울이고, 자신이 믿는 메시지를 선포하고, 이미 스스로 동의하는 결론만 추구하려 한다. 그러나 많은 학자가 대학을 포함하여 건전한 공개 담론을 위해서는 지적 겸손이 필요하다고 주장한다.[17,18] 나르시시즘이 치솟는 가운데

3부 | 겸손은 어떻게 우리의 삶을 바꾸는가?

특히 대학생들 사이에서 지적 겸손의 필요성이 어느 때보다 높아지고 있다.[19, 20]

지적 겸손에서 몇 가지 핵심적인 개념을 명확히 정의하는 것이 중요하다. 지적 겸손은 확신이나 전념이 부족한 상태를 말하는 것이 아니다. 우리는 자신의 신념에 전념하면서도 새로운 근거에 비추어 생각을 점검하는 열린 자세를 가질 수 있다. 오만하지 않고서도 진리를 추구할 수 있고, 다른 사람에게 관심과 배려를 보이면서 이야기할 수 있다. 성장을 향한 열망과 배우고자 하는 호기심은 의견을 수정할 가능성이 있음을 알고 최선의 신념을 유지하는 것과 더불어 활용할 수 있다. 이때 우리의 세계관을 최종 버전이 아니라 '초안'으로 간주하면 큰 도움이 된다.

진정한 겸손의 본보기인 내 동료 데이비드 마이어스David Myers는 다음 두 가지 신조를 진실이라고 믿고 있다. '신은 존재한다.'와 '나도 아니고 너도 아니다.'이다. 그는 두 가지 신조를 충실하게 지키고 있으며, 이 중 후자는 자신이 모든 것을 다 알지 못하고, 다 해낼 수도 없으며, 배울 것이 많다는 사실을 인정하기 때문에 지적 겸손을 보여준다. 교과서 저자일 뿐만 아니라 탁월한 학습자이자 교육자인 데이비드의 신념은, 그의 표현에 따르면 계속 배우는 가운데 '끊임없는 개혁'을 겪고 있다. 그는 아무것도 믿지 않는 것이 아니다. 충분한 증거가 나타날 때까지 어떤 것을 믿다가, 새로운 증거가 나타나면 다른 것을 믿는다.

지적 겸손 실천하기

중대하고 지속적인 발전을 경험하기 위해 사회에는 지적 겸손이 필요하다. 즉 사회에는 신념이 정체되는 것을 막기 위해 아이디어를 계속 수정할 수 있는 능력이 필요하다. 하지만 신념은 바꾸기가 어렵다. 내 이전 연구 중 일부에서는 종교를 떠난 사람이 여전히 종교인과 유사한 방식으로 생각하고 느끼고 행동한다는 사실을 발견했다. 이는 '종교적 잔여religious residue'라고 하는 현상이다.[21] 미국, 네덜란드, 홍콩, 뉴질랜드 등 4개 국가에서 종교가 사람들에게 미치는 영향은 그들이 스스로 특정 종교를 믿지 않는다고 한 후에도 계속되었다. 이와 유사한 장애물이 무신론자에게서도 나타난다. 불신앙nonbelief에 대한 초기 사회화는 지적 겸손과 부정적인 연관성이 있다.[22] 자신의 인지적 틀에 깊이 부호화된 생각이나 신념 체계에 빠져 있으면 이를 수정하기 어렵다. 누구나 특정 사고 패턴에 갇혀 있다. 하지만 그 패턴에 너무 깊이 빠지면 확장과 호기심, 혁신의 요구를 충족할 수 없다.

전통과 관련해서도 지적 겸손이 매우 필요하다. 전통 중 다수가 긴급한 문제를 해결하는 방법을 지나치게 일반화된 공동 합의로 발전시켰거나 지나간 시대의 지혜를 담고 있는 경우가 많기 때문이다. 전통적인 방법을 무조건 무시하기 전에 2단계의 테스트를 거쳐야 한다. 여전히 유효한 문제인가? 그 관행은 누구를 위해 개발되었는가? 이미 문제가 해결되어 더 이상 존재하지 않기 때문에 전통을 수정하거나 버려야 할 때도 있다. 그런가 하면 지역사회의 소외된 구성원을 배제한 채 소수의 특권층을 위해 설계된 관행도 있다. 누군가 재채기를 한 후에 "신의 축복이 있기를."이라고 말하는 전통을 예로 들 수 있다. 재채기로 영혼이 추방될지 모른다는 두려움과 신성한 불꽃을 잃은 후 축복이 필요하기 때문에 생긴 전통이다. 물론 이 경우는 이미 사실이 아님을 알고 있기에, 이 행동은 쓸모없는 것이 되었다. 또한 모든 사람이 종교적이지는 않으므로 (누군가에게 불쾌감을 주지 않는다 해도) 이러한 전통이 배타적이라는 단점도 있다. 분명 "Gesundheit(독일어로 '신의 축복이 있기를'이라는 뜻이다—옮긴이)"를 "God bless you"로 대체하는 것 이상으로 더욱 방대하고 광범위한 전통을 재고해야 할 수도 있다.

오랜 관행을 수정할 때는 미묘한 차이를 고려해야 한다. 예를 들어 한 연구에서는 지적 겸손과 여러 종교적·영적 믿음 사이에 부정적인 연관성이 있음을 발견했다.[23] 그러나 이러한 믿음이 어떻게 유지되었는지 면밀히 분석해보면 다음과 같은 관계를 알 수 있다. 지적 겸손은 교리적 확신과 도덕적 우월성을 띤 종교적 신념을 유지하는 것과 반비례 관계에 있다. 즉 믿음이 현상 유지와 깊이 얽혀 있으면 지적 겸손에 방해가 될 수 있다. 반면 지적으로 겸손한 사람들은 기꺼이 전통을 바꾸려 한다.[24]

지적 겸손을 실천한다는 것은 결정을 내릴 때 증거를 기반으로 삼는다는 뜻이다. 정치와 관련된 지적 겸손에 관한 연구에 따르면 겸손은 정치에 더 관심이 크고 정치적 토론을 피하려 하지 않는 태도와 관련이 있다. 즉 지적으로 겸손한 사람들은 잠재적으로 논쟁의 여지가 있는 분야에 참여하기를 원할 가능성이 더 크다.[25] 결정적으로 연구의 모든 참가자가 다른 정당보다 자신의 정당을 선호했지만, 지적으로 겸손한 사람들은 이러한 편견이 적었다. 이들은 정치적인 증거가 제시되었을 때 자신의 주장을 뒷받침하는 추론에 얽매일 가능성도 더 낮았다. 자신의 신념을 옹호하기보다 정확성을 추구했다. 이 사실이 왜 중요한가? 어떤 식으로든 미래에 중대한 발전을 이루려면 정치적으로 다양한 유권자와 수많은 신념을 대표하는 이해 관계자의 동의가 필요하다. 이 점을 감안할 때 지적 겸손은 의견이 다른 사람과도 협력할 수 있게 해준다. 우리가 까다로운 토론을 진행하고, 정치적 신념에 상관없이 모든 사람에게 긍정적인 변화를 가져오는 데에도 도움이 된다.

마지막으로 지적으로 겸손한 사람들은 새로운 정보를 얻으려 한다. 연구에 따르면 지적으로 겸손한 사람들은 자신의 견해와 상반되는 주장을 읽는 데 많은 시간을 할애하는 등 새로운 정보에 많은 관심을 기울인다는 사실이 밝혀졌다.[26] 그들은 또한 자신이 알고 있는 것과 배울 수 있는 것을 더 잘 인식한다. 이러한 연구 결과를 종합해보면 지적 겸손이 사회를 변화시키는 데 도움이 된다는 점을 알 수 있다.

겸손은 어떻게 변화를 일으키는가?

지적 겸손은 어떻게 지속적인 변화를 일으킬까? 목소리 큰 사람이 이기고 자기주장이 강한 사람이 주도권을 차지하지 않을까? 깊은 호기심에 의존하고 엄격한 증거를 요구하며 결정을 내리기까지 많은 시간이 걸리는 공정한 접근 방식이, 어떻게 더 나은 의사결정을 내리게 하고 변화를 일으키는 전략이 될 수 있을까? 한 소규모 개입 연구는 다양한 배경을 가진 대학생들을 대상으로 지적 겸손을 향상시키려는 시도를 조사했다. 실험은 5주간 진행했으며 과정 시작 시 지적 겸손함에 대한 교육을 제공함으로써 교육을 제공하지 않은 대조군과 비교했다.[27] 그 결과는 좋기도 하고 나쁘기도 했다. 참가자들은 수업이 끝날 때까지 조금도 지적으로 겸손해지지 않은 것으로 보고되었다. 이는 지적 겸손을 높이는 것이 단지 지적 겸손이 무엇인지 교육하는 것만으로 해결될 만큼 간단하지 않다는 점을 시사한다. 그러나 5주 동안 두 가지 변화가 생겼다. 교육 과정에 참여한 사람들은 같이 교육을 받은 사람들이 지적으로 더 겸손해졌다고 여겼다. 지적 겸손이 무엇인지 배우는 것은 다른 사람들에게서 그것을 식별하는 데 도움이 되는 것으로 보인다. 아니면 자신에게게서는 감지할 수 없지만, 다른 사람에게서는 더 분명한 변화를 느꼈을 수도 있다. 또한 학생들이 종이에 써서 낸 주장을 분석한 결과 문화적 충돌이 생기는 상황에서 타협을 추구할 가능성도 높아지는 것으로 나타났다.

겸손이 평등이나 억압받는 집단을 해방하는 개념과 상반된다는 생각이 들 수도 있다. 체제의 억압과 소외된 집단을 향한 박해에 맞서는 데 반드시 타협이 필요한 것도 아니다. 그렇지 않은가? 분명 지배적인 집단은 그들의 권력을 유지하고 자원을 통제하려는 방편으로 종종 소수자 집단에 겸손해지라고 말한다. 그러나 겸손은 해방적인 성향의 미덕 또는 해방으로 인도하는 인격의 힘이라고 볼 수도 있다. 철학자 헤더 배털리Heather Battaly는 이 입장을 설득력 있게 주장한다.[28] 그는 겸손과 같은 미덕이 건전한 판단 및 지혜와 함께 사용되어야 하며, 이는 평등과 정의를 위한 노력에 도움이 된다고 주장한다. 권력을 가진 사람들은 해방 작업에 있어 자신이 가진 한계, 즉 정의를 위해 싸운다는 선한 일을 하지 못하고 책임을 전가하는 함정에 빠질 수 있다는 점을 깨닫고 받아들여야 한다. 이를 통해 다른 사람을 해방시키는 동기를 부여받을 수 있을 것이다. 억압받는 사람들도 겸손을 활용하여 권력의 역학 관계를 해체하고, 균형을 재조정하는 데 필요한 용감한 행동을 할 수 있다. 이를 통해 장기적인 오만은 새로운 억압 체제로 이어질 수밖에 없다는 사실을 깨달아야 한다. 배털리는 겸손이 그 자체로는 제 역할을 하지 못하며, 용기나 정의 같은 다른 미덕과 협력해야만 해방을 도모할 수 있다고 주장한다. 여기에서 지속적인 변화를 이루는 데 필요한 저항의 균형을 유지하기 위해서는 권력을 가진 사람들뿐만 아니라 억압을 겪는 사람들 사이에서도 겸손이 매우 중요하다는 사실을 알 수 있다. 특권을 누리는 자가 억압받는 자에게 해방을 위한 책임을 모조리 떠넘겨서는 안 된다. 겸손은 이 핵심 원칙을 깨닫게 하여 세상을 더 평등하게 만드는 데 필요한 작업에 참여할 수 있도록 돕는다.

우리는 권력과 특권에 대한 자신의 위치를 고려할 필요가 있다. 우리의 견해가 우선시되고 우리의 목소리에 더 많은 무게가 실리는 이데올로기적 우월성은 어떻게 확보할 수 있을까? 어떤 영역에서 아무 데이터 없이도 우리의 말 자체를 증거로 받아들일까? 분명히 말해두겠다. 아직도 해방을 위해 노력해야 할 일이 많다. 모든 사람의 의견이 우리의 의견만큼 가치 있는 것으로 존중받지 않는 한 시스템은 불평등과 불균형에 치우쳐 있을 것이다. 지배적인 집단은 역사적으로 억압받거나 소외된 집단의 의견에 영구적으로 귀를 기울여야 한다. 지적 겸손은 반드시 일어나야 할 변화를 일으키고, 그 변화를 지속할 수 있게 한다.

불평등을 뒤집는 데는 엄청난 노력이 필요하다. 필연적으로 실수나, 어쩌면 심각한 범법 행위가 일어날 수도 있다. 지적 겸손은 인간관계에서 용서를 이끌어냄으로써 이 험난한 과정에 이바지할 것이다. 내가 공동으로 수행한 한 연구에서는 종교 지도자의 용서를 촉진하는 데 있어 지적 겸손의 역할을 조사했다.[29] 총 400여 명이 참여한 두 가지 표본 조사에서 우리는 참가자들에게 종교 지도자가 실제로 잘못을 저질렀던 때를 기억하도록 요청했다. 그들은 종교 지도자가 종교적 신념에 대해 얼마나 지적으로 겸손했는지를 떠올리고, 잘못에 대해 자신이 지도자를 얼마나 용서했는지 평가했다. 잘못이 남긴 상처와 일반적인 겸손을 고려하더라도 지적으로 겸손한 지도자는 더 많이 용서받았다. 이 효과는 지도자의 잘못이 강한 확신의 영역과 관련되었을 때 더욱 분명하게 나타났다. 우리가 상당한 영향력을 발휘하며 가시적인 위치에 있는 지도자라 하더라도, 지적으로 겸손하다면 다른 사람들은 우리를 더 기꺼이 용서한다. 사람들은 지적으로 겸손한 사람이 오만하게 신념을 지키려 하기보다 피드백을 수용하려 노력한다는 사실을 알고 있다. 시민 생활의 모든 영역에서 자신을 개선하려 노력하는 중에 실수를 할 수도 있다. 하지만 지적으로 겸손하면 실수에서 비롯되는 고통을 줄일 수 있다.

미개발상태의 지적 겸손

지적 겸손은 지속적인 변화를 일으키는 데 핵심일 뿐 아니라, 교육과 관계, 정신 건강에도 결정적인 역할을 한다. 교육 분야에서 지적 겸손은 호기심, 배우려는 의지, 증거를 요구하는 자세, 열린 마음을 키우도록 돕는다. 이러한 강점이 없다면 학생들은 학업에서 성공을 거두거나 사회에 기여하기는커녕 삶을 헤쳐나가기도 어려울 것이다. 한 철학적 설명에 따르면 겸손은 사람들이 자신감을 관리하도록 돕기 위해 고안되었으며, 교육에는 어느 정도의 겸손이 필요하다.[30] 그리고 학생들은 실행에 옮길 수 있을 만큼 충분히 겸손에 숙달되어야 한다. 그러나 과신은 금물이다. 겸손에서 중요한 것은 적절한 크기를 유지하는 것이며, 지적 겸손은 자신에 대한 견해를 왜곡하는 과신을 제어할 수 있다는 점을 기억하라.

관계에서도 지적 겸손의 역할을 확인할 수 있다. 특히 두 사람이 아이디어를 공유하고, 기꺼이 복잡한 주제를 탐구하며, 풍부한 내면세계를 여행할 수 있는 지적으로 풍성한 관계에서는 더욱 그렇다. 많은 사람들에게 이러한 유형의 자기 노출은 특별한 친밀감을 전달한다. 깊이 간직한 신념이나 잠정적인 아이디어를 공유하면 취약성을 느끼게 된다. 우리가 진심으로 믿거나 생각하는 바를 공유하는 것은 두려운 일이 될 수 있다. 특히 상대가 나를 호의적으로 보기를 바랄 때는 더 그렇다. 우리는 최소한 가장 친밀하고 사랑하는 사람들에게서만큼은 내가 겪은 경험에 대한 인정을 구할 수 있다. 연인이 나의 믿음을 인정하지 않는 것은 고통스러울 수 있으며, 관계에 깊은 균열을 일으킬 수 있다. 그러나 상대가 주의를 기울이고 공감하면 방어기제를 낮추고 마음을 열 수 있다. 즉 더 지적으로 겸손해지는 것이다.[31] 연인과 안전한 공간에 머물며 아직 명확해지지 않았거나 잠재적인 아이디어를 함께 탐험하고 고민하면 생각을 공유하기가 훨씬 편안해진다. 자기 노출이 관계를 맺는 사람들을 더 가깝게 만든다는 점을 감안할 때, 지적 겸손을 키우면 연인끼리 서로의 생각을 더 많이 공유하게 된다. 즉, 지적 겸손과 자기 노출의 선순환은 관계를 강화할 수 있다.

'모른다unknowing'는 것에는 힘이 있다. 연구에서는 '모른다'는 자세가 정신 건강에 이롭다고 주장한다. 우리가 설명할 수 없는 갈등에서 겸손하게 거리를 둘 수 있기 때문이다.[32] 종교적 면에서 살펴보자면 사람들은 특정 형태의 열정을 품고 신념을 지키려 한다. 그러나 어떤 사람들은 확실성이 부족하다는 입장을 수용하기도 한다. 예를 들어 고통에 대한 신의 역할이나 악의 존재와 같은 특정 종교적 역설을 해결할 수 없을 때, 사람들은 종종 반추 또는 반복적인 사고의 패턴에 갇히곤 한다. 하지만 '모른다'고 겸손하게 주장할 수 있는 사람은 부정적인 생각의 회로에서 벗어나 불안감이 줄고 인지의 폭이 넓어진다는 이로움을 얻는다. 지적 한계를 인정하면 놀랍도록 자유로워지고 심리적으로도 보상을 얻을 수 있다. 더 이상 불확실성을 피하기 위해 결정을 내리는 것이 아니라 흥미롭고 새로우며 아직 밝혀지지 않은 미래를 탐색하게 된다.

이는 아내와 새로운 도시로 이사했을 때 실제로 내 삶에서 일어난 일이기도 하다. 당시 나는 친구가 된 부부에게 깊은 인상을 주려고 노력했다. 부부 두 사람 모두 명문 대학에서 학위를 받았고, 지적으로나 문화적으로 풍요로운 삶을 살고 있었다. 그들은 열성적으로 책을 읽고, 예술과 음악을 감상했으며, 흥미롭고 이국적인 장소로 여행을 다녔고, 훌륭한 음식과 와인을 좋아했다. 두 사람 옆에서 나는 불안했고 겁도 났다. 처음에는 원래 모습보다 더 박식하고 교양 있어 보이기 위해 종종 내가 모르는 음악가에 대해 들어본 적이 있다고 말하거나 전혀 알지 못하는 작가의 책을 읽었다고 했다. 그렇게 말한 순간에는 부끄러울 수 있는 상황을 피했다고 생각했다. 하지만 이후 그 유명한 사람에 대한 정보나 이야기를 나누면서 번번이 혼란스러워지곤 했다. 나는 이런 행동을 몇 차례 하다가 이내 완전히 그만두기로 했다. 두 사람이 내가 알지 못하거나 들어보지도 못한 사람에 대해 이야기하면 솔직히 모른다고 대답하기로 한 것이다. 이런 방식을 시도해본 건 처음이었으므로 두렵기도 했다. 두 사람이 나를 비웃을 것이라 여겼다. 모른다고 인정하면 평소에 두려워했던 대로 내가 제대로 교육받지 못한 사기꾼임이 드러날 것 같았다. 하지만 그들은 그저 "아, 들어본 적 없다고요? 마음에 들 거예요. 책을 가져와서 빌려드릴게요."라고 대꾸했다. 나는 그들의 반응에 날아갈 듯 기뻤다. 그들은 나를 전혀 부끄럽게 생각하지 않았다. 오히려 자신이 아는 지식을 나와 나누려 했다. 두 사람에게 배우면서 내 세계는 넓어졌다. 그 이후로 나는 자존심을 지키고 수치심에 얽매였다면 놓쳤을 수많은 작가, 음악가, 시인, 레스토랑, 여행지, TV 프로그램, 영화 등 다양한 경험을 접하게 되었다. 솔직해진 덕분에 지금은 훨씬 더 풍부한 경험을 하고 있다. 그러기 위해서는 먼저 내가 무언가를 모른다는 사실을 인정해야 한다.

지적 겸손 구축하기

지적 겸손을 기르는 데 도움이 될 몇 가지 실용적인 전략을 소개한다.

- 전문 지식이 모자란 영역을 파악한다. 우리 모두에게는 인지적 한계가 있다. 지적 겸손의 중요한 부분은 그 한계를 인정하는 것이다. 학계에서 흔히 쓰는 농담이 있다. 대학을 졸업하면 자신이 알고 있는 모든 지식에 확신을 품게 된

다는 점이다. 그러다 대학원에 가면 협소한 주제에 대해 기하급수적으로 많이 배우면서도 내가 얼마나 모르고 있는지 깨닫기 시작한다. 실제로 교육은 우리가 학계 내에서만이 아니라 실제로 알고 있는 지식이 얼마나 적은지 알게 해주는 경우가 많다. 나 역시 모르는 것이 많다는 것을 가장 먼저 인정할 것이다. 잠시 시간을 내어 모르는 것들의 목록을 만들어라. 입자 물리학부터 인체 해부학, 우주의 본질 또는 고대 갑각류의 짝짓기 습성에 이르기까지 그 목록은 얼마든지 있다. 외과 의사가 아닌 이상 누군가의 비장(왼쪽 신장과 횡경막 사이에 있는 장기-옮긴이)을 성공적으로 제거하는 방법은 모를 것이다. 그리고 여러 다양한 주제에 대해 충분히 아는 사람은 거의 없다. 한 영역에서 전문성을 개발할 수는 있지만, 모든 영역에서 전문성을 키울 수는 없다. 목록은 길수록 좋다. 자신의 지적 한계를 시각적으로 인지하게 하라.

- 마지막으로 틀렸을 때를 떠올려보라. 과거의 실수를 떠올리고 싶지 않다는 것을 안다. 불쾌해질 뿐 아니라 자신이 부족하거나 틀렸다고 생각하는 것이 좋을 리 없다. 그러나 우리 중 누구도 항상 옳지는 않다. 틀렸던 때를 다시 상기해보라. 그 전에는 어떻게 자신이 옳다고 확신했는지, 자신이 옳았다는 믿음을 고집하는 것이 얼마나 해로웠을지 생각해보라. 그 순간을 생생히 기억하면서 잠시 멈추면, 자신의 기본적인 가정에 의문을 품고 증거와 대안적 관점을 추구할 수 있다.

- 생각을 바꾼 덕분에 삶이 나아졌을 때를 생각해보라. 이념적 틀에 갇히면 생각을 바꾸는 것이 얼마나 가치 있는 일인지 잊어버린다. 때로는 초밥에 대한 관점(맛있음, 무섭지 않음)을 수정하는 일이 될 수도 있고, 때로는 종교적 전통

이나 정치적 신념을 수정하는 것처럼 훨씬 더 실질적인 문제가 될 수도 있다. 이러한 변화를 겪는다고 꼭 삶이 불행해지지는 않는다. 실제로 많은 사람이 이념적 조정을 거쳐 삶이 더 나아졌다고 밝힌다. 어쩌면 단지 긍정적인 환상 중 일부를 폐기한 것일 수도 있지만, 적어도 주변 세상에 관해 객관적인 평가가 제공하는 경험적 증거와 좀 더 일치하는 사고방식을 얻게 될 것이다.

- 자신에게 반대하기 위해 읽고 써라(그리고 논쟁하라). 최근에 읽었던 몇 권의 책을 생각하거나 일반적으로 뉴스를 접하는 곳을 떠올려보라. 대부분의 정보 출처가 자신이 이미 믿고 있는 사실에 부합하지 않는가? 정치적으로 보수 성향인 사람이 폭스 뉴스만 보거나 진보주의자가 MSNBC에서만 정보를 얻는다면 정보의 흐름이 다양하지 않을 가능성이 있다. 이념적으로 확인되는 정보에만 노출된 셈이다. 이런 정보가 쉽게 읽히며 편안하게 느껴지긴 하지만, 지적으로 겸손해지는 것을 무척 어렵게 만든다. 더 균형 잡히고 공정한 이념적 접근을 원한다면 자신의 신념과 반대되는 정보를 의식적으로 찾아야 한다. 나의 견해와 반대되는 저자의 글이나 좋아하는 책에 대한 비판적 서평을 방어적이 아니라 열린 마음으로 읽어라. 공감이 생기는지 살펴보고 반대의 관점을 이해하려고 노력하라. 또 다른 방법은 자신에게 반대하는 글을 써보는 것이다. 스스로 강하게 고수하는 입장을 떠올려보라. 어떻게 내가 틀릴 수 있고 반대 입장이 맞을 수 있는지 적어보라. 반대 의견을 가능한 한 설득력 있게 주장하는 것이 좋다. 이러한 연습은 시야를 넓히는 데 도움이 된다.

함정 피하기

지적 겸손은 왜 실천하기 어려운가? 인지 편향과 자기 통찰력의 한계라는 문제 때문이라고 생각할 수 있겠지만, 기존의 신념을 강화하기 위한 추가적인 형태의 압박 역시 우리가 지적 겸손을 실천하기 어렵게 만든다. 8장에서 생각이 같은 사람들과의 대화를 통해 우리의 원래 태도가 강화되는 집단 양극화 문제에 대해 논의한 바 있다.[33] 이는 같은 신념을 공유하는 사람들과 평소 관심이 있는 주제에 관해 토론하는 단순한 행위가 기존 사고방식을 더욱 강화할 수 있음을 의미한다. 그런 대화를 통해 더 개방적으로 되는 것이 아니라 덜 개방적으로 바뀐다는 뜻이다. 그러므로 우리는 나와 의견이 다른 사람을 신중히 찾아 나서야 하며, 사회적·직업적 네트워크에서 다양성을 얻기 위해 노력해야 한다. 어떤 면에서는 이념적으로 비슷한 사람과 어울리는 것이 더 쉽고 편할 수도 있다. 하지만 그렇게 하면 새로운 생각과 다양한 관점에 대한 개방성을 키우기 어렵다. 이념적인 반향실을 창조하는 것은 오만한 행위다. 이는 자신이 옳다고 확신하여, 자신의 신념이 우월하다는 사실을 확인해 줄 사람들만 주변에 필요하다는 신호를 보낸다.

두 번째 걸림돌은 집단 사고로, 까다로운 결정을 내려야 하는 집단에 속해 있을 때 생긴다.[34] 예를 들어 시간상 압박이 크거나, 단호하고 권위적인 리더 밑에서 일하거나, 소셜 미디어에서 반향실 효과가 나타나는 경우처럼 집단적 결정을 확인해야 하는 상황은 개인적 의견이나 반대 의견을 억누른다. 구성원들은 개별적으로 우려를 표명하거나 당면한 문제를 창의적으로 해결할 방법이 있더라도, 자신의 의견을 자제하고 집단의 뜻을 따른다. 결과적으로 집단 전체가 상황을 피상적이고 편협하게 분석하는 데 몰두하여 종종 최선이 아닌 의사결정을 하게 된다. 집단 사고는 지배적인 생각에 순응하는 것에 보상을 줌으로써 지적 겸손을 억압한다. 권력자는 집단적인 성향에 의문을 제기하는 다양한 관점을 높이 평가하기보다 반대하는 사람을 처벌하는 경우가 많다. 이러한 압박에 맞서기 위해서는 집단에서 다양한 생각을 장려하고, 익명으로 피드백을 제공할 수 있게 하며, 익명으로 진행하는 '2차 기회' 투표를 허용하고, 집단이나 조직의 '문화'로부터 자유로운 외부 전문가나 컨설턴트를 초대하여 상황에 조금이라도 다르게 접근하는 기회를 마련해야 한다.

지적 겸손을 향한 탐구를 저해하는 경향으로 현상을 유지하려는 열망이 있다. 문화에는 시간이 흐를수록 강화되고 옹호되는 행동 양식을 발전시키는 경향이 있으며, 심지어 그 혜택을 얻지 못하는 사람들에 의해서조차 강력하게 지켜진다.[35] 예를 들어 연구에 따르면 사람들은 기존의 사회 질서를 보호하고 강화하기 위해 열심히 노력한다. 이러한 시스템 정당화 과정은 종종 암묵적으로 일어나며, 사람들은 특정 환경의 규범을 자신의 정체성으로 내면화하기 시작한다. 심지어 그 일이 자신에게 해가 되더라도 그렇게 한다. 많은 사람이 언제나 그랬듯 상황이 있는 그대로 유지되기를 바란다. 불공평하거나 나쁘더라도 변하지 않는 안정적인 세상을 갈망한다. 하지만 "전에는 한 번도 해본 적 없는데"라는 변명을 들으면, 머릿속에서 경종을 울려야만 한다. 그렇지 않으면 새로운 생각이 환영받지 못하고 저항에 부딪힐 것이기 때문이다. 우리도 암묵적으로 이러한 변명을 품고 있거나 비슷한 말을 중얼거렸을 수도 있다. 문제는 이러한 변명이 새롭고, 어쩌면 더 공정한 사고와 행동 방식에 대한 접근을 차단한다는 점이다. 우리의 기본 성향은 모두에게 효과가 없는, 심지어 자신에게도 효과가 없을 수 있는 일련의 신념을 옹호하면서 더 큰 시스템을 정체시키고 방어하고자 한다. 해본 적 없다는 변명을 들었을 때, 그것은 그 일을 하지 말아야 한다는 신호가 아니라, 오히려 우리 앞에 해야 할 일이 있음을 인정해야 한다는 신호가 되어야 한다.

그렇다면 집단 양극화, 집단 사고, 시스템 정당화라는 세 가지 위협에 어떻게 대처해야 할까? 이 모든 위협을 한 번에 정복하기는 무리다. 그보다는 삶에서 이런 패턴이 작동한다는 것을 인정하고 그 패턴을 인지하는 것이 중요하다. 사회 집단이 어떻게 구성되어 있는지도 살펴보아야 한다. 나처럼 생각하고, 행동하고, 말하고, 나처럼 생긴 사람들로만 구성되어 있는가? 어디에서 뉴스를 접하는가? 하나의 출처에만 의존하고 있지는 않은가? 소셜 네트워크 및 정보 네트워크에 어떻게 다양성을 추가할 수 있을까? 다양한 목소리와 관점을 초대하여 지적 세계를 넓히려면 어떤 방식의 의도적인 노력이 필요할까? 이와 유사하게 집단 환경에서 집단 사고를 피하고 반대 의견이나 개인

의견을 독려하려면 어떤 구조가 필요할까? 외부 기여를 어떻게 활성화할 수 있을까? 한 번도 해본 적 없는 일을 하는 새롭고 다양한 방법을 어떻게 장려할 것인가? '새롭다'와 '다르다'를 위협적이고 비효율적이라는 뜻이 아니라, 긍정적이고 변화의 가능성이 있다는 뜻으로 해석할 수는 없을까? 아마도 우리(또는 우리 집단)가 특정 문제를 해결해야 하는 이유는 항상 같은 방식으로 문제를 해결해왔기 때문일 것이다. 문제를 해결하기 위해 여전히 과거의 해결책에 의존하고 있을지도 모른다. 새로운 문제에는 새로운 해결책이 필요하다. 지적 겸손은 새로운 접근 방식을 찾고 이에 적절히 대응하도록 도울 것이다.

신념과 호기심 사이의 균형 잡기

열린 마음과 호기심을 유지하면서 핵심적인 신념과 균형을 맞추려면 어떻게 해야 할까? 종교적 신념에 관해 수행한 연구에서 동료들과 나는 안전과 성장의 균형 모델을 제안했다.[36] 한편으로 사람들은 신념에 헌신하며 확신을 원한다. 이러한 확신은 종교적 근본주의나 정치적 극단주의 같은 곳에서 나타날 수 있는데, 심리적으로 상당한 이점을 가져다준다. 명확성을 제공하고 불안을 줄인다. 엄격하지는 않더라도 체계적인 방식으로 세상을 이해할 때, 사람들은 더 편안함을 느낀다. 이때의 단점은 대인관계에서 나타난다. 확실성 중심의 신념을 고수하는 사람들은 대체로 다른 사람에게 덜 관대하며 편견이 심하다. 반면 성장하는 공간에서 활동하는 사람들은 열린 마음에 더 집중할 수 있다. 새로운 증거나 다른 사람과의 대화를 기반으로 자신의 신념을 바꾸고 기꺼이 태도를 바로잡으려 한다. 더욱 관대하고 배우려하며 성장하는 경향을 보인다. 하지만 내면에서는 대가를 치르기도한다. 이런 사람들은 유독 불안해하며 안정을 강조하는 신념이 제공하는 명확성 또는 확실성을 얻지 못한다. 따라서 안정과 성장은 정반대에 자리하는 것처럼 보이기도 한다.

그러나 나는 그 그 관계가 좀 더 미묘하다고 생각한다. 성장하기 전에는 안정이 필요하다. 위협을 받을 때 우리는 흔히 '투쟁, 도피, 경직'이라고 하는 교감 신경계 반응을 겪는다. 공격받고 있다고 느끼면 성장할 수 없다. 따라서 새로운 생각을 탐색하고 대안적인 관점을 시험하기 전에 먼저 안정을 위한 조치가 필요하다. 마찬가지로 충분한 안정을 확보해야 자기 확장이 일어날 수 있다고 주장하는 사람도 있다.[37] 고유한 자기 가치감과 가치관에 뿌리를 둔 겸손은 이러한 안정감을 일부 제공할 수 있다. 또한 일부 타협할 수 없는 핵심 신념을 식별하는 동시에 나머지 신념 구조를 유연하게 가져가도록 돕는다.[38] (데이비드 마이어스의 두 가지 신념과 같은) 핵심 원칙은 많은 진화와 성장 및 변화를 허용하면서 안정감을 유지하는 데 기본적인 틀을 제공한다.

신념과 호기심 사이에서 균형을 잡기는 쉽지 않다. 너무 경직된 태도와 너무 유연한 태도 사이에서 우왕좌왕하며 어느 지점에서 실수하게 될지도 모른다. 그러나 스스로 점검하며 기꺼이 과정을 바로잡으려 하면 자기 자신에게 효과가 있는 균형 상태에 점점 더 가까워질 것이다. 그렇게 되면 편협해진다는 대가를 치르지 않고 안정감을 유지하며 경이로움과 배움에 대한 열망으로 세상을 접하게 될 것이다.

늘 학생처럼

지적 겸손에 대한 나의 견해에 편견이 있음을 인정한다. 이런 사실을 알 수 있는 것은 내가 충분히 겸손해서가 아니라, 대학에서 일하면서 끊임없이 새로운 아이디어를 접하고, 지적 토론에 참여하며, 내 아이디어를 실증적으로 테스트하는 과학적 과정에 참여하고 있기 때문이다. 내 아이디어가 끔찍하다고 생각한 수십 명의 동료 검토자가 내 논문을 거부했고, 더 많은 사람이 과학의 이름으로 내 연구를 개선하는 방법에 대한 예리한 피드백을 제공했다. 내가 한 학술적 공헌은 모두 내 연구의 한계를 이해하고 개선할 수 있도록 도와준 사람들의 피드백과 제안으로 가능했다. 과학은 삶의 다른 부분과 마찬가지로 팀 스포츠이며, 집단 지식을 추구하기 위해 협업할 수 있어야 한다. 동시에 활용 가능한 최선의 정보를 기반으로 배우고 또 배울 만큼 겸손해야 한다. 10시와 2시 방향으로 핸들을 잡지 않도록 스스로 다시 훈련을 거치는 것처럼 증거가 있을 때는 믿음과 의견도 수정할 수 있어야 한다. 그러지 않으면 잘못된 정보로 심각한 위험에 처할 수 있다.

10장 A Flourishing Community

지역사회의
번영

좋은 삶을 뜻하는 그리스어 단어는 에우다이모니아eudaimonia다. 좀 더 자세히 말하면 에우eu는 '좋은'을 의미하고 다이몬daimon은 '정신'을 의미한다. 두 단어를 붙여 쓰면 안녕감well-being, 온전함wholeness, 복지welfare라는 뜻이 된다. 이는 번영을 나타낸다. 꼭 행복이라는 뜻의 헤도니아hednoia를 말하는 것이 아니라 더 풍부하거나 깊은 상태를 말한다. 삶의 의미와 목적의식에 이바지하며 선함으로 구현되는 삶의 질이기도 하다. 하지만 나는 행복과 만족스러운 삶 사이의 문제에서 늘 후자가 이기게 마련이라고 생각한다. 행복은 금방 지나가며, 인간은 끊임없이 진화함에 따라 점점 더 불만족스러워하는 경향을 보이면서 연구자들이 '쾌락의 쳇바퀴'라고 부르는 현상에 빠진다. 계속해서 새로운 행복 수준에 적응하면서 내가 원하는 것을 더 많이 가진 사람과 자신을 비교한다. 이처럼 행복은 서서히 줄어든다. 하지만 의미 있는 삶을 구축하면 그러한 삶이 오래간다. 겸손은 개개인이 의미 있는 삶을 키우도록 돕는다. 번영하는 공동체를 만드는 데도 도움이 된다.

　우리는 진정성과 온전함을 불러일으키는 겸손의 힘에 대해 살펴보았다. 다양한 관계와 시민 생활에서 나타나는 사회적 격차를 해소하는 데 겸손이 어떻게 도움이 되는지도 탐구했다. 시간이 지남에 따라 겸손은 우리가 사는 곳과 우리와 가장 가까운 사람들을 변화시켜 지역사회의 번영을 도모할 수 있다. 겸손의 힘은 우리의 마음을 시작으로 가까운 관계에 영향을 미치고, 점점 그 반경을 넓혀 마침내 더 큰 공동체를 채우는 것으로 볼 수 있다. 물론 겸손은 마법이 아니다. 단순히 피드백을 받는 것만으로는 빈곤과 기아를 해결하거나 질병을 치료할 수 없다. 그러나 겸손은 번영을 위한 공동체의 노력에 필수적인 구성 요소다. 공감과 겸손 없이 어떻게 나 자신을 넘어서 생각하고 불의를 고려하며 빈곤과 굶주림을 자신의 문제로 인식할 수 있겠는가? 겸손하지 않다면 어떻게 기존의 생각을 바꾸어 의학에서 중요한 돌파구가 되는 증거를 받아들이겠는가? 이에 못지않게 중요한 주제는 관심의 초점이 나에게만 있다면 어떻게 정당하고 선한 삶을 살 수 있겠는가 하는 문제다.

마지막 10장의 중심 주제는 바로 이것이다. 겸손은 우리를 안팎으로 더 좋은 사람이 되게 만든다. 우리가 더 정의롭고 사회 친화적인 사람이 되도록 이끈다. 깊은 감사의 마음으로 삶에 주어진 좋은 것을 누릴 수 있도록 돕는다. 자신보다 더 큰 대상을 향해 경외심을 품고 누릴 수 있게 한다. 우리와 주변 사람을 변화시키는 선한 행동에 동기를 부여한다. 의미 있고 유익한 삶을 영위하는 데도 도움이 된다. 따라서 우리가 집단적으로 겸손을 향해 나아간다면, 선을 행하고 정의를 추구하며 타인을 사랑하는 데서 발견하는 가치와 목적을 경험하는 데 더 큰 효과를 볼 수 있다. 하지만 내 말만 듣고 판단하지는 말기 바란다. 과학적 증거를 기반으로 판단해야 한다.

관계적 겸손

자신을 뛰어넘어 빛을 발하는 겸손의 유형은 관계적 겸손이다. 즉 친밀한 관계 안에서 나타나는 겸손의 표현 방식이다. 관계적 겸손은 겸손의 세 가지 핵심 영역인 자기 인식, 우월성에서 벗어난 상태, 다른 사람의 요구를 중시하는 능력 면에서 얼마나 겸손하게 행동하는지에 관해 다른 사람의 평가를 받아 측정된다.[1] 다양한 관계에서 피드백을 얻으면 다른 사람과의 소통에서 자신이 얼마나 겸손한지 더 철저하고 종합적인 관점으로 파악할 수 있다. 다른 사람이 동의하지 않거나 오만하다고 생각하는데 스스로 겸손하다고 말하는 것이 무슨 의미가 있겠는가? 더욱이 겸손은 다른 사람을 희생하면서 자신의 견해를 내세우고, 책임은 피하면서 칭찬받으려 하는 이기적인 동기를 점검하는 데도 유용하다. 주변 사람을 통해 관점을 더 넓히고 칭찬을 나누며 책임을 받아들이도록 이끈다. 그렇게 겸손해질 때 우리는 다른 사람의 요구를 생각하고, 그들의 감정적 경험과 관점을 고려하며, 그들의 안녕감을 우선시할 가능성이 더 커진다. 이를 통해 우리는 편협한 자기관에서 벗어나 주변 사람의 삶을 변화시킬 수 있게 된다.

자아를 초월하기

겸손은 우리가 자신을 초월하도록 이끈다. 연구에 따르면 아주겸손한 사람은 보상이 따르지 않아도 긍정적이고 도움이 되며 관대하게 행동할 가능성이 크다.[2] 한 연구에서 진행한 독재자 게임에서 겸손한 참가자들은 기부금을 더 많이 냈다. 다른 행동 평가에서는 사람들에게 돈을 주고, 그 돈을 전부 갖거나 함께 참여한 상대와 나눌 수 있는 선택권을 제시했다. 겸손한 참가자들은 더 많은 돈을 상대에게 주었다. 왜 이런 일이 생길까? 중국에 있는 400명 이상의 참가자를 대상으로 한 다른 연구에서는 겸손한 사람이 다른 사람의 관점을 고려할 가능성이 더 크고, 이기적이거나 배려심 없이 행동할 때 더 큰 죄책감을 느낀다고 했다.[3] 겸손한 사람들은 다른 사람들을 더 잘 대하고, 그들의 필요를 고려하지 않을 때 그들이 어떻게 느끼는지 이해한다. 이를 통해 다른 사람들과 더 많이 소통하여 관계를 잘 유지한다.

상당수의 심리학 연구에서 겸손은 친사회성(다른 사람과의 긍정적 소통을 통해 소속감과 수용력을 향상시키는 것, 즉 다른 사람에게 도움이 되는 모든 행동을 뜻한다)과 관련이 있다고 보았다.[4] 일부 연구자들은 겸손이 여러 긍정적인 심리 상태를 설명할 수 있는 미덕이라고 주장한다.[5] 연구에서 의미하는 바는 분명하다. 겸손은 친사회적 행동과 미덕을 촉진한다. 그 혜택은 상당하다. 겸손은 우리와 주변 사람의 삶을 개선하고, 궁극적으로 지역사회를 변화시킬 친사회적 미덕을 불러일으킨다. 이러한 겸손의 힘이 작용하는 몇 가지 사례를 살펴보겠다.

겸손은 용서의 능력을 키운다. 이전 연구에서는 겸손, 공감, 용서 사이의 연관성을 발견했다. 예를 들어 깊고 지속적인 용서의 능력을 보이기 위해서는 가해자의 관점을 고려하는 공감과 나도 가해자처럼 실수할 수 있다는 겸손한 태도 모두가 필요하다.[6] 이는 (설령 실수더라도) 자주 감정을 상하게 하면서도 서로를 사랑하고 지속적인 관계를 유지하기 위해 노력하는 가족 내에서 특히 중요하다. 용서는 계속 유지되는 관계가 발전하도록 돕지만, 용서할 수 있으려면 먼저 겸손해야 한다. 다른 연구에 따르면 겸손은 다른 사람을 더 쉽게 용서할 수 있게 해줄 뿐 아니라 다른 사람에게 더 쉽게 용서받을 수 있도록 해준다. 내 연구에서도 사람들이 관계에서 스트레스를 받을 때 덜 겸손한 상대보다 겸손한 상대를 용서할 가능성이 더 높았다.[7] 충분히 타당하다. 용서에는 틀린 것과 실수를 인정하는 겸손이 필요하기 때문이다. 오만과 완고한 자존심은 종종 진정한 고백이나 진실한 사과를 가로막지만, 겸손한 사람은 아끼고 사랑하는 사람이 상처받았을 때 자신의 잘못을 인정할 수 있다.

관계적 겸손이 신성한 관계로 확장될 때도 그 장점을 발견할 수 있다. (신과 영혼, 자신이 신성하다고 여기는 모든 것처럼) 신성한 존재 앞에 겸손하다는 평가를 받은 사람들은 자신이 해를 끼친 사람들에게 용서받을 가능성이 더 컸다.[8] 가해자에게 어떤 형태로든 영적 또는 종교적 겸손이 있다고 여겨지면, 사람들이 그 사람을 용서할 가능성이 더 컸다. 또한 겸손은 영적 초월과도 관련 있다. 겸손한 사람들은 기도나 명상을 할 때 모든 인류와 공통된 유대감을 느끼거나 충만함을 느낀다고 답할 가능성이 더 컸다.[9] 더 구체적으로 말하자면 높은 겸손과 영적 초월의 조합은 상대적으로 더 높은 수준의 용서를 일으킨다. 보편적 인간성을 보는 시각과 더 큰 존재를 향한 연결이 자신에게 상처를 준 사람들을 자비롭게 대하고, 우리 모두 인류라는 공통의 운명을 겪고 있음을 이해하는 데 도움이 된다고 볼 수 있다.

겸손은 더 감사하는 데도 도움이 된다. 감사는 우리가 구하지 않은 선물이나 혜택을 누군가 줄 때 경험하는 긍정적 감정과 생각으로 설명할 수 있다.[10] 순전히 다른 사람의 긍정적 의도와 동기 또는 외부 요인으로 얻은 것이다. 감사하는 마음은 우리가 다른 사람이나 다른 무언가의 작용으로 어떻게 혜택을 거두었는지를 반영한다. 예를 들어 세심한 엽서나 친구의 전화를 받을 때 또는 누가 나를 칭찬할 때 감사를 느낀다. 많은 사람이 일을 찾고 있다는 사실을 알면 자신에게 직업이 있다는 점에 감사할 수도 있다. 아침에 커피를 마시거나 책을 읽거나 그저 살아 있음에 감사를 느끼기도 한다. 감사하는 마음은 더 큰 안녕감과 관련 있다.[11] 어려운 상황에만 파묻히기보다 지금 누리는 혜택이 무엇인지 곱씹는 편이 훨씬 기분도 좋다.

연구에 따르면 겸손과 감사는 서로에게 기반이 된다. 일련의 조사에 따르면 감사 편지를 쓰면 겸손이 높아진다. 일상생활에서 감사를 경험하는 사람은 시간이 지날수록 겸손의 수치가 높아진다고 한다. 반대의 경우도 마찬가지다. 연구자들은 겸손과 감사가 서로를 강화한다고 결론 내렸다.[12] 다른 연구는 겸손과 신을 향한 감사 사이에도 관련이 있다고 밝혔다.[13] 겸손이 다른 사람 그리고 초월적 대상과의 관계에서 '딱 맞는 크기'를 찾도록 돕는다는 점을 상기할 때, 다른 사람의 행위로 경험하는 긍정적인 것들로 인해 (종교적인 사람의 경우에는 신에 대해서도) 깊은 감사를 느끼는 것은 타당하다. 자신이 우주의 중심이라는 사고방식에서 벗어나면 다른 사람이 나의 성공에 얼마나 중요한 역할을 했는지 깨달을 수 있다. 겸손은 다른 사람에게 받은 선물을 깨닫고, 이에 감사하는 마음이 생기게 하며, 우리에게 주어진 것을 얻을 자격에 대한 이기적 성향을 점검하게 한다. 나에게 주어진 긍정적 요소가 모두 나로 인한 것이라고 믿으면 다른 사람이 기여한 몫에 대한 감사를 놓치게 된다.

연구에서는 겸손이 관대함과도 관련 있다는 사실을 강조한다. 오만한 사람은 칭찬이 없으면 남에게 베풀지 않는 경우가 많다. 자신이 받아 마땅하다고 믿는 것(다른 사람보다 더 많은 몫)을 얻는 데 관심이 크다. 자신이 우월하다고 믿고, 결국 모두 나눠 가질 정도로 충분하지 않기 때문에 자신부터 챙긴다. 즉 희소성 모델을 따른다. 이는 인간관계에서 자원까지 모든 것이 결국 고갈된다고 보는 두려움에 기반한 접근 방식이다. 그러면 내가 원하는 것을 다른 사람이 가졌을 때 내 몫이 줄어든다고 여기게 된다. 이런 접근 방식은 깊은 불안과 불신을 일으킨다. 그리고 이기적으로 행동해야 나의 욕구를 채울 수 있다고 믿게 된다.

반면 겸손한 사람에게는 관대하게 행동할 수 있는 안정감이 있고, 다른 사람을 더 자주 생각한다. 연구에 따르면 겸손한 사람은 만난 적이 없는 사람을 포함하여 다른 사람에게 더 많은 돈을 기부하는 것으로 나타났다.[14] 한 연구에서 겸손한 참가자들은 알지 못하는 미래의 연구 참가자들에게 기꺼이 돈을 기부했다. 이러한 관대함은 성격이나 종교적 의무 또는 단순히 사회적으로 바람직한 방식으로 행동하려는 욕구에서 비롯된 것이 아니다. 겸손 자체가 관대한 행동의 동기가 된다. 자신이 어떤 존재인지 잘 알고 있고 이미 충분하다고 믿을 때, 다른 사람의 요구에 공감하며 관심을 기울일 수 있고 기부하겠다는 마음도 생긴다.

도움을 주는 행위에서도 이와 같은 관대함이 나타난다. 일련의 연구에 따르면 자기 보고와 암묵적 측정을 통해 겸손하다고 평가된 사람은 다른 사람에게 더 큰 도움을 주는 것으로 나타났다.[15] 이 결과에서도 다른 사람들의 요구를 우선시하고 그들의 삶을 더 좋게 만들기 위해 공감을 실천하는 것의 이점을 확인할 수 있다. 겸손은 돈과 시간의 사용에 있어 이기심을 극복하는 데 도움이 된다. 나아가 겸손한 사람들은 다른 사람이 그들에게 더 많은 친절을 베풀게 한다.[16] 교만한 사람은 도움을 받는 것을 나약함으로 간주하고 부끄러움과 부담을 느끼는 반면, 겸손한 사람은 누가 친절을 베풀면 부정적인 감정보다 긍정적인 감정을 더 느낀다. 겸손은 친사회적 행동을 촉진할 뿐 아니라 흔쾌히 받아들일 수 있게 해준다.

마지막으로 겸손은 지혜와도 관련 있다. 1500명 이상의 성인(중년 및 노년층)을 대상으로 한 대규모 연구에서 두 가지 미덕 사이에 긍정적 관계가 있다는 사실이 밝혀졌다.[17] 더욱이 겸손과 지혜 간의 상호작용은 삶의 만족도에도 영향을 끼친다. 겸손한 사람은 삶에 더 만족하며, 지혜로운 사람에게서 이 관계가 더 뚜렷하게 나타난다. 연구자는 겸손의 미묘한 균형을 고려할 때 겸손을 삶에서 효과적으로 활용하는 방법을 아는 데 지혜가 필요하다고 했다. 지혜를 키운 사람은 삶의 만족도를 높이기 위해 겸손을 키울 수 있다. 다른 연구에서는 겸손과 지혜 모두와 관련된 더 광범위한 미덕이 존재할 수 있다고 주장한다.[18] 즉 더 많은 미덕을 가진 사람은 겸손하면서 지혜롭다. 어느 쪽이든 겸손과 지혜는 밀접하다.

이 주장은 우리가 논의한 초기 연구 결과 중 일부와도 일치한다. 겸손한 사람에게 오만한 연인이나 배우자가 있으면 관계는 물론 겸손한 사람의 정신 건강에도 해를 끼칠 수 있다. 어떤 사람은 겸손하다는 이유로 우리를 착취하려 할 수도 있다. 우리는 또한 건강하지만 과장되지 않은 자아를 균형 있게 유지하는 것의 중요성도 조사했다. 이와 같은 미묘한 차이는 우리와 다른 사람의 삶을 개선하는 방식으로 겸손을 포용할 수 있게 하는 데 중요하다. 겸손을 표현할 때도 용기와 정의 같은 여러 귀중한 미덕을 고려해야 할 때를 비롯하여 다양한 요구를 조율하는 방법을 아는 지혜가 필요하다. 어떤 사람은 주어진 상황에서 가장 가치 있는 대응을 결정하는 데 지혜가 도움이 된다고 주장했다. 겸손도 예외는 아니다.

의미 있는 삶

도덕적인 삶이 지역사회를 바꾼다. 용서하고 감사하며 관대하고 지혜로워지기 위해 노력하는 사람들로 구성된 네트워크를 상상해보라. 이들은 건강하고 정직한 방식으로 대인관계에서 생기는 상처를 극복하는 데 우선하고, 다른 사람에게 받은 선물에 감사하며, 어려운 사람에게 시간과 자원을 제공하고, 도덕적으로 행동하는 방법을 결정하는 여러 요구 간의 균형을 맞출 수 있다. 이러한 가치에 헌신하고 미덕을 실천하는 사람들로 구성된 지역사회는 번영할 것이다. 이때 번영은 수많은 의미로 해석된다. 나는 삶이 의미 있고 충만하다고 느끼는 순간이 번영이라고 생각한다. 사랑하는 사람들과 연결되어 있고 내가 어떤 사람인지 알고 나눌 때, 자유롭게 열정을 추구할 때, 지역사회에 속한 모두가 존중과 보살핌을 받고 서로의 말을 경청할 때, 공동 번영의 감각이 존재할 때, 즉 우리 모두 건강한 상태로 성장하며 풍요로운 삶을 즐길 때 번영한다고 느끼는 것이다. 번영하는 지역사회는 활기차고 소통이 잘 이루어지며, 서로 신뢰하고 개방적이며 성장을 지향한다. 사람들이 스스로 안전하다고 느끼고 주변 사람에게 깊은 관심을 보인다.

겸손은 지역사회가 번영하는 데 도움이 될 뿐만 아니라 우리가 번영하는 데도 도움을 준다. 이미 살펴보았듯이 겸손은 수많은 미덕과 결부되어 있으므로 겸손해지면 삶을 더 의미 있게 만들 수 있다. 우리는 스스로 중요한 존재라고 느끼며 목적의식에 따라 살 때 의미 있는 삶을 산다고 느낀다.[19] 삶을 의미 있게 만드는 가장 중요한 요인이 바로 관계다.[20] 관계는 살아가는 데 필요한 여러 항목을 충족한다. 다른 사람을 통해 세상을 이해하게 하고, 내가 중요한 존재라는 느낌을 받게 한다. 많은 사람이 다른 사람의 삶을 나아지게 하는 데서 삶의 의미를 찾는다. 의미 있는 삶을 추구하는 데 있어 관계는 가장 중요한 요소일 것이다.

미덕은 우리의 관계를 개선한다. 학자들은 도덕화 과정, 즉 옳고 그름에 대해 생각하는 방식이 사회적 상호작용에 맞춰져 있으므로 근본적으로 사회적이라는 점을 강조했다.[21] 더 많이 용서하고 관대해지며 다른 사람에게 쓸모 있는 존재가 되면 관계가 개선된다. 그래서 도덕적으로 행동할 때 삶이 더 의미 있다고 느낀다. 내가 대학원에서 시작한 연구 중 일부에서는 친사회적 행동(다른 사람의 삶을 이롭게 하거나 개선하려는 행동)이 어떻게 삶을 더 의미 있게 만들 수 있는지 조사했다. 내가 주도한 일련의 연구에서도 참가자들이 직접 보고한 이타주의 수치(자신이 사람들을 얼마나 도왔는가 하는 수치)와 그들이 밝힌 삶의 의미 사이에서 연관성을 조사한 바 있다. 성격과 자존감의 영향력을 고려했음에도 도움을 주는 행위는 삶의 더 큰 의미와 관련이 있는 것으로 나타났다.[22] 후속 실험을 통해 이 주제를 더 깊이 파고들었다. 한 연구에서는 일부 참가자에게 네 통의 감사 편지를 쓰게 하고, 다른 일부에게는 자신의 가장 자랑스러운 특성(자기 확인)에 대해, 또 다른 일부에게는 다음 주에 하기로 계획한 네 가지 일을 쓰게 했다. 각 과제를 수행하기 전후에 참가자들에게 삶의 의미를 측정하게 했다. 그 결과 감사 편지를 쓰게 한 참가자들에게서 삶에 의미가 있다고 답한 수치가 가장 높았다. 통제 집단보다 상당히 높고 자기 확인 과제를 수행한 집단보다 약간 높은 수치였다. 감사를 표현하면 삶의 의미에 대한 인식이 높아진다. 400명 이상의 참가자를 대상으로 한 최종 연구에서는 이타주의와 삶의 의미 사이의 연관성이 관계 만족도에 따라 달라진다는 사실을 발견했다. 즉 더 많은 도움을 주는 사람이 관계에 더 만족한다고 답했다. 이 답변은 삶이 더 의미 있다는 느낌과 다시 연결된다.

다른 연구도 친사회성과 삶의 의미 사이의 연결을 뒷받침한다. 한 조사에서는 친사회적 행동에 참여하는 것이 삶의 의미를 증가시킨다는 사실을 발견했다.[23] 다른 연구도 겸손, 감사, 용서, 안녕감 사이에 긍정적인 연관성이 있음을 강조했다.[24] 나는 용서가 시간이 지남에 따라 어떻게 실존적 이점을 마련하는지 탐구하기도 했다. 6개월 간 100쌍이 넘는 연인을 조사한 결과, 상대를 지속적으로 용서하면 삶의 의미가 높아진다는 사실을 발견했다.[25] 다양한 연구에서 윤리적·도덕적으로 행동할 때, 즉 다른 사람의 요구를 살피고 돌보려 할 때 삶의 의미가 더 높아진다는 데 동의한다. 그리고 의미 있는 삶이야말로 번영하는 삶이다.

연결된 삶

겸손이 우리의 번영을 돕는 또 다른 방법이 있다. 겸손은 관계를 개선하여 삶에 의미를 부여하고 결과적으로 외로움, 불안, 우울증에 맞서게 한다. 실제로 도덕적이고 번영하는 삶은 연결된 삶이다. 연구에 따르면 의미를 향한 열망은 자원봉사와 기부 같은 활동을 통해 지역사회에 기여하는 동기를 준다.[26] 이처럼 번영하는 삶을 향한 열망이 우리를 직접 다른 사람들에게 다가가게 한다. 다른 연구에 따르면 타인을 신뢰하는 능력, 요구와 욕구를 기꺼이 나누려는 의지, 주변 사람에게 의지하는 안정적인 애착을 가진 사람들이 용서와 감사, 그리고 무엇보다 겸손에서 더 높은 수준을 보였다.[27] 주변에 신뢰하고 의지할 수 있는 사람이 있으면 선행을 실천하는 데 필요한 안정감을 확보하게 되고, 지지를 받고 있다는 사실을 통해 역경에서 회복할 수 있다. 온전하게 겸손하고 도덕적인 삶을 살기 위해서는 신뢰와 안정감이 있는 곳에서 출발해야 한다.

겸손은 우리의 행동 동기를 근본적으로 바꿀 수 있다. 겸손은 성공과 자아 향상을 요구하는 강력한 문화적 압박에서 벗어나 사랑, 정의, 평등을 추구하는 온전하고 건강한 관계로 가게 한다. 우리는 스스로 충분하다는 확신이 있고 공허한 칭찬을 추구하지 않을 용기가 있을 때 주변 사람의 안녕감을 돌볼 수 있다. 우리는 다른 사람의 인정을 받아야 한다는 속박에서 벗어날 수 있으며, 이는 우리의 신념을 위해 당당히 서고 우리의 메시지를 희생하지 않으면서도 타인을 존중할 수 있게 해준다. 그 이유는 우리의 목적이 타인의 안녕감에 의해 동기부여되기 때문이다. 이런 과정을 거쳐 겸손은 우리를 한없이 자유롭게 한다. 다른 사람의 삶을 개선하는 것을 사명으로 삼으면 적극적으로 선을 실천할 수 있게 된다. 도덕적으로 행동하는 데서 받는 갈채가 아니라 우리가 이끌어내는 변화가 더 중요하다는 현실을 자각하고 안정감을 얻기 때문이다. 어려운 일을 실천하려는 이유는 그것이 선하고 옳은 일이기 때문이다. 아무도 지켜보지 않는다고 해도 상관없다.

겸손에는 공동의 노력이 필요하다. 사회에서 겸손의 긍정적 효과를 느끼길 원한다면 변화를 위해 함께 노력해야 한다. 물론 그 노력은 자신에게서 시작된다. 먼저 자신의 관계와 환경을 바꾸려 노력해야 한다. 다른 사람에게 더 겸손해지라고 강요할 수는 없다. 그러면 오만해지면서 스스로 겸손해지려는 노력을 배반하는 셈이 된다. 하지만 친한 사이에서 함께 노력하기를 기대할 수는 있다. 그 후에는 소규모 집단에서, 학교와 직장에서, 궁극적으로 내가 속한 지역에서 긍정적 변화의 선순환을 만드는 추진력이 형성되는 과정을 보게 될 것이다. 함께 노력하는 과정이 늘 순탄하지는 않겠지만 그렇다고 혼자 할 수는 없다. 비전을 공유하고, 겸손해지려는 과정에서 서로 격려하고, 일을 그르칠 때 도움을 줄 사람이 필요하다.

겸손을 위해 함께 노력하면 실질적인 효과가 따른다. 연인을 대상으로 한 나의 연구에 따르면 두 사람이 모두 겸손할 때는 관계가 발전하지만, 겸손한 정도에 불균형이 생기면 겸손한 사람이 불만과 스트레스를 느낀다.[28] 많은 사람이 관계에서 착취당할까 두려워 겸손하게 행동하기를 주저한다. 겸손해지면 오만한 나르시시스트가 자기를 이용할 것이라는 생각에 머뭇거릴 수 있으며, 이러한 두려움은 어느 정도 타당성이 있다. 산업화된 세상의 많은 부분이 점점 더 개인주의적으로 바뀌고 있다. 자본주의와 같은 대규모 경제 체제는 종종 개인의 탐욕과 이기적인 야심에 보상을 준다. 상호 의존적인 공동체 대신 자신의 욕망과 동기를 우선시하는 사람에게 자리를 내주기도 한다. 그 결과 우리는 정신 건강과 안녕감에 상당한 비용을 치르면서도 더욱 단절되고 고립된 상태가 되었다. 그러나 겸손을 위해 함께 노력하면 이러한 흐름이 바뀌기 시작한다. 관계에서 진정성과 상호 존중이 중요하다는 신호를 보내고, 다른 사람의 관점과 안녕감이 우리에게 중요하다는 사실을 보여주어야 한다. 적극적으로 피드백을 요청하고, 틀렸을 때 인정하며, 함께 변화하기 위해 노력해야 한다. 소수의 힘이 결국 다수의 힘이 될 수 있다. 사회에서 우리가 가치 있게 여기는 것과 다른 사람을 대하는 방식에 대해 대안적 방향을 모색해야할 때다. 우리는 주변 세계에 영향을 미칠 수 있다.

오래된 미덕의 조용한 힘

사람들이 겸손에 대해 품는 부정적 인식에도 불구하고 겸손은 놀라울 정도로 강력하다. 겸손은 지적이고 도덕적인 장에서 오랫동안 중요한 자리를 차지했다. 철학자들은 겸손의 미덕을 논하기를 즐겼다. 1세기 철학자 에픽테토스는 다음과 같이 말했다. "누가 너를 비난하면 변명할 생각은 말고 이렇게 답하라. '그 사람은 나의 다른 잘못은 알지 못했다. 그랬다면 그 하나만 이야기하지 않았을 것이다.'" 물론 성직자들도 겸손을 칭송한다. 17세기 프랑스 성직자 뱅상 드 폴 Vincent de Paul은 "오직 겸손만이 진실이며, 교만은 거짓일 뿐이다."라고 말했다. 작가와 시인 역시 겸손의 미덕을 높이 샀다.

마야 안젤루Maya Angelou는 겸손에 대해 다음과 같이 말했다.

사람들은 온순해지기를 원치 않는다. 겸손해지기를 원한다. 겸손은 내면에서 시작해 밖으로 흘러나온다. 겸손이란 '누군가 나보다 먼저 여기 있었고 내가 대가를 받았기 때문에 이 자리에 있을 수 있다. 내게는 할 일이 있고, 아직 오지 않은 다른 사람을 위해 대가를 치르고자 그 일을 할 것이다.'라고 말하는 것이다.

겸손이라는 미덕에 대한 여러 긍정적 입장에도 불구하고 겸손은 대체로 과소평가되어 왔다. 겸손을 비판하는 사람은 겸손이 나약한 사람에게나 필요하다고 말한다. 지금까지의 경험 조사를 통해 살펴본 바에 어긋나는 주장이다. 그동안 겸손이 개인의 안녕감과 관계, 직장과 더 큰 사회를 개선한다는 증거를 검토했다. 피드백을 받아들이고, 방어 기제를 낮추고, 공감력을 키우는 것처럼 더 겸손해지기 위한 길고 힘든 여정을 지속하기 위해서는 상당한 노력과 안정감이 필요하다.

아동 및 청소년 발달, 학교, 종교적 환경에서 겸손의 힘이 어떤 영향을 미치는지 연구 내용을 살펴보자. 겸손은 아동 및 청소년 발달에 중요한 역할을 한다. 한 연구에 따르면 겸손은 아동의 공격성을 낮추는 것과 관련이 있는 것으로 나타났다. 1200명 이상의 초등학생과 중학생을 대상으로 한 대규모 종단 연구에서도 겸손은 1년 후 공격성이 감소하는 것과 관련이 있는 것으로 밝혀졌다.[29] 흥미롭게도 공격성은 앞으로 겸손해질 가능성이 적다고 예측하는 것으로 나타나 겸손과 공격성 사이에 관련이 있음을 암시했다. 겸손해지기 어려운 사람들 역시 공격적이며, 공격적인 사람들은 오만할 가능성이 더 크다. 다른 연구에서는 겸손이 어린 시절의 부정적인 경험과 사회적 행동 사이의 연관성을 어떻게 설명할 수 있는지에 대해 조사했다. 중국에서 온 약 3000명의 중학생을 대상으로 한 연구에 따르면 예측할 수 없는 상황이나 부모와의 부정적인 소통과 같은 초기의 부정적 경험은 신뢰와 겸손을 낮출 수 있으며, 결과적으로 다른 사람에게 긍정적 행동을 덜 보이는 것과도 관련 있다.[30] 신뢰와 안정감이 흔들린 경험이 있는 사람은 겸손해지기 어려우며, 이기적인 성향을 보이기 쉽다.

겸손은 학교생활에도 큰 힘이 된다. 300명 이상의 독일 중학생(8학년에서 10학년)을 대상으로 한 연구에 따르면 겸손은 학교에서 친구를 돕는 일과 같은 긍정적인 사회적 의도와 연관성이 컸고, 친구를 괴롭히는 일에 가담하는 것처럼 반사회적 의도와는 연관성이 적었다.[31]

주목할 점은 겸손이 긍정적 반응을 강화하는 것보다 부정적 반응을 더 강력하게 감소시켰으며, 특히 부정적인 반사회적 의도를 피하는 데 있어 겸손이 중요한 역할을 했다. 공격적으로 행동하면 긍정적으로 행동할 때보다 더 가혹한 처벌을 받는 반동 비대칭이 있다는 것을 고려할 때(심리학에서 '악함이 선함보다 강하다.'라고 하는 현상이다) 이 연구에서 드러난 겸손의 힘은 학생들이 문제 상황에 빠지지 않게 하는 것과 관련되어 보인다. 종합해서 살펴보면 학교 환경과 가정에서의 발달에 관한 연구에서 어린이와 청소년 시기에 겸손을 키우는 것이 매우 가치 있음을 알 수 있다. 이는 당장의 긍정적 결과를 예측할 수 있을 뿐만 아니라, 훗날에도 인생에서 긍정적인 결과를 가져올 수 있음을 시사한다. 겸손을 우선적 가치로 삼기에 너무 늦은 때란 없다.

마지막으로 종교적 환경에서 겸손의 중요성을 확인해보자. 예배당은 겸손을 가르치는 곳이자 동시에 많은 이들이 겸손의 부족을 경험하는 곳이다. 또한 이곳은 겸손이라는 고대의 미덕을 발전시킴으로써 많은 것을 얻을 수 있는 공간이기도 하다. 학자들은 목회자들이 겸손을 칭송하지만, 많은 교회 지도자에게서 심각한 수준의 나르시시즘이 발견된다고 지적했다.[32] 종교 지도자에게 겸손이 부족하면 신도들이 고통이나 트라우마를 겪을 위험이 있다. 교인들은 오만한 지도자에게 속았다고 느끼거나 학대를 경험할 수 있으며, 이들의 불만이나 걱정거리는 아무도 알아차리지 못하거나 해결되지 않을 때가 많다. 종교 지도자에게 이토록 중요한 겸손을 어떻게 키울 수 있을까?

최근 연구에서는 종교 지도자들이 겸손을 강화할 수 있는 다섯 가지 방법을 제안한다. 다른 사람과의 관계 강화(취약성 드러내기, 피드백 요청하기, 책임을 요구하기), 개인적인 예배 실천(기도, 명상, 경전 읽기), 반성(성찰, 자연에서 누리는 시간), 자기 관리(휴식, 운동), 봉사(가정이나 교회에서 다른 사람 돕기)가 이에 속한다.[33]

알고 보니, 교인들의 겸손을 바꾸기는 어려웠다. 나는 몇몇 동료와 교회 집단에서 긍정 심리학의 개입을 테스트하는 연구를 수행했다. 교회가 참여하는 데 동의할 수 있도록 사회과학에 이상적이지 않은 환경을 도입해야 했다. 우리는 교회에서 겸손 실험 집단(개입 그룹) 또는 중립 통제 집단을 스스로 선택하게 했다. 개입 그룹에서는 참가자들에게 4주 동안 16개의 워크북을 통해 연습하도록 했다. 개입 전후에 참가자의 겸손에 대한 본인 및 주변의 평가를 모두 확보했다. 안타깝게도 겸손에 영향을 미치기에는 부족했지만, 참가자의 겸손에 대한 본인 및 주변의 평가가 일치하는 경향이 증가했다. 즉 참가자들은 개입 덕분에 자신의 겸손을 평가하는 데 더 정확해졌다. 하지만 애석하게도 개입으로 인해 참가자 스스로나 다른 사람이 보기에 더 겸손해지는 않았다. 이는 일반적인 환경과 종교적 환경 모두에서 겸손의 개입에 대해 더 많은 작업이 수행되어야 함을 의미한다.

겸손의 개입을 공식화하는 데 긍정적인 영향을 끼친 연구도 있다. 내 동료인 심리학자 캐럴라인 레이블록Caroline Lavelock은 겸손 개입 워크북의 효과를 테스트하는 프로젝트를 주도했다.[34] 2주 동안 완료하는 데 약 7시간 30분이 소요된 연습 과제에서 참가자들을 겸손 개입 상황이나 통제 상황(개입 없이 설문조사만 작성하는)에 임의로 배정했다. 겸손 개입 집단의 참가자들은 PROVE라는 약자에 따라 겸손을 구축하기 위한 5단계에 초점을 맞추라는 지시를 받았다.

Pick:　　　겸손하지 않았던 때를 '선택'한다.

Remember: 큰 그림 안에서 스스로 능력을 발휘하고 성취를 이루었던 장소를 '기억'한다.

Open: 자신을 '개방'하고 상황에 적응한다.

Value: 자기에게 집중하는 성향을 낮추기 위해 모든 것을 '소중히 여긴다'.

Examine: 한계를 '검토'하고 겸손한 생활 방식을 위해 노력한다.

이 다섯 가지 활동은 사람들이 자신을 알고 점검하고 넘어서는 데 도움이 되었다. 겸손했던 시기를 회상하고 한계를 인정함으로써, 자기 인식을 높이고 결점에 대한 책임을 감수하기 시작한다. 자신을 다른 관점에 개방하고 다른 사람을 소중히 여김으로써 자신에 대한 집착을 줄이고 다른 사람의 요구를 우선시하게 된다. 그리고 앞으로 겸손하게 살겠다고 결심하면서 이를 어렵게 할 수 있는 몇 가지 한계를 인정하면 겸손한 삶으로 나아가는 길고 힘든 여정에 도움이 된다.

워크북을 반납하고 2주 후에 참가자들은 다시 설문조사를 받았다. 그리고 시간이 지남에 따라 조사를 통한 겸손 개입이 타고난 겸손뿐

3부 | 겸손은 어떻게 우리의 삶을 바꾸는가?

아니라 용서와 인내의 수준도 높인다는 사실을 발견했다. 이 귀중한 개입 연구는 두 가지 중요한 통찰을 제공한다. 첫째, 의도에 따라 시간이 지나면서 더 겸손해질 수 있다. 2주 동안 겸손해지겠다고 다짐하는 것이 실질적인 변화를 일으켰다. 둘째, 겸손에 초점을 맞추면 다른 미덕에도 긍정적 영향을 미친다. 이는 겸손에 변화를 일으키는 막강한 영향력이 있으며, 번영하는 삶을 이끄는 다른 측면에도 영향을 미칠 수 있음을 암시한다. 겸손해지려고 노력하면 그 과정에서 다른 방면의 미덕도 발전할 수 있다.

관계적 겸손 구축하기

물론 내 동료의 워크북 외에도 관계적 겸손을 실천할 수 있는 여러 방법이 있다.[35] 삶에서 관계적 겸손을 향상하는 다른 방법을 살펴보겠다.

- 경외심을 경험하라. 이전 연구에 따르면 정기적으로 경외심을 경험하는 사람은 다른 사람에게 더 겸손하다고 평가되었으며, 실험에서 경외심을 느끼게 했을 때 사람들은 더 겸손하게 행동하는 경향을 보였다.[36] 경외심은 이해할 수 없는 것을 경험하거나 관찰할 때 느끼는 놀라움, 경이로움 또는 압도감을 말한다. 운동선수나 음악가가 높은 기량을 선보이거나 예술가가 감동적인 예술 작품을 창작하는 것을 볼 때처럼 다른 사람에게 경외심을 느끼는 경우도 있다. 다른 사람을 구하기 위해 목숨을 걸고 영웅적인 행동을 할 때처럼

깊은 미덕을 보이는 행위나 사심 없는 행동을 볼 때도 경외심을 느낄 수 있다. 자연에서 경외심을 느낄 수도 있다. 예를 들어 그랜드 캐니언에 갔을 때, 망원경을 들여다볼 때, 바다에 둘러싸여 있을 때, 오래된 숲을 거닐 때 경외감과 경이로움을 느낀다.

- **감사하는 마음을 키워라.** 감사와 겸손이 어떻게 서로를 강화하는지는 이미 살펴보았다. 감사할 때 겸손해지고 겸손한 사람은 더 큰 감사를 느낀다. 다른 사람에게 감사를 표현하는 연습을 하고 감사를 나눌 방법을 찾아라. 인생에 도움을 준 사람들에게 감사를 전하라. 매일 시간을 내어 삶 자체가 얼마나 큰 선물인지 생각해보라. 그렇게 하면 삶이라는 선물을 지혜롭고 의식적으로 사용하겠다는 동기가 생긴다. 앞서 언급했듯이 한 연구에서 참가자들에게 삶에서 긍정적 변화를 일으킨 서너 명의 사람에게 짧은 감사의 편지를 쓰게 했다. 참가자들은 감사의 긍정적 효과를 얻기 위해 편지를 보낼 필요조차 없었다. 감사를 표현하는 행위 자체로 충분했다. 마찬가지로 일기를 쓰거나 자신을 아끼는 사람들에게 편지를 보내는 것처럼 감사의 글을 쓰는 것이 큰 힘이 될 수 있다.

- **안정적인 관계를 쌓기 위해 노력하라.** 우리가 검토한 연구는 겸손에서 안정감이 중요하다는 사실을 알려주었다. 진정한 겸손은 안정감을 느끼는 데서 비롯된다. 안정감의 일부는 나의 가치가 내재적이며 외부의 기준에 나의 가치나 자부심이 좌우되지 않는다는 믿음에서 비롯된다. 하지만 안정감의 또 다른 부분은 다른 사람과의 건전한 관계에서 생긴다. 나에게 솔직하게 대하고 내가 솔직하게 대할 수 있는 사람들이 삶에 존재해야 한다. 이들과의 관계

에는 평등과 상호성이 필요하며, 서로 지지할 수 있어야 한다. 겸손을 추구하는 과정은 고되며, 역경이나 어려움을 겪을 때 의지할 사람이 있음을 아는 것이 핵심이다. 건전한 관계를 맺고 명확한 경계를 설정하는 데 투자하면 겸손이 자랄 수 있는 공간을 만드는 데 도움이 된다.

- 겸손의 롤모델을 찾아라. 사회심리학자들은 행동에 동기를 부여하는 데 롤모델이 얼마나 강력한지 잘 알고 있다. 닮고 싶은 특성이 있는 사람을 높게 평가하여, 그의 행동을 따르는 방식으로 나의 행동을 만들어나갈 수 있다. 본받고 싶을 만큼 깊고 진정한 겸손을 보여주는 누군가를 삶에서 떠올려보라. 비교적 낯선 사람일 수도 있다. 겸손해지는 데 영감을 주지만 잘 알지는 못하는 사람일 수도 있다. 흔히 이기적인 반응이 나올 수 있는 스트레스가 심한 상황에서 그 사람이 어떻게 자신을 관리하고 반응하는지 관찰하는 방법도 있다. 본받을 사람을 염두에 두면 겸손에 대한 명확한 그림을 그리고 삶과 관계를 만들어나가는 데 도움이 된다. 롤모델로 삼은 사람을 잘 아는 경우에는 겸손한 행동에 대해 더 큰 통찰과 이해를 얻을 수 있다. 그 사람과 친밀한 관계를 발전시켜 겸손을 추구하려는 바람을 솔직하게 털어놓을 수 있기 때문이다. 그 사람에게 겸손을 기르는 방법에 대해 조언해줄 의향이 있는지 물어보라. 그 사람을 얼마나 겸손하게 보는지 이야기하면 상대가 이를 마다하거나 놀랄 수도 있다. 그 사람이 멘토로서 조언을 거부하더라도 겸손한 사람과 시간을 보내면 겸손이 필요한 상황에서 어떻게 반응할지 결정하는 데 영향을 받을 것이다. 결국 겸손의 여정을 시작하기에 가장 좋은 출발점은 그 과정에 약간의 도움이 필요하다는 사실을 인정하는 것이다.

함께 번영하기

문화에서는 종종 쉽고 빠른 행복을 상품화하는 것에 초점을 맞춘다. 단지 어떤 제품을 구매하거나, 특정한 외모를 따르거나, 삶의 어느 한 영역에서 성공을 거둔다면 행복해질 것이라고 말한다. 그러나 진정으로 의미 있는 삶은 문화에서 내세우는 삶의 방식과는 다르다. 예를 들어 문화적 겸손의 힘은 사회적 격차를 넘어 우리와 다른 사람들을 이해하고 존중하는 다리를 구축하도록 이끈다. 지적 겸손의 가치는 자신이 모르는 것을 인정하고, 호기심을 품고 성장과 발전의 길로 나아가며 배우려는 상태를 유지하는 데 있다. 또한 관계적 겸손은 공동체를 개선하고 관계를 발전시키는 데 중요하다. 진정한 번영은 우리와 주변 사람들이 집단적 온전함을 개선하는 선한 일에 참여하여, 우리 각자가 소속감과 존중감을 느끼는 지역사회를 구축해 지속적인 안녕감을 유지하는 상태다. 진정한 번영은 선한 일을 실천하면서 잘 살겠다고 다짐하는 삶, 즉 선한 행동을 하면서 자신을 넘어 다른 사람과의 연결을 추구하는 삶이다. 겸손은 일시적인 행복을 향한 이기적인 욕심을 넘어, 사회 모든 구성원의 요구가 존중되는 공동체를 일구겠다는 고귀한 목적에 이바지한다. 겸손은 우리가 나르시시즘의 덫에서 벗어나 진정으로 중요한 것을 추구하는 자유를 얻도록 이끈다.

실존적
겸손을 향하여

솔직히 말하면 겸손을 학문적 연구 초점에서 삶의 각 영역에서 실행하는 미덕으로 전환하는 데 가끔 어려움을 겪기도 한다. 나 역시 인간이고 이기심을 향한 충동 역시 모든 사람과 마찬가지로 강하며 진화적으로 보상을 원한다. 그러나 더 겸손하게 살고자 하는 나의 열망은 단지 과학적 증거를 기반으로 한 것만은 아니다. 오직 겸손만이 살아가는 데 있어 합리적인 반응이라는 사실을 분명히 깨닫게 해준 경험에서 비롯된 일이다. 인간으로서 우리는 거대한 실존적 질문을 고민할 능력을 타고난 사회적 동물이다. 그리고 이 고민은 우리를 더 겸손하게 만든다.

아이슬란드를 여행하면서 깊고 심오한 방법으로 겸손의 중요성을 경험한 적이 있다. 우리 부부는 아내가 항상 보고 싶어 했던 오로라를 보기 위해 3일간의 여행을 예약했다. 여행 전 광범위한 조사를 마친 아내는 당시의 조건을 기반으로 오로라를 보기에 가장 좋은 위치와 시간을 추적하기 위해 온라인에서 여러 자료를 찾아보았다. 여행 첫날 저녁 식사를 하는 동안 아내는 자신의 예측에 따르면 그날 밤이 우리에게 가장 좋은, 어쩌면 유일하게 오로라를 볼 수 있는 기회라고 말했다. 우리가 머물던 레이캬비크에서 약 1시간 거리에서 새벽 2시경에 가시성이 가장 좋다고 했다.

처음에는 주저했다. 그날 새벽에 도착한 비행기에서 30분도 잠을 자지 못했고 시차에 시달려 지쳐 있었다. 다시 비행기에서 30분 동안 낮잠을 자고 빙하까지 운전해 오다 잠들 뻔한 후 길가에 안전하게 주차하고 20분 동안 쉰 것을 빼고는 거의 36시간 동안 깨어 있었다. 게다가 또 한 번의 마라톤을 위해 훈련을 하고 있었고 모험을 떠나기 전 도시를 둘러보기 위해 아침에 장거리 달리기를 계획하고 있던 참이었다. 그냥 쉬고 싶었다.

한참 불평을 하고 난 뒤 나는 아내의 말을 듣고 마음을 바꿨다. 아내는 이것이 자연의 경이로움을 지켜볼 유일한 기회라고 확신했다. 저녁 식사를 마치고 자정 직후로 알람을 설정하고 잠자리에 들었다. 알람 소리를 듣고 깨어난 우리는 잠시 후 도시의 불빛에서 멀어져가는 차 안에 있었다. 새벽 2시가 조금 되기 전에 아내가 찾은 GPS 좌표와 일치하는, 고속도로 위 아무 표시가 없는 주차장에 차를 세웠다. 근처에 다른 차 한 대가 있었고, 역시 흐릿한 눈으로 지쳐 보이는 여행자 두 명이 타고 있었다. 그곳에서 한 시간 동안 하늘을 올려다보며 서 있었다. 그러다 막 포기하려던 찰나였다.

갑자기 오로라가 나타나더니 우리 주위에서 휘몰아쳤다. 초록, 파랑, 보라, 노랑의 변화무쌍한 빛의 띠에 휩싸여 소용돌이치는 하늘에 빨려 들어갈 것만 같았다. 어느 순간 하늘이 우리를 완전히 집어삼킬 것 같기도 했다. 이해할 수 없을 정도로 아름답고 장엄했으며, 나는 그 어느 때보다 나 자신이 작게 느껴지고 두려운 동시에 평화로움을 느꼈다. 우리 둘 다 아무 말도 할 수 없었다. 그저 눈물을 흘릴 뿐이었다. 내가 처음 느껴본 가장 초월적이고 거대한 감정이었다.

나는 우주라는 공간에서 내가 아주 작다고, 딱 맞을 정도로 작다고 느꼈다. 추운 밤에 조용히 서 있는 동안 이 느낌은 거의 45분간 계속되었다. 차를 몰고 방으로 돌아오면서 많은 이야기를 나누지 않았다. 하지만 그때의 경험은 나를 완전히 변화시켰고 겸손해지게 했으며 매우 감사하다는 느낌이 들게 했다.

이 책을 시작하면서 겸손에서는 자신에게 맞는 크기를 찾는 것이 중요하다고 이야기했다. 가끔 어떤 면에서는 그 크기가 다소 작을 때도 있다. 다른 사람에 비해 우리가 위축되어야 한다거나, 더 크고 강한 목소리에 움츠러들라고 하는 것이 아니다. 하지만 보고 접하는 범위가 넓어지면 겸허함을 느끼게 된다. 내가 사소한 존재라는 것이 큰 위안이 될 때가 있다. 우리에게 실존적 겸손의 기회를 부여하기 때문이다.

마지막으로 상기할 점

우리 인간은 불편한 현실을 공유한다. 진화는 우리에게 자기 인식 능력과 상징적으로 생각하는 능력을 포함하여 다른 동물에 비해 월등한 지능을 갖춘 정교한 두뇌를 선물했다. 이 말은 우리가 복잡한 진화 문제를 해결할 만큼 똑똑하지만 언젠가는 죽을 것임을 알고 부담을 느낀다는 뜻이다.[1] 우리의 유한성만이 불확실한 세상에 존재하는 유일한 확실성이다. 대규모 학살 행위에서든, 반려동물과의 작별에서든 우리는 슬픔과 상실을 겪으며 끊임없이 죽음을 떠올린다. 우리는 언젠가 죽을 운명임을 상기하는데, 이를 상기하는 것은 우리를 겸손하게 만들어준다.

우리는 가장 의미 있는 삶을 사는 방법을 제시하는 경쟁적인 문화적 서사가 어떻게 우리에게 제공되는지, 이 모든 것이 어떻게 나르시시즘이라는 더 넓은 맥락에서 설명될 수 있는지 논의한 바 있다. 소비주의 문화에서 우리는 가능한 한 많은 것을 사기 위해 돈을 최대한 많이 버는 것을 목적으로 삼는다. 많은 것을 사면 삶에 우리가 간절히 원하는 가치와 의미가 생긴다고 믿는다. 그렇게 충분히 큰 집, 충분한 물질적 소유, 은행 계좌나 주식 포트폴리오에 찍힌 특정한 숫자가 마침내 우리를 중요한 존재로 만들 것이라는 신화를 믿게 된다. 인적 비용이나 환경 파괴와 상관없이 '더 많은 것'을 창출하는 거대한 자본주의의 톱니바퀴가 되는 데 무심코 동의해왔다. 그렇게 더 많은 것을 얻기 위해 목숨을 걸 위험까지 감수하다 모두 부질없었다는 사실을 깨달을 뿐이다. 물질주의라는 승부에서 승자는 없다.

게다가 우리는 나르시시즘적 성공이라는 허상에 빠져 더 높은 곳을 향해, 다른 사람 위로 올라가기 위해 헛된 명성과 자부심을 좇으며 시간을 낭비한다. 칭찬과 더 높은 지위, 존경을 얻어 중요성을 확보하려 한다. 동료들이 나를 좋아하지 않을 수 있지만 존중은 할 것이라며 자신을 위로한다. 어떤 대가를 치르든 더 많이 성취하기 위해 지칠 줄 모르고 달린다. 결코 만족하지 않고 자신을 몰아세운다. 우리의 욕망은 좀처럼 충족될 수 없는 것처럼 보이며, 끊임없이 노력하면서 불만만 늘어간다. 이 모든 여정이 헛된 것임을 깨달은 후에는 너무 늦은 경우가 많다. 프란체스코회 사제 리처드 로어Richard Rohr가 말하듯이 "그동안 우리의 사다리는 엉뚱한 곳에 기대어 있었다. 왜 노력해야 하는지 모르고, 가벼운 찬사와 무의미한 칭찬을 받겠다는 덧없고 헛된 목적에 시간과 에너지를 쏟을 뿐이다. 죽기 직전에 삶을 되돌아보며 '더 많이 일했으면 좋았을걸.'이라고 말할 사람이 있겠는가?"

아마 더 위험한 함정은 경건함을 향한 유혹일 것이다. 이는 종교적으로 보이지만 자신의 공정함에 대한 거짓된 신념이며, 신적인 존재와의 구체적인 관계를 표방하지만 연민이나 용기, 다른 사람과 진정으로 소통하는 겸손이나 공감이 부족한 상태를 말한다. 진정한 의미의 안녕감을 거짓으로 꾸미는 속임수나 다름없다. 그리고 경건함이 꼭 종교에 국한되지는 않는다. 우리는 저마다 일, 정치, 민족주의, 돈, 명성, 안전, 안정감, 위안 등 스스로 선택한 신을 섬기고 있다. 이념을 신으로 삼은 사람은 시간과 충성을 꼬박꼬박 제물로 바친다. 우리는 저마다 자신의 동기가 고상하고 그 의도가 순수하다고 확신한다. 같은 믿음을 섬기는 사람들에게 둘러싸여 자신과는 다른 사람들을 비웃는다. 그렇게 더 좁은 원 안으로 들어간 채 생각이 다른 사람과 어울리기를 꺼린다. 그렇게 세계가 줄어든다. 듣는 법을 잊어버린다. 우리는 옳고 저들은 틀렸다고 확신한다. 이와 같은 자기 확신을 경계해야 한다. 무언가를 완전히 알고 있다고 느낄 때마다 그것이 곧 경고 신호나 다름없다는 사실을 깨달아야 한다. 폐쇄적인 사고방식에 저항하고, 열린 마음으로 겸손해지려 노력하며, 다른 사람의 말을 경청하고, 계속 배우기 위해서는 경계를 늦추지 말아야 한다.

의미를 약속하지만 절대 지켜지지 않을 온갖 문화적 신화는 가장 큰 거짓말에 가려져 있다. 항상 더 많은 시간이 있을 것이라는 거짓말이다. 늘 미루기만 하는 자의 호언장담처럼 우리는 삶이 끝나지 않을 것이라는 환상으로 마음을 달랜다. 언젠가는 선을 행하고 사회에 환원할 것이라고, 정의를 위해 싸우고 억압받는 자를 옹호할 것이라고, 여행을 떠날 것이고 사람들에게 사랑한다고 말할 것이라고, 석양을 즐기거나 금빛으로 물든 바다에서 일광욕을 하겠다고 장담한다. 5년 후, 10년 후, 20년 후에는 진로를 수정하고 자신의 목적에 따라 살아가는 시간이 있을 것이라고 가정한다. 그러다 결국 언젠가 알게 된다. 이는 보장되지 않은 미래를 향한 헛된 약속이며, 삶이 흘러갈수록 하루하루는 길게 느껴지지만 한 해는 빨리 지나간다는 것을. 시간이 쏜살같이 달아난다는 것을.

제한된 시간 안에 어디서 시간을 보내고, 누구의 삶에 투자할 지 선택해야 한다. 이 아름답고도 잔혹한 세상을 더 사랑스럽고 정의로우며, 자비롭고 자유로우며, 진정성 있고 온전한 곳으로 만들기 위해 어떻게 노력할 것인지 결정해야 한다. 스스로 이렇게 물어보아야 한다. 나는 세상을 치유하기 위해 어떤 역할을 하고 있는가?

의미를 추구하는 척 가장하는 문화적 신화를 있는 그대로 폭로해 보겠다. 문화는 세상에 진정성 있게 다가갈 때만 얻을 수 있는 것을 우리에게 주겠다고 장담하는 사기꾼에 불과하다. 아무리 많은 돈도 우리가 이미 소유하고 있는 것보다 더 많은 가치를 가져다주지 않는다. 우리는 이미 있는 그대로 충분하다. 어떤 지위, 직함, 학위, 성취도 우리의 존엄성을 확인시켜주거나 우리에게 이미 존재하는 안정감을 주지 않는다. 우리는 이미 가치 있는 존재다. 다른 사람을 소외시키고 변화나 성장을 거부하는 거짓 신념은 우리가 갈망하는 깊은 의미를 제공할 수 없다. 우리는 이미 사랑받고 있다.

겸손은 인생에서 주어진 시간을 최대한 활용하도록 돕는다. 타인은 종종 삶에서 가장 중요한 순간의 원천이 되기에, 겸손이 우리 삶에 의미를 부여하는 관계의 변화를 어떻게 도울 수 있는지 앞서 살펴보았다. 불안정성에 사로잡히면 우리는 거부당할까 봐, 어쩌면 진정한 내 모습이 드러날까 봐 두려워한다. 그래서 자신의 진정한 모습을 숨긴다. 안전한 겉모습만 보여주며 다른 사람과 진정성 있는 관계를 맺지 못한다. 그러나 진정으로 우리 자신이 되는 순간 누군가 그 모습을 보고 우리를 깊이 사랑할 수 있게 된다. 물론 진정성에는 상처받을 위험이 따른다. 하지만 진실하고 깊은 사랑의 문을 열기도 한다. 그 깊은 사랑을 당연하게 여겨서는 안 된다. 진정성을 배양하고, 중요시하며 끊임없이 노력해야 한다.

겸손은 삶에 의미를 부여한다. 삶의 매 순간이 중요하다는 사실을 알게 하며, 두려움보다 사랑을, 완벽보다 진정성을 선택하도록 이끌며, 배우려는 호기심을 느끼고 성장하기 위해 열린 태도를 지향케 하며, 정의로운 미래로 나아가는 데 필요한 노력을 두려워하지 않게 한다. 삶의 마지막 순간이 언제일지 모르고 살아가는 우리에게 겸손은 매 순간을 아낌없이 누리고, 더 진실하고 사랑스럽게 살며, 다른 사람의 삶을 날마다 더 좋고 풍요롭게 만들 수 있도록 이끈다.

겸손한 혁명을 향하여

자신의 유한함이라는 실존적 현실은 진실로 그리고 근본적으로 겸손하게 살 수 있는 용기를 준다. 시간이 제한되어 있다는 사실을 알면 우리에게 주어진 순간을 최대한 활용할 수 있으며, 나르시시즘적 과시라는 문화적 신화를 공허하고 무의미한 방해 요소로 느끼게 된다. 지나치게 부풀려진 자아를 채우기 위해 다른 사람들에게 칭찬을 받으려 하거나 권력을 차지하려 다투는 삶이 얼마나 어리석은지 깨닫게 된다. 이러한 깨달음은 진실하게 살아갈 자유를 준다.

겸손은 우리를 나르시시즘적 자아에서 해방시킨다. 우리 모두 같은 이기심의 감옥에 갇혀 있었다는 사실을 알면 안도감을 느낄 수 있다. 우리 모두는 같은 투쟁을 하고 있다. 모두 제한적이고 편견이 있으며 안타까울 만큼 주관적이다. 그러나 우리의 상처와 보편적 인간성 속에는 아름다움이 존재한다. 나르시시즘의 영향에서 자유로운 사람은 없다. 그래서 우리는 같은 딜레마를 공유한다. 모두가 결점이 있는 존재라는 사실을 깨달으면 서로에게 더 공감할 수 있다.

자신의 삶뿐만 아니라 가족과 친구, 직장과 지역사회 및 세계 전체에서 겸손 혁명을 원한다면 실존적 겸손이 필요하다. 내가 세상의 중심이 아니며 그저 아주 작은 공간만을 차지하고 있다는 사실을 편안하게 받아들여야 한다. 내가 태어나기 전에도 세상은 아무 문제 없었고 죽은 후에도 변함없이 계속될 것이라는 섬뜩한 깨달음은, 이 시간과 공간에서 우리가 차지한 크기가 무척 덧없고 사소하다는 사실을 알아차리게 해준다. 그러나 시간이 아무리 짧고 공간이 아무리 작아도 우리는 여전히 의미 있는 존재이며 변화를 일으킬 수 있다. 사실, 인생이 너무 짧기 때문에 시간을 어떻게 보낼 것인가 하는 문제는 대단히 중요하다. 삶에서 의도를 구축해야 하며, 그러기 위해서는 겸손이 필요하다.

우리 사회는 자기 과시적 행위에 보상하도록 설계되어 있다. 이 설계에서 벗어나 다르게 살기 위해서는 다른 의도가 필요하다. 내가 전부가 아닌 세상에서의 삶을 진정으로 살기 위해서는 나 자신을 초월하는 겸손이 필요하다. 우리 모두 실존적 겸손을 갖추어야 한다. 우주라는 공간 속에서 나라는 작은 존재로 살아가는 것을 받아들이고, 살아 있음에 감사해야 한다. 살아가면서 결코 해결할 수 없는 질문이 있음을 알면서도 평화를 느낄 수 있어야 한다. 모두 비슷한 인간으로서 운명을 공유하고 있으며, 핵심적인 두려움을 공유한다는 사실을 알고 이를 위안으로 삼아야 한다. 이 불안과 의문, 불확실성과 고통 속에 나는 혼자가 아니다. 우리는 작고 삶이 아무리 짧고 덧없이 느껴지더라도 감사하는 마음을 키울 수 있다.

진정한 겸손은 우리에게 깊고 오래가는 안정감을 준다. 자신의 가치를 깨달으면 신념을 잠정적으로 유보하고 불확실성을 포용하여, 평화로우면서도 담대하게 삶의 막중한 질문과 마주할 수 있게 된다.

우리는 함께 더 겸손한 지역사회를 구축할 수 있다. 하지만 그 노력은 나 자신에게서 출발한다. 내가 먼저 노력하지 않으면서 다른 사람이 겸손하기를 기대할 수는 없다. 먼저 노력해서 다른 사람을 겸손하게 만드는 롤모델이 되어야 한다. 이 노력이 성과를 거두면 관계, 직장, 지역사회에서 차차 겸손의 힘을 느낄 것이다. 항상 잘되지만은 않겠지만, 어제보다 오늘 좀 더 나아지기를 기대하면서 꾸준히 노력할 수는 있다. 함께 겸손을 우선에 두도록 노력하자. 이 과정에서 힘겹다고 느끼더라도 인내하면서 겸손이 더 정의롭고 사랑이 많은 세상을 만드는 데 도움이 된다고 믿자. 함께 더 겸손한 세상을 향해 나아가자. 그것이야말로 지금 우리에게 필요한 것이다.

감사의 글

겸손에 관한 책을 쓴다는 사실이 부담스럽고 버겁기도 했다. 이 책에서 나눈 이야기를 보면 분명 알 수 있겠지만, 나는 겸손을 실천하는 데 있어 전문가가 아니다. 운이 좋게도 겸손을 연구하는 데 상당한 시간을 할애할 수 있었지만, 삶에서 겸손을 온전히 구현하기는 아직도 어렵다. 어제보다 오늘 더 잘 실천할 수 있기를 진심으로 바라고 있다.

글을 잘 쓰는 일은 결코 혼자 할 수 있는 작업이 아니기에 출간에 도움을 준 많은 이들에게 감사드린다. 출간을 위해 나에게 연락을 해주고 여러 단계에서 발전적인 피드백을 제공한 문학 에이전트 웬디 레빈슨Wendy Levinson과 안드레아 솜버그Andrea Somberg에게 감사하다. 문장을 다듬고 글에 집중할 수 있도록 편집에 도움을 준 바티아 로젠블룸Batya Rosenblum에게도 감사를 전한다. 덕분에 이 책이 훨씬 좋아졌다.

이 책의 모든 연구는 여러 사람의 노력으로 이루어졌다. 겸손 연구를 위해 뛰어난 동료들과 함께 일할 수 있어 감사하게 생각한다. 이 분야에서 지속적으로 협력하고 수년 동안 우정을 유지해온 돈 데이비스Don Davis와 조시 훅Josh Hook에게 깊은 감사를 표한다. 이 책은 그들이 함께 애써주지 않았다면 존재하지 않았을 것이며, 일하면서 느끼는 즐거움도 절반으로 줄었을 것이다.

제이미 아텐Jamie Aten, 리치 볼랭저Rich Bollinger, 마크 브란트Mark Brandt, 데이비드 브롬리David Bromley, 케이시 브루베이커Kacy Brubaker, 제니 버넷Jeni Burnette 로라 카프타리Laura Captari, 엘리스 최Elise Choe, 루스 코넬리Ruth Connelly, 리처드 카우덴Richard Cowden, 재럿 크로포드Jarret Crawford, 조디 데이비스Jody Davis, 워드 데이비스Ward Davis, 설린 드뷸레어Cirleen DeBlaere, 필 디에케Phil Dieke, 프랑코 디스펜자Franco Dispenza, 카리사 드위이와라다니Carissa Dwiwardani, 도리 이브즈Dori Eave, 메건 에드워즈Megan Edwards, 로버트 에먼스Bob Emmons, 제니퍼 파렐Jennifer Farrell, 매튜 페넬Matt Fennell, 레이첼 가스Rachel Garthe, 로라 카프타리 Laura Captari, 오브리 가트너Aubrey Gartner, 제프리 그린Jeffrey Green, 브랜든 그리핀Brandon Griffin, 한나 건Hanna Gunn, 리즈 홀Liz Hall, 애너벨라 오파레-헤나쿠Annabella Opare-Henaku, 피터 힐Pete Hill, 아담 호지Adam Hodge, 앤 하우트만Ann Houtman, 팀 허슬리Tim Hulsey, 제프 제닝스Jeff Jennings, 캐스린 존슨Kathryn Johnson, 테렌스 조던 2세Terrence Jordan II, 유키 코지마Yuki Kojima, 주디스 안사 오세-라르비Judith Ansaa Osae-Larbi, 캐롤라인 레이블록 브래트니Caroline Lavelock-Bratney, 크리스틴 레가레Cristine Legare, 존 맥코넬John McConnell, 마이크 맥컬로프Mike McCullough, 스테이시 맥셀로이 헬첼Stacey McElroy-Heltzel, 벤 미거Ben Meagher, 메리 체이스 브리드러브 미즈Mary Chase Breedlove Mize, 데이비드 모셔David Mosher, 토베카 S. 은코모Thobeka S. Nkomo, 카밀라 논테라Camilla Nonterah, 오선디 오모루이Osunde Omoruyi, 안나 오드Anna Ord, 제시 오웬Jesse

Owen, 앰버 퍼킨스Amber Perkins, 브래드 핀터Brad Pinter, 마르차나 라모스Marciana Ramos, 켄 라이스Ken Rice, 웨이드 로와트Wade Rowatt, 첼시 리드Chelsea Reid, 제니퍼 리플리Jennifer Ripley, 존 루이즈John Ruiz, 콘스탄틴 세디키데스Constantine Sedikides, 제임스 셀즈James Sells, 네이선 셰프Nathan Sheff, 로라 섀넌하우스Laura Shannonhouse, 조슈아 스태퍼드Joshua Stafford, 켈리 태한Kelly Teahan, 데이브 왕Dave Wang, 엘리사 우드럽Elissa Woodruff, 에브 워딩턴Ev Worthington, 장한송을 비롯해 뛰어난 공동 작업자 및 공저자 그룹에게서 많이 배울 수 있어서 감사하게 생각한다.

위에 열거한 분들 외에도 저술 초기 단계에서 통찰을 제공해준 켈리 바르 바움가르텐Kelley Barr Boumgarden, 피터 바움가르텐Peter Boumgarden, 트리퍼 크리스티Tripper Christie, 프레스톤 드로벡Preston Drobeck, 줄리 엑슬린Julie Exline, 토드 홀Todd Hall, 조단 라부프Jordan LaBouff, 엘리자베스 크룸레이 멘쿠소Liz Krumrei Mancuso, 홀리 옥산들러Holly Oxhandler, 스티브 산다게Steve Sandage, 댄 슐테Dan Schulte, 캣 슐테Kat Schulte, 린 스텁스Lynn Stubbs, 데이브 스텁스Dave Stubbs에게도 감사를 전한다.

관련 연구 논문을 찾아 정리하는 데 도움을 준 유키 코지마에게도 감사의 말을 전한다.

마지막으로, 지속적인 토론을 통해 헤아릴 수 없는 도움을 주고, 새로운 관점과 글을 공유하며, 임상학적·실용적으로 적절하며 중요한 통찰력을 제공했을 뿐만 아니라, 겸손을 연구하면서도 지극히 불완전한 사람과 함께 살며 인내와 은혜를 베푼 아내 사라에게 감사를 전한다. 나로서는 듣기 힘들 때도 그녀가 한 페이지 한 페이지를 읽고 소중하고 필요한 피드백을 해준 것에 깊은 고마움을 느낀다. 이 책에 나 자신을 온전히 담고 정의와 치유를 옹호하는 데 내 목소리를 내도록 격려해준 점에도 감사하다. 더 넓은 차원의 취약성과 진정성을 갖고 살도록 이끄는 아내의 모든 방식에 진심으로 감사한다.

서론

1. N. G. Cuellar, "Humility: A Concept in Cultural Sensitivity," *Journal of Transcultural Nursing* 29, no. 4 (2018): 317.

2. D. R. Van Tongeren et al., "Religious Differences in Reporting and Expressing Humility," *Psychology of Religion and Spirituality* 10 (2018): 174–84.

3. "'Pride': The Word That Went from Vice to Strength," merriam-webster.com.

4. J. Balakrishnan and M. J. Griffiths, "An Exploratory Study of 'Selfitis' and the Development of the Selfitis Behavior Scale," *International Journal of Mental Health Addiction* 16, no. 3 (2018): 722–36.

5. J. S. Mills et al., "'Selfie' Harm: Effects on Mood and Body Image in Young Women," *Body Image* 27 (2018): 86–92.

6. J. M. Twenge and J. D. Foster, "Birth Cohort Increases in Narcissistic Personality Traits Among American College Students, 1982–2009," *Social Psychological and Personality Science* 1, no. 1 (2010): 99–106.

7. J. M. Twenge and W. K. Campbell, *The Narcissism Epidemic: Living in the Age of Entitlement* (New York: Atria, 2010).

8. J. M. Twenge, "The Evidence for Generation Me and Against Generation We," *Emerging Adulthood* 1, no. 1 (2013): 11–16.

9. D. R. Van Tongeren et al., "The Complementarity of Humility Hypothesis: Individual, Relational, and Physiological Effects of Mutually Humble Partners," *Journal of Positive Psychology* 14 (2019): 178–87.

10. M. Haggard et al., "Finding Middle Ground Between Intellectual Arrogance and Intellectual Servility: Development and Assessment of the Limitations-Owning Intellectual Humility Scale," *Personality and Individual Differences* 124 (2018): 184–93.

11. T. Pyszczynski et al., "Why Do People Need Self-Esteem? A Theoretical and Empirical Review," *Psychological Bulletin* 130, no. 3 (2004): 435–68.

12. C. C. Banker and M. R. Leary, "Hypo-Egoic Nonentitlement as a Feature of Humility," *Personality and Social Psychology Bulletin* 46, no. 5 (2020), 738–53.

13. R. D. Goodwin et al., "Trends in Anxiety Among Adults in the United States, 2008–2018: Rapid Increases Among Young Adults," *Journal of Psychiatric Research* 130

(2020): 441–46.

14. Anxiety and Depression Association of America, "Facts and Statistics," adaa.org.

15. J. M. Twenge, *iGen: Why Today's Super-Connected Kids Are Growing Up Less Rebellious, More Tolerant, Less Happy—and Completely Unprepared for Adulthood—and What That Means for the Rest of Us* (New York: Atria, 2017).

16. Mental Health America, "The State of Mental Health in America," mhanational.org.

17. United Nations Department of Economic and Social Affairs, "Mental Health and Development," un.org/development/desa/disabilities.

1장 알아차림과 받아들임

1. K. W. Brown, R. M. Ryan, and J. D. Creswell, "Mindfulness: Theoretical Foundations and Evidence for Its Salutary Effects," *Psychological Inquiry* 18, no. 4 (2007), 211–37.

2. L. Cardaciotto et al., "The Assessment of Present-Moment Awareness and Acceptance: The Philadelphia Mindfulness Scale," *Assessment* 15, no. 2 (2008): 204–23.

3. N. Krause, "Religious Involvement, Humility, and Self-Rated Health," *Social Indicators Research* 98, no. 1 (2010): 23–39.

4. D. R. Van Tongeren et al., "The Complementarity of Humility Hypothesis: Individual, Relational, and Physiological Effects of Mutually Humble Partners," *Journal of Positive Psychology* 14 (2019): 178–87.

5. L. L. Toussaint and J. R. Webb, "The Humble Mind and Body: A Theoretical Model and Review of Evidence Linking Humility to Health and Well-Being," in *Handbook for Humility*, ed. E. L. Worthington Jr., D. E. Davis, and J. N. Hook (New York: Routledge, 2017), 178–91.

6. J. P. Tangney et al., "Are Shame, Guilt, and Embarrassment Distinct Emotions?," *Journal of Personality and Social Psychology* 70, no. 6 (1996): 1256–69.

7. C. Sedikides, L. Gaertner, and Y. Toguchi, "Pancultural Self-Enhancement," *Journal of Personality and Social Psychology* 84 (2003): 60–79.

8. S. J. Heine et al., "Is There a Universal Need for Positive Self-Regard?" *Psychological Review* 106 (1999): 766–94.

9. S. J. Heine, T. Proulx, and K. D. Vohs, "The Meaning Maintenance Model: On the Coherence of Social Motivations," *Personality and Social Psychology Review* 10, no. 2 (2006): 88–110.

10. T. Pyszczynski et al., "Why Do People Need Self-Esteem? A Theoretical and Empirical Review," *Psychological Bulletin* 130, no.3 (2004), 435–68.

11. S. E. Taylor, "Adjustment to Threatening Events: A Theory of Cognitive Adaptation,"

American Psychologist 38, no. 11 (1983), 1161–73.

12. C. Lee, "Awareness as a First Step Toward Overcoming Implicit Bias," in *Enhancing Justice: Reducing Bias*, ed. S. Redfield (Chicago: American Bar Association, 2017), 289–302.

13. E. Pronin, D. Y. Lin, and L. Ross, "The Bias Blind Spot: Perceptions of Bias in Self Versus Others," *Personality and Social Psychology Bulletin* 28, no. 3 (2002): 369–81.

14. D. R.Van Tongeren and S. A. Showalter Van Tongeren, *The Courage to Suffer: A New Clinical Framework for Life's Greatest Crises* (West Conshohocken, PA: Templeton Foundation Press, 2020).

15. S. A. Deffler, M. R. Leary, and R. H. Hoyle, "Knowing What You Know: Intellectual Humility and Judgments of Recognition Memory," *Personality and Individual Differences* 96 (2016): 255–59.

16. Ibid.

17. D. R. Van Tongeren and J. L. Burnette, "Do You Believe Happiness Can Change? An Investigation of the Relationship Between Happiness Mindsets, Well-Being, and Satisfaction," *Journal of Positive Psychology* 13, no. 2 (2018): 101–9.

18. J. L. Burnette et al., "Mind-Sets Matter: A Meta-Analytic Review of Implicit Theories and Self-Regulation," *Psychological Bulletin* 139, no. 3 (2013): 655–701.

19. J. T. Thurackal, J. Corveleyn, and J. Dezutter, "Personality and Self-Compassion: Exploring Their Relationship in an Indian Context," *European Journal of Mental Health* 11, no. 1–2 (2016): 18.

20. N. Krause et al., "Humility, Stressful Life Events, and Psychological Well-Being: Findings from the Landmark Spirituality and Health Survey," *Journal of Positive Psychology* 11, no. 5 (2016): 499–510.

21. N. Krause and R. D. Hayward, "Humility, Lifetime Trauma, and Change in Religious Doubt Among Older Adults," *Journal of Religion and Health* 51, no. 4 (2012): 1002–16.

2장 진정한 관계

1. C. E. Rusbult and P. A. M. Van Lange, "Interdependence Processes," in *Social Psycholog y: Handbook of Basic Principles*, ed. E. T. Higgins and A. W. Kruglanski (New York: Guilford Press, 1996), 564–96.

2. N. A. Yovetich and C. E. Rusbult, "Accommodative Behaviors in Close Relationships: Exploring Transformation of Motivation," *Journal of Experimental Social Psychology* 30 (1994): 138–64.

3. W. K. Campbell, C. A. Foster, and E. J. Finkel, "Does Self-Love Lead to Love for Others? A Story of Narcissistic Game Playing," *Journal of Personality and Social Psychology* 83, no 2 (2002): 340.

4. G. W. Lewandowski, N. Nardone, and A. J. Raines, "The Role of Self-Concept Clarity in Relationship Quality," *Self and Identity* 9 (2010): 416–33.

5. J. K. Mogilski et al., "The Primacy of Trust Within Romantic Relationships: Evidence from Conjoint Analysis of HEXACO-Derived Personality Profiles," *Evolution and Human Behavior* 40 (2019): 365–74.

6. D. E. Davis et al., "Humility and the Development and Repair of Social Bonds: Two Longitudinal Studies," *Self and Identity* 12 (2013): 58–77.

7. D. R. Van Tongeren, D. E. Davis, and J. N. Hook, "Social Benefits of Humility: Initiating and Maintaining Romantic Relationships," *Journal of Positive Psychology* 9, no. 4 (2014): 313–21.

8. J. E. Farrell et al., "Humility and Relationship Outcomes in Couples: The Mediating Role of Commitment," *Couple and Family Psychology: Research and Practice* 4, no. 1 (2015): 14–26.

9. A. S. Peters, W. C. Rowatt, and M. K. Johnson, "Associations Between Dispositional Humility and Social Relationship Quality," *Psychology* 2, no. 3 (2011): 155–61.

10. Farrell et al., "Humility and Relationship Outcomes in Couples."

11. C. Dwiwardani et al., "Spelling HUMBLE with U and ME: The Role of Perceived Humility in Intimate Partner Relationships," *Journal of Positive Psychology* 13, no. 5 (2018): 449–59.

12. Van Tongeren, Davis, and Hook, "Social Benefits of Humility."

13. C. J. Holden et al., "Personality Features and Mate Retention Strategies: Honesty–Humility and the Willingness to Manipulate, Deceive, and Exploit Romantic Partners," *Personality and Individual Differences* 57 (2014): 31–36.

14. R. F. Baumeister and M. R. Leary, "The Need to Belong: Desire for Interpersonal Attachments as a Fundamental Human Motivation," *Psychological Bulletin* 117, no. 3 (1995): 497–529.

15. I. D. Yalom, *Existential Psychotherapy* (New York: Basic Books, 1980).

16. J. Maltby et al., "The Position of Authenticity Within Extant Models of Personality," *Personality and Individual Differences* 52, no. 3 (2012): 269–73.

17. Davis et al., "Humility and the Development and Repair of Social Bonds."

18. S. E. McElroy-Heltzel et al., "Cultural Humility: Pilot Study Testing the Social Bonds Hypothesis in Interethnic Couples," *Journal of Counseling Psychology* 65, no. 4 (2018), 531–37.

19. Van Tongeren, Davis, and Hook, "Social Benefits of Humility."
20. Davis et al., "Humility and the Development and Repair of Social Bonds."
21. C. A. Bell and F. D. Fincham, "Humility, Forgiveness, and Emerging Adult Female Romantic Relationships," *Journal of Marital and Family Therapy* 45, no. 1 (2019): 149–60.
22. M. N. Pham et al., "Dishonest Individuals Request More Frequent Mate Retention from Friends," *Personal Relationships* 24, no. 1 (2017): 102–13.
23. F. Wang, K. J. Edwards, and P. C. Hill, "Humility as a Relational Virtue: Establishing Trust, Empowering Repair, and Building Marital Well-Being," *Journal of Psychology and Christianity* 36, no. 2 (2017): 168–79.
24. D. R. Van Tongeren et al., "The Complementarity of Humility Hypothesis: Individual, Relational, and Physiological Effects of Mutually Humble Partners," *Journal of Positive Psychology* 14, no. 2 (2019): 178–87.
25. J. S. Ripley et al., "Perceived Partner Humility Predicts Subjective Stress During Transition to Parenthood," *Couple and Family Psychology: Research and Practice* 5 (2016): 157–67.
26. C. A. Reid et al., "Actor-Partner Interdependence of Humility and Relationship Quality Among Couples," *Journal of Positive Psychology* 13 (2018): 122–32.
27. J. L. Burnette et al., "Forgiveness Results from Integrating Information About Relationship Value and Exploitation Risk," *Personality and Social Psychology Bulletin* 38 (2012): 345–56.

3장 야망과 성취

1. C. Caldwell, R. Ichiho, and V. Anderson, "Understanding Level 5 Leaders: The Ethical Perspectives of Leadership Humility," *Journal of Management Development* 36 (2017): 724–32.
2. M. Frostenson, "Humility in Business: A Contextual Approach," *Journal of Business Ethics* 138, no. 1 (2016): 91–102.
3. A. Argandona, "Humility in Management," *Journal of Business Ethics* 132, no. 1 (2015): 63–71.
4. D. Vera, and A. Rodriguez-Lopez, "Strategic Virtues: Humility as a Source of Competitive Advantage," *Organizational Dynamics* 33, no. 4 (2004): 393–408.
5. M. Sousa and D. van Dierendonck, "Servant Leadership and the Effect of the Interaction Between Humility, Action, and Hierarchical Power on Follower Engagement," *Journal of Business Ethics* 141, no. 1 (2017): 13–25.
6. K. Breevaart and R. E. de Vries, "Supervisor's HEXACO Personality Traits and

Subordinate Perceptions of Abusive Supervision," *Leadership Quarterly* 28, no. 5 (2017): 691–700.

7. C.-W. Jeung and H. J. Yoon, "Leader Humility and Psychological Empowerment: Investigating Contingencies," *Journal of Managerial Psychology* 31, no. 7 (2016): 1122–36.

8. A. J. Barends, R. E. de Vries, and M. van Vugt, "Power Influences the Expression of Honesty-Humility: The Power-Exploitation Affordances Hypothesis," *Journal of Research in Personality* 82 (2019): 1–14.

9. R. Nielsen, J. A. Marrone, and H. S. Slay, "A New Look at Humility: Exploring the Humility Concept and Its Role in Socialized Charismatic Leadership," *Journal of Leadership and Organizational Studies* 17, no. 1 (2010): 33–43.

10. P. Liborius, "What Does Leaders' Character Add to Transformational Leadership?," *Journal of Psychology* 151, no. 3 (2017): 299–320.

11. X. Li et al., "Leader Humility and Employee Voice: The Role of Employees' Regulatory Focus and Voice-Role Conception," *Social Behavior and Personality: An International Journal* 47, no. 6 (2019): 1–12.

12. X. Lin et al., "Why and When Employees Like to Speak Up More Under Humble Leaders? The Roles of Personal Sense of Power and Power Distance," *Journal of Business Ethics* 158. No. 4 (2019): 937–50.

13. Y. Chen et al., "Can Leader 'Humility' Spark Employee 'Proactivity'? The Mediating Role of Psychological Empowerment," *Leadership and Organization Development Journal* 39 (2018): 326–39.

14. L. R. Shannonhouse et al., "The Behaviors, Benefits, and Barriers of Humanitarian Aid Leader Humility," *Journal of Psychology and Theology* 47, no. 3 (2019): 143–59.

15. A. Rego and A. V. Simpson, "The Perceived Impact of Leaders' Humility on Team Effectiveness: An Empirical Study," *Journal of Business Ethics* 148, no. 1 (2018): 205–18.

16. M. P. Trinh, "Overcoming the Shadow of Expertise: How Humility and Learning Goal Orientation Help Knowledge Leaders Become More Flexible," *Frontiers in Psychology* 10 (2019): 2505.

17. L. Wang et al., "Exploring the Affective Impact, Boundary Conditions, and Antecedents of Leader Humility," *Journal of Applied Psychology* 103, no. 9 (2018): 1019–38.

18. B. P. Owens, M. D. Johnson, and T. R. Mitchell, "Expressed Humility in Organizations: Implications for Performance, Teams, and Leadership," *Organization Science* 24, no. 5 (2013): 1517–38.

19. A. Y. Ou, D. A. Waldman, and S. J. Peterson, "Do Humble CEOs Matter? An Examination of CEO Humility and Firm Outcomes," *Journal of Management* 44, no. 3 (2018): 1147–73.

20. C.-Y. Chiu, B. P. Owens, and P. E. Tesluk, "Initiating and Utilizing Shared Leadership in Teams: The Role of Leader Humility, Team Proactive Personality, and Team Performance Capability," *Journal of Applied Psychology* 101, no. 12 (2016): 1705–20.

21. B. Oc et al., "Humility Breeds Authenticity: How Authentic Leader Humility Shapes Follower Vulnerability and Felt Authenticity," *Organizational Behavior and Human Decision Processes* 158 (2020): 112–25.

22. J. S. Bourdage, J. Wiltshire, and K. Lee, "Personality and Workplace Impression Management: Correlates and Implications," *Journal of Applied Psychology* 100, no. 2 (2015): 537–46.

23. J. Yang, W. Zhang, and X. Chen, "Why Do Leaders Express Humility and How Does This Matter: A Rational Choice Perspective," *Frontiers in Psychology* 10 (2019): 1925.

24. D. R. Van Tongeren et al., "The Financial Appeal of Humility: How Humble Leaders Elicit Greater Monetary Contributions" (unpublished manuscript).

25. F. Zhou, and Y. J. Wu, "How Humble Leadership Fosters Employee Innovation Behavior," *Leadership and Organization Development Journal* 39 (2018): 375–87.

26. Y. Wang, J. Liu, and Y. Zhu, "How Does Humble Leadership Promote Follower Creativity? The Roles of Psychological Capital and Growth Need Strength," *Leadership and Organization Development Journal* 39 (2018): 507–21.

27. J. Hu et al., "Leader Humility and Team Creativity: The Role of Team Information Sharing, Psychological Safety, and Power Distance," *Journal of Applied Psychology* 103, no. 3 (2018): 313–23.

28. S. Liu, L. Chen, and S. Wang, "Modesty Brings Gains: The Effect of Humble Leader Behavior on Team Creativity from a Team Communication Perspective," *Acta Psychologica Sinica* 50, no. 10 (2018): 1159–68.

29. Y. Zhu, S. Zhang, and Y. Shen, "Humble Leadership and Employee Resilience: Exploring the Mediating Mechanism of Work-Related Promotion Focus and Perceived Insider Identity," *Frontiers in Psychology* 10 (2019): 673.

30. J. Wiltshire, J. S. Bourdage, and K. Lee, "Honesty-Humility and Perceptions of Organizational Politics in Predicting Workplace Outcomes," *Journal of Business and Psychology* 29, no. 2 (2014): 235–51.

31. J. Mao et al., "Growing Followers: Exploring the Effects of Leader Humility on Follower

Self-Expansion, Self-Efficacy, and Performance," *Journal of Management Studies* 56, no. 2 (2019): 343–71.

32. T. T. Luu, "Can Sales Leaders with Humility Create Adaptive Retail Salespersons?," *Psychology and Marketing* 37, no. 9 (2020): 1292–315.

33. Y. Lee, C. M. Berry, and E. Gonzalez-Mulé, "The Importance of Being Humble: A Meta-Analysis and Incremental Validity Analysis of the Relationship Between Honesty-Humility and Job Performance," *Journal of Applied Psychology* 104, no. 12 (2019): 1535–46.

34. K. N. Walters and D. L. Diab, "Humble Leadership: Implications for Psychological Safety and Follower Engagement," *Journal of Leadership Studies* 10, no. 2 (2016): 7–18.

35. J. Zhong et al., "Can Leader Humility Enhance Employee Wellbeing? The Mediating Role of Employee Humility," *Leadership and Organization Development Journal* 41 (2019): 19–36.

36. A. Rego et al., "How Leader Humility Helps Teams to Be Humbler, Psychologically Stronger, and More Effective: A Moderated Mediation Model," *Leadership Quarterly* 28, no. 5 (2017): 639–58.

37. X. Qin et al., "Humility Harmonized? Exploring Whether and How Leader and Employee Humility (In)congruence Influences Employee Citizenship and Deviance Behaviors," *Journal of Business Ethics* 170, no. 1 (2021): 1–19.

38. H. Zhang et al., "CEO Humility, Narcissism and Firm Innovation: A Paradox Perspective on CEO Traits," *Leadership Quarterly* 28, no. 5 (2017): 585–604.

39. B. P. Owens, A. S. Wallace, and D. A. Waldman, "Leader Narcissism and Follower Outcomes: The Counterbalancing Effect of Leader Humility," *Journal of Applied Psychology* 100, no. 4 (2015): 1203–13.

40. L. Yuan, L. Zhang, and Y. Tu, "When a Leader Is Seen as Too Humble," *Leadership and Organization Development Journal* 39 (2018): 468–81.

41. D. K. Bharanitharan et al., "Seeing Is Not Believing: Leader Humility, Hypocrisy, and Their Impact on Followers' Behaviors," *Leadership Quarterly* 32, no. 2 (2021): 101440.

42. K. Yang et al., "The Dark Side of Expressed Humility for Non-Humble Leaders: A Conservation of Resources Perspective," *Frontiers in Psychology* 10 (2019): 1858.

43. I. Cojuharenco and N. Karelaia, "When Leaders Ask Questions: Can Humility Premiums Buffer the Effects of Competence Penalties?," *Organizational Behavior and Human Decision Processes* 156 (2020): 113–34.

1. J. Crocker and L. E. Park, "The Costly Pursuit of Self-Esteem," *Psychological Bulletin* 130, no. 3 (2004): 392–414.
2. R. S. Nickerson, "Confirmation Bias: A Ubiquitous Phenomenon in Many Guises," *Review of General Psychology* 2, no. 2 (1998): 175–220.
3. K. P. Sentis and E. Burnstein, "Remembering Schema-Consistent Information: Effects of a Balance Schema on Recognition Memory," *Journal of Personality and Social Psychology* 37, no. 12 (1979): 2200–11.
4. A. H. Hastorf and H. Cantril, "They Saw a Game; A Case Study," *Journal of Abnormal and Social Psychology* 49, no. 1 (1954): 129–34.
5. C. Sedikides and M. J. Strube, "Self-Evaluation: To Thine Own Self Be Good, to Thine Own Self Be Sure, to Thine Own Self Be True, and to Thine Own Self Be Better," *Advances in Experimental Social Psychology* 29 (1997): 209–69.
6. C. Sedikides and J. D. Green, "Memory as a Self-Protective Mechanism," *Social and Personality Psychology Compass* 3, no. 6 (2009): 1055–68.
7. C. Sedikides et al., "Mnemic Neglect: Selective Amnesia of One's Faults," *European Review of Social Psychology* 27, no. 1 (2016): 1–62.
8. J. D. Green and C. Sedikides, "Retrieval Selectivity in the Processing of Self-Referent Information: Testing the Boundaries of Self-Protection," *Self and Identity* 3, no. 1 (2004): 69–80.
9. B. Pinter et al., "Self-Protective Memory: Separation/Integration as a Mechanism for Mnemic Neglect," *Social Cognition* 29, no. 5 (2011): 612–24.
10. J. D. Green et al., "Two Sides to Self-Protection: Self-Improvement Strivings and Feedback from Close Relationships Eliminate Mnemic Neglect," *Self and Identity* 8, no. 2–3 (2009): 233–50.
11. C. S. Dweck and E. L. Leggett, "A Social-Cognitive Approach to Motivation and Personality," *Psychological Review* 95, no. 2 (1998): 256–73.
12. J. L. Burnette et al., "Mind-Sets Matter: A Meta-Analytic Review of Implicit Theories and Self-Regulation," *Psychological Bulletin* 139, no. 3 (2013): 655–701.
13. D. R. Van Tongeren and J. L. Burnette, "Do You Believe Happiness Can Change? An Investigation of the Relationship Between Happiness Mindsets, Well-Being, and Satisfaction," *Journal of Positive Psychology* 13, no. 2 (2018): 101–9.
14. J. L. Burnette et al., "Growth Mindsets and Psychological Distress: A Meta-Analysis," *Clinical Psychology Review* 77 (2020): 101816.
15. J. D. Green, B. Pinter, and C. Sedikides, "Mnemic Neglect and Self-Threat: Trait Modifiability Moderates Self-Protection," *European Journal of Social Psychology*

35, no. 2 (2005): 225–35.

16. Green et al., "Two Sides to Self-Protection."
17. J. Crocker and C. T. Wolfe, "Contingencies of Self-Worth," *Psychological Review* 108, no. 3 (2001): 593–623.
18. R. F. Baumeister, L. Smart, and J. M. Boden, "Relation of Threatened Egotism to Violence and Aggression: The Dark Side of High Self-Esteem," *Psychological Review* 103, no. 1 (1996): 5–33.
19. B. J. Bushman and R. F. Baumeister, "Threatened Egotism, Narcissism, Self-Esteem, and Direct and Displaced Aggression: Does Self-Love or Self-Hate Lead to Violence?," *Journal of Personality and Social Psychology* 75, no. 1 (1998): 219–29.
20. B. R. Meagher, "Ecologizing Social Psychology: The Physical Environment as a Necessary Constituent of Social Processes," *Personality and Social Psychology Review* 24, no. 1 (2020): 3–23.

5장 방어기제 낮추기

1. S. L. Koole, J. Greenberg, and T. Pyszczynski, "Introducing Science to the Psychology of the Soul: Experimental Existential Psychology," *Current Directions in Psychological Science* 15, no. 5 (2006): 212–16.
2. I. D. Yalom, *Existential Psychotherapy* (New York: Basic Books, 1980).
3. T. Pyszczynski, S. Solomon, and J. Greenberg, "Thirty Years of Terror Management Theory: From Genesis to Revelation," in *Advances in Experimental Social Psychology*, vol. 52, ed. J. M. Olsen and M. P. Zanna (New York: Academic Press, 2015), 1–70.
4. T. Pyszczynski et al., "Mortality Salience, Martyrdom, and Military Might: The Great Satan Versus the Axis of Evil," *Personality and Social Psychology Bulletin* 32, no. 4 (2006): 525–37.
5. T. Pyszczynski et al., "Why Do People Need Self-Esteem? A Theoretical and Empirical Review," *Psychological Bulletin* 130, no. 3 (2004): 435–68.
6. S. J. Heine, T. Proulx, and K. D. Vohs, "The Meaning Maintenance Model: On the Coherence of Social Motivations," *Personality and Social Psychology Review* 10, no. 2 (2006): 88–110.
7. F. Martela and M. F. Steger, "The Three Meanings of Meaning in Life: Distinguishing Coherence, Purpose, and Significance," *Journal of Positive Psychology* 11, no. 5 (2016): 531–45.
8. L. S. George and C. L. Park, "Meaning in Life as Comprehension, Purpose, and Mattering: Toward Integration and New Research Questions," *Review of General*

Psychology 20, no. 3 (2016): 205–20.

9. C. G. Lord, L. Ross, and M. R. Lepper, "Biased Assimilation and Attitude Polarization: The Effects of Prior Theories on Subsequently Considered Evidence," *Journal of Personality and Social Psychology* 37, no. 11 (1979): 2098–109.

10. L. Festinger, H. W. Riecken, and S. Schachter, *When Prophecy Fails* (Minneapolis: University of Minnesota Press, 1956).

11. D. R. Van Tongeren and J. D. Green, "Combating Meaninglessness: On the Automatic Defense of Meaning," *Personality and Social Psychology Bulletin* 36 (2010): 1372–84.

12. F. Heider, *The Psychology of Interpersonal Relations* (New York: John Wiley & Sons, 1958).

13. A. Waytz, H. E. Hershfield, and D. I. Tamir, "Mental Simulation and Meaning in Life," *Journal of Personality and Social Psychology* 108, no. 2 (2015): 336–55.

14. Yalom, *Existential Psychotherapy*.

15. Heine, Proulx, and Vohs, "The Meaning Maintenance Model."

16. C. M. Steele, "The Psychology of Self-Affirmation: Sustaining the Integrity of the Self," in *Advances in Experimental Social Psychology*, vol. 21, ed. L. Berkowitz (New York: Acadmic Press, 1988), 261–302.

17. B. J. Schmeichel and A. Martens, "Self-Affirmation and Mortality Salience: Affirming Values Reduces Worldview Defense and Death-Thought Accessibility," *Personality and Social Psychology Bulletin* 31, no. 5 (2005): 658–67.

18. D. R. Van Tongeren et al., "A Meaning-Based Approach to Humility: Relationship Affirmation Reduces Cultural Worldview Defense," *Journal of Psychology and Theology* 42 (2014): 62–69.

19. D. Whitcomb et al., "Intellectual Humility: Owning Our Limitations," *Philosophy and Phenomenological Research* 94, no. 3 (2017): 509–39.

20. D. Kahneman, *Thinking, Fast and Slow* (New York: Macmillan, 2011).

21. Heider, *The Psychology of Interpersonal Relations*.

22. J. L. Davis and C. E. Rusbult, "Attitude Alignment in Close Relationships," *Journal of Personality and Social Psychology* 81, no. 1 (2001): 65–84.

23. G. W. Allport, *The Nature of Prejudice* (Reading, MA: Addison-Wesley, 1954).

6장 공감 형성하기

1. R. Elliott et al., "Empathy," in *Psychotherapy Relationships That Work*, ed. J. Norcross, 2nd ed. (New York: Oxford University Press, 2011), 132–52.

2. C. N, DeWall and B. J. Bushman, "Social Acceptance and Rejection: The Sweet and

the Bitter," *Current Directions in Psychological Science* 20, no. 4 (2011): 256–60.

3. M. H. Davis, "Measuring Individual Differences in Empathy: Evidence for a Multidimensional Approach," *Journal of Personality and Social Psychology* 44, no. 1 (1983): 113–26.

4. M. Iacoboni, " Imitation, Empathy, and Mirror Neurons," *Annual Review of Psychology* 60 (2009): 653–70.

5. C. D. Batson et al., "Empathic Joy and the Empathy-Altruism Hypothesis," *Journal of Personality and Social Psychology* 61, no. 3 (1991): 413–26.

6 C. D. Batson et al., "Five Studies Testing Two New Egoistic Alternatives to the Empathy-Altruism Hypothesis," *Journal of Personality and Social Psychology* 55, no. 1 (1988): 52–77.

7. C. D. Batson et al., "Moral Hypocrisy: Addressing Some Alternatives," *Journal of Personality and Social Psychology* 83, no. 2 (2002): 330.

8. C. D. Batson et al., "Moral Hypocrisy: Appearing Moral to Oneself Without Being So," *Journal of Personality and Social Psychology* 77, no. 3 (1999): 525.

9. J. L. Burnette et al., "Forgiveness Results from Integrating Information About Relationship Value and Exploitation Risk," *Personality and Social Psychology Bulletin* 38 (2012): 345–56.

10. M. E. McCullough et al., "Interpersonal Forgiving in Close Relationships: II. Theoretical Elaboration and Measurement," *Journal of Personality and Social Psychology* 75, no. 6 (1998): 1586.

11. L. B. Luchies et al., "The Doormat Effect: When Forgiving Erodes Self-Respect and Self-Concept Clarity," *Journal of Personality and Social Psychology* 98, no. 5 (2010): 734–49.

12. D. E. Davis et al., "Relational Humility: Conceptualizing and Measuring Humility as a Personality Judgment," *Journal of Personality Assessment* 93, no. 3 (2011): 225–34.

13. M. H. Davis and H. A. Oathout, "Maintenance of Satisfaction in Romantic Relationships: Empathy and Relational Competence," *Journal of Personality and Social Psychology* 53, no. 2 (1987): 397–410.

14. D. Cramer and S. Jowett, "Perceived Empathy, Accurate Empathy and Relationship Satisfaction in Heterosexual Couples," *Journal of Social and Personal Relationships* 27, no. 3 (2010): 327–49.

15. E. C. Long et al., "Understanding the One You Love: A Longitudinal Assessment of an Empathy Training Program for Couples in Romantic Relationships," *Family Relations* (1999): 235–42.

16. R. A. Emmons, "Narcissism: Theory and Measurement," *Journal of Personality and*

Social Psychology 52, no. 1 (1987): 11–17.

17. P. J. Watson et al., "Narcissism and Empathy: Validity Evidence for the Narcissistic Personality Inventory," *Journal of Personality Assessment* 48, no. 3 (1984): 301–5.

18. K. Ritter et al., "Lack of Empathy in Patients with Narcissistic Personality Disorder," *Psychiatry Research* 187, no. 1–2 (2011): 241–47.

19. W. K. Campbell and C. A. Foster, "Narcissism and Commitment in Romantic Relationships: An Investment Model Analysis," *Personality and Social Psychology Bulletin* 28, no. 4 (2002): 484–95.

20. S. N. Wurst et al., "Narcissism and Romantic Relationships: The Differential Impact of Narcissistic Admiration and Rivalry," *Journal of Personality and Social Psychology* 112, no. 2 (2017): 280.

21. B. M. Farrant et al., "Empathy, Perspective Taking and Prosocial Behaviour: The Importance of Parenting Practices," *Infant and Child Development* 21, no. 2 (2012): 175–88.

22. M. E. McCullough, E. L. Worthington Jr., and K. C. Rachal, "Interpersonal Forgiving in Close Relationships," *Journal of Personality and Social Psychology* 73, no. 2 (1997): 321–36.

23. Luchies et al., "The Doormat Effect."

24. B. J. Zinnbauer and K. I. Pargament, "Spiritual Conversion: A Study of Religious Change Among College Students," *Journal for the Scientific Study of Religion* (1998): 161–80.

25. B. L. Fredrickson, "The Role of Positive Emotions in Positive Psychology: The Broaden-and-Build Theory of Positive Emotions," *American Psychologist* 56, no. 3 (2001): 218–26.

26. B. L. Fredrickson, "Positive Emotions Broaden and Build," in *Advances in Experimental Social Psychology*, vol. 47, ed. P. Devine and A. Plant (New York: Academic Press, 2013), 1–53.

7장 자기 조절의 중요성

1. P. Hampson, "'By Knowledge and by Love': The Integrative Role of Habitus in Christian Psychology," *Edification* 6 (2012): 5–18.

2. J. D. Green and D. R. Van Tongeren, "Self-Regulation and a Meaning-Based Approach to Virtues: Comments on Hampson's Habitus," *Edification* 6 (2012): 19–23.

3. K. D. Vohs and R. F. Baumeister, "Understanding Self-Regulation," in *Handbook of Self-Regulation: Research, Theory, and Applications* (New York: Guilford Press, 2004), 1–12.

4. T. E. Moffitt et al., "A Gradient of Childhood Self-Control Predicts Health, Wealth, and Public Safety," *Proceedings of the National Academy of Sciences* 108, no. 7 (2011): 2693–98.

5. A. L. Duckworth, "The Significance of Self-Control," *Proceedings of the National Academy of Sciences* 108, no. 7 (2011): 2639–40.

6. J. B. Schweitzer and B. Sulzer-Azaroff, "Self-Control: Teaching Tolerance for Delay in Impulsive Children," *Journal of the Experimental Analysis of Behavior* 50, no. 2 (1998): 173–86.

7. M. Muraven, R. F. Baumeister, and D. M. Tice, "Longitudinal Improvement of Self-Regulation Through Practice: Building Self-Control Strength Through Repeated Exercise," *Journal of Social Psychology* 139 (1999): 446–57.

8. M. Muraven, "Building Self-Control Strength: Practicing Self-Control Leads to Improved Self-Control Performance," *Journal of Experimental Social Psychology* 46, no. 2 (2010): 465–68.

9. T. F. Denson et al., "Self-Control Training Decreases Aggression in Response to Provocation in Aggressive Individuals," *Journal of Research in Personality* 45, no. 2 (2011): 252–56.

10. M. Milyavskaya et al., "Saying 'No' to Temptation: Want-To Motivation Improves Self-Regulation by Reducing Temptation Rather than by Increasing Self-Control," *Journal of Personality and Social Psychology* 109, no. 4 (2015): 677.

11. M. R. Leary, C. E. Adams, and E. B. Tate, "Hypo-Egoic Self-Regulation: Exercising Self-Control by Diminishing the Influence of the Self," *Journal of Personality* 74, no. 6 (2006): 1803–32.

12. E. M. Tong et al., "Humility Facilitates Higher Self-Control," *Journal of Experimental Social Psychology* 62 (2016): 30–39.

13. Z. Yu et al., "Humility Predicts Resistance to Substance Use: A Self-Control Perspective," *Journal of Positive Psychology* 16, no. 1 (2021): 105–15.

14. J. J. Sosik et al., "Self-Control Puts Character into Action: Examining How Leader Character Strengths and Ethical Leadership Relate to Leader Outcomes," *Journal of Business Ethics* 160, no. 3 (2019): 765–81.

8장 분열 극복하기

1. J. N. Hook et al., "Cultural Humility: Measuring Openness to Culturally Diverse Clients," *Journal of Counseling Psychology* 60, no. 3 (2013): 353–66.

2. D. G. Myers and H. Lamm, "The Group Polarization Phenomenon, *Psychological Bulletin* 83, no. 4 (1976): 602–27.

3. S. Iyengar and S. J. Westwood, "Fear and Loathing Across Party Lines: New Evidence on Group Polarization," *American Journal of Political Science* 59, no. 3 (2015): 690–707.

4. J. Goplen and E. A. Plant, "A Religious Worldview: Protecting One's Meaning System Through Religious Prejudice," *Personality and Social Psychology Bulletin* 41, no. 11 (2015): 1474–87.

5. H. A. McGregor et al., "Terror Management and Aggression: Evidence That Mortality Salience Motivates Aggression Against Worldview-Threatening Others," *Journal of Personality and Social Psychology* 74, no. 3 (1998): 590–605.

6. C. Foronda et al., "Cultural Humility: A Concept Analysis," *Journal of Transcultural Nursing* 27, no. 3 (2016): 210–17.

7. I. Martín-Baró, *Writings for a Liberation Psychology*, ed. A. Aron and S. Corne (Cambridge, MA: Harvard University Press, 1994).

8. P. Freire, *Pedagogy of the Oppressed*, rev. ed., trans. M. B. Ramos (New York: Penguin, 1996).

9. E. Duran, J,. Firehammer, and J. Gonzalez, "Liberation Psychology as the Path Toward Healing Cultural Soul Wounds" *Journal of Counseling and Development* 86, no. 3 (2008): 288–95.

10. M. Lehmann, A. N. Kluger, and D. R. Van Tongeren, "Am I Arrogant? Listen to Me and We Will Both Become More Humble" (forthcoming).

11. N. Haslam, "Dehumanization: An Integrative Review," *Personality and Social Psychology Review* 10, no. 3 (2006): 252–64.

12. K. Kristofferson, K. White, and J. Peloza, "The Nature of Slacktivism: How the Social Observability of an Initial Act of Token Support Affects Subsequent Prosocial Action," *Journal of Consumer Research* 40, no. 6 (2014): 1149–66.

13. R. Menakem, *My Grandmonther's Hands: Racialized Trauma and the Pathway to Mending Our Hearts and Bodies* (Las Vegas: Central Recovery Press, 2017).

14. M. Clair and J. S. Denis, "Sociology of Racism," *International Encyclopedia of the Social and Behavioral Sciences* 19 (2015): 857–63.

15. J. F. Dovidio and S. L. Gaertner, "Aversive Racism," in *Advances in Experimental Social Psychology*, vol. 36, ed. M. P. Zanna (London: Elsevier Academic Press, 2004), 1–52.

16. G. Hodson, J. F. Dovidio, and S. L. Gaertner, "Processes in Racial Discrimination: Differential Weighting of Conflicting Information," *Personality and Social Psychology Bulletin* 28, no. 4 (2002): 460–71.

17. D. E. Davis et al., "Microaggressions and Perceptions of Cultural Humility in

Counseling," *Journal of Counseling and Development* 94, no. 4 (2016): 483–93.

18. K. M. King, L. D. Borders, and C. T. Jones, "Multicultural Orientation in Clinical Supervision: Examining Impact Through Dyadic Data," *Clinical Supervisor* 39, no. 2 (2020): 248–71.

19. M. J. Brandt, J. T. Crawford, Jand D. R. Van Tongeren, "Worldview Conflict in Daily Life," *Social Psychological and Personality Science* 10 (2019): 35–43.

20. A. S. Hodge et al., "Political Humility: Engaging Others with Different Political Perspectives," *Journal of Positive Psychology* 16, no. 4 (2021): 526–35.

21. A. S. Hodge et al., "Political Humility and Forgiveness of a Political Hurt or Offense," *Journal of Psychology and Theology* 48, no. 2 (2020): 142–53.

22. J. E. Farrell et al., "Religious Attitudes and Behaviors Toward Individuals Who Hold Different Religious Beliefs and Perspectives: An Exploratory Qualitative Study," *Psychology of Religion and Spirituality* 10, no. 1 (2018): 63–71.

23. D. E. Davis et al., "Humility, Religion, and Spirituality: A Review of the Literature," *Psycholog y of Religion and Spirituality* 9, no. 3 (2017): 242.

24. D. R. Van Tongeren et al., "Religious Differences in Reporting and Expressing Humility," *Psychology of Religion and Spirituality* 10, no. 2 (2018): 174–84.

25. E. Woodruff et al., "Humility and Religion: Benefits, Difficulties, and a Model of Religious Tolerance," in *Religion and Spirituality Across Cultures*, ed. C. Kim-Prieto (New York: Springer, 2014), 271–85.

26. S. A. Hodge et al., "Attitudes of Religious Leaders Toward Integrating Psychology and Church Ministry," *Spirituality in Clinical Practice* 7, no. 1 (2020): 18–33.

27. H. Zhang et al., "The Effect of Religious Diversity on Religious Belonging and Meaning: The Role of Intellectual Humility," *Psychology of Religion and Spirituality* 10, no. 1 (2018): 72.

28. D. K. Mosher et al., "Cultural Humility of Religious Communities and Well-Being in Sexual Minority Persons," *Journal of Psychology and Theology* 47 (2019): 160–74.

29. A. A. Singh, "Moving from Affirmation to Liberation in Psychological Practice with Transgender and Gender Nonconforming Clients," *American Psychologist* 71, no. 8 (2016): 755–62.

30. C. D. Olle, "Breaking Institutional Habits: A Critical Paradigm for Social Change Agents in Psychology," *Counseling Psychologist* 46 (2018): 190–212.

31. J. A. Terrizzi Jr., N. J. Shook, and W. L. Ventis, "Disgust: A Predictor of Social Conservatism and Prejudicial Attitudes Toward Homosexuals," *Personality and Individual Differences* 49, no. 6): 587–92.

32. G. M. Herek and J. P. Capitanio, "'Some of My Best Friends': Intergroup Contact,

Concealable Stigma, and Heterosexuals' Attitudes Toward Gay Men and Lesbians," *Personality and Social Psychology Bulletin* 22, no. 4 (1996): 412–24.

33. M. C. Parent, C. DeBlaere, and B. Moradi, "Approaches to Research on Intersectionality: Perspectives on Gender, LGBT, and Racial/Ethnic Identities," *Sex Roles* 68, no. 11 (2013): 639–45.

34. C. C. Bell, "Racism, Narcissism, and Integrity," *Journal of the National Medical Association* 70, no. 2 (1978): 89–92.

35. L. D. Campos-Moreira et al., "Making a Case for Culturally Humble Leadership Practices Through a Culturally Responsive Leadership Framework," *Human Service Organizations: Management, Leadership and Governance* 44, no. 5 (2020): 407–14.

36. S. A. Crabtree et al., "Humility, Differentiation of Self, and Clinical Training in Spiritual and Religious Competence," *Journal of Spirituality in Mental Health* 23, no.4 (2021): 342–62.

37. S. L. Koole, J. Greenberg, and T. Pyszczynski, "Introducing Science to the Psychology of the Soul: Experimental Existential Psychology," *Current Directions in Psychological Science* 15, no. 5 (2006): 212–16.

38. D. R. Van Tongeren and S. A. Showalter Van Tongeren, *The Courage to Suffer: A New Clinical Framework for Life's Greatest Crises* (West Conshohocken, PA: Templeton Foundation Press, 2020).

9장 발전하기

1. E. J. Krumrei-Mancuso et al., "Links Between Intellectual Humility and Acquiring Knowledge," *Journal of Positive Psychology* 15, no. 2 (2020): 155–70.

2. M. Haggard et al., "Finding Middle Ground Between Intellectual Arrogance and Intellectual Servility: Development and Assessment of the Limitations-Owning Intellectual Humility Scale," *Personality and Individual Differences* 124 (2018): 184–93.

3. L. Zmigrod et al., "The Psychological Roots of Intellectual Humility: The Role of Intelligence and Cognitive Flexibility," *Personality and Individual Differences* 141 (2019): 200–208.

4. T. Porter and K. Schumann, "Intellectual Humility and Openness to the Opposing View," *Self and Identity* 17, no. 2 (2018): 139–62.

5. M. J. Jarvinen and T. B. Paulus, "Attachment and Cognitive Openness: Emotional Underpinnings of Intellectual Humility," *Journal of Positive Psychology* 12, no. 1 (2017): 74–86.

6. M. R. Leary et al., "Cognitive and Interpersonal Features of Intellectual Humility," *Personality and Social Psychology Bulletin* 43, no. 6 (2017): 793–813.

7. S. E. McElroy et al., "Intellectual Humility: Scale Development and Theoretical Elaborations in the Context of Religious Leadership," *Journal of Psychology and Theology* 42, no. 1 (2014): 19–30.

8. R. H. Hoyle et al., "Holding Specific Views with Humility: Conceptualization and Measurement of Specific Intellectual Humility," *Personality and Individual Differences* 97 (2016): 165–72.

9. Leary et al., "Cognitive and Interpersonal Features of Intellectual Humility."

10. McElroy et al., "Intellectual Humility: Scale Development and Theoretical Elaborations."

11. Hoyle et al., "Holding Specific Views with Humility."

12. D. Whitcomb et al., "Intellectual Humility: Owning Our Limitations," *Philosophy and Phenomenological Research* 94, no. 3 (2017): 509–39.

13. Hoyle et al., "Holding Specific Views with Humility."

14. Leary et al., "Cognitive and Interpersonal Features of Intellectual Humility."

15. McElroy et al., "Intellectual Humility: Scale Development and Theoretical Elaborations."

16. T. L. Friedman, "How to Get a Job at Google," *The New York Times*, February 22, 2014, nytimes.com.

17. C. N. DeWall, "Fostering Intellectual Humility in Public Discourse and University Education," in *Handbook of Humility: Theory, Research, and Applications*, ed. E. L. Worthington Jr., D. E. Davis, and J. N. Hook (New York: Routledge, 2016), 249–61.

18. M. P. Lynch et al., "Intellectual Humility in Public Discourse," *IHPD Literature Review*, https://humilityandconviction.uconn.edu/wp-content/uploads/sites/1877/2016/09/IHPD-Literature-Review-revised.pdf.

19. J. M. Twenge et al., "Egos Inflating over Time: A Cross-Temporal Meta-Analysis of the Narcissistic Personality Inventory," *Journal of Personality* 76, no. 4 (2008): 875–902.

20. J. M. Twenge and J. D. Foster, "Birth Cohort Increases in Narcissistic Personality Traits Among American College Students, 1982–2009," *Social Psychological and Personality Science* 1, no. 1 (2010): 99–106.

21. D. R. Van Tongeren et al., "Religious Residue: Cross-Cultural Evidence That Religious Psychology and Behavior Persist Following Deidentification," *Journal of Personality and Social Psychology* 120 (2021): 484–503.

22. R. John Marriott, M. E. Lewis Hall, and L. A. Decker, "Psychological Correlates of Reasons for Nonbelief: Tolerance of Ambiguity, Intellectual Humility, and Attachment," *Mental Health, Religion and Culture* 22, no. 5 (2019): 480–99.

23. E. J. Krumrei-Mancuso, "Intellectual Humility's Links to Religion and Spirituality and the

Role of Authoritarianism," *Personality and Individual Differences* 130 (2018): 65–75.

24. D. Rodriguez et al., "Religious Intellectual Humility, Attitude Change, and Closeness Following Religious Disagreement," *Journal of Positive Psychology* 14, no. 2 (2019): 133–40.

25. E. J. Krumrei-Mancuso and B. Newman, "Intellectual Humility in the Sociopolitical Domain," *Self and Identity* 19, no. 8 (2020): 989–1016.

26. S. A. Deffler, M. R. Leary, and R. H. Hoyle, "Knowing What You Know: Intellectual Humility and Judgments of Recognition Memory," *Personality and Individual Differences* 96 (2016): 255–59.

27. B. R. Meagher et al., "An Intellectually Humbling Experience: Changes in Interpersonal Perception and Cultural Reasoning Across a Five-Week Course," *Journal of Psychology and Theology* 47, no. 3 (2019): 217–29.

28. H. Battaly, "Can Humility Be a Liberatory Virtue?," in *The Routledge Handbook of Philosophy of Humility*, ed. M. Alfano, M. Lynch, and A. Tanesini (New York: Routledge, 2020).

29. J. N. Hook et al., "Intellectual Humility and Forgiveness of Religious Leaders," *Journal of Positive Psychology* 10, no. 6 (2015): 499–506.

30. I. J. Kidd, "Educating for Intellectual Humility," in *Intellectual Virtues and Education: Essays in Applied Virtue Epistemology*, ed. J. Baehr (New York: Routledge, 2015), 54–70.

31. H. T. Reis et al., "Perceived Partner Responsiveness Promotes Intellectual Humility," *Journal of Experimental Social Psychology* 79 (2018): 21–33.

32. J. J. Knabb et al., "'Unknowing' in the 21st Century: Humble Detachment for Christians with Repetitive Negative Thinking," *Spirituality in Clinical Practice* 5, no. 3 (2018): 170–87.

33. D. G. Myers and H. Lamm, "The Group Polarization Phenomenon," *Psychological Bulletin* 83, no. 4 (1976): 602–27.

34. I. L. Janis, *Group Think: Psychological Studies of Policy Decisions and Fiascoes*, 2nd ed. (Boston: Houghton Mifflin, 1982).

35. J. T. Jost, M. R. Banaji, and B. A. Nosek, "A Decade of System Justification Theory: Accumulated Evidence of Conscious and Unconscious Bolstering of the Status Quo," *Political Psychology* 25, no. 6 (2004): 881–919.

36. D. R. Van Tongeren et al., "Security Versus Growth: Existential Tradeoffs of Various Religious Perspectives," *Psychology of Religion and Spirituality* 8, no. 1 (2016): 77–88.

37. T. Pyszczynski, J. Greenberg, and J. L. Goldenberg, "Freedom Versus Fear: On the

Defense, Growth, and Expansion of the Self," in *Handbook of Self and Identity*, ed. M. R. Leary and J. P. Tangney (New York: Guilford Press, 2003), 314–43.

38. D. R. Van Tongeren and S. A. Showalter Van Tongeren, *The Courage to Suffer: A New Clinical Framework for Life's Greatest Crises* (West Conshohocken, PA: Templeton Foundation Press, 2020).

10장 지역사회의 번영

1. D. E. Davis et al., "Relational Humility: Conceptualizing and Measuring Humility as a Personality Judgment," *Journal of Personality Assessment* 93, no. 3 (2011): 225–34.

2. L. Nockur and S. Pfattheicher, "The Beautiful Complexity of Human Prosociality: On the Interplay of Honesty-Humility, Intuition, and a Reward System," *Social Psychological and Personality Science* 12 (2021): 877–86.

3. Y. Fang, Y. Dong, and L. Fang, "Honesty-Humility and Prosocial Behavior: The Mediating Roles of Perspective Taking and Guilt-Proneness," *Scandinavian Journal of Psychology* 60, no. 4 (2019): 386–93.

4. E. J. Krumrei-Mancuso, "Intellectual Humility and Prosocial Values: Direct and Mediated Effects," *Journal of Positive Psychology* 12, no. 1 (2017): 13–28.

5. P. C. Hill and S. J. Sandage, "The Promising but Challenging Case of Humility as a Positive Psychology Virtue," *Journal of Moral Education* 45, no. 2 (2016): 132–46.

6. E. L. Worthington Jr., "An Empathy-Humility-Commitment Model of Forgiveness Applied Within Family Dyads," *Journal of Family Therapy* 20 (1998): 59–76.

7. D. R. Van Tongeren, D. E. Davis, and J. N. Hook, "Social Benefits of Humility: Initiating and Maintaining Romantic Relationships," *Journal of Positive Psychology* 9 (2014): 313–21.

8. D. E. Davis et al., "Relational Spirituality and Forgiveness: Development of the Spiritual Humility Scale (SHS)," *Journal of Psychology and Theology* 38, no. 2 (2010): 91–100.

9. C. Powers et al., "Associations Between Humility, Spiritual Transcendence, and Forgiveness," in *Research in the Social Scientific Study of Religion*, vol. 18, ed. R. L. Piedmont (Boston: Brill, 2007), 75–94.

10. M. E. McCullough, R. A. Emmons, and J.-A. Tsang, "The Grateful Disposition: A Conceptual and Empirical Topography," *Journal of Personality and Social Psychology* 82, no. 1 (2002): 112–27.

11. R. A. Emmons and M. E. Mccullough, "Counting Blessings Versus Burdens: An Experimental Investigation of Gratitude and Subjective Well-Being in Daily Life," *Journal of Personality and Social Psychology* 84, no. 2 (2003): 377–89.

12. E. Kruse et al., "An Upward Spiral Between Gratitude and Humility," *Social Psychological and Personality Science* 5, no. 7 (2014): 805–14.
13. N. Krause and R. D. Hayward, "Humility, Compassion, and Gratitude to God: Assessing the Relationships Among Key Religious Virtues," *Psychology of Religion and Spirituality* 7, no. 3 (2015): 192–204.
14. J. J. Exline and P. C. Hill, "Humility: A Consistent and Robust Predictor of Generosity," *Journal of Positive Psychology* 7, no. 3 (2012): 208–18.
15. J. P. LaBouff et al., "Humble Persons Are More Helpful than Less Humble Persons: Evidence from Three Studies," *Journal of Positive Psychology* 7, no. 1 (2012)L: 16–29.
16. J. J. Exline, "Humility and the Ability to Receive from Others," *Journal of Psychology and Christianity* 31, no. 1 (2012): 40–50.
17. N. Krause, "Assessing the Relationships Among Wisdom, Humility, and Life Satisfaction," *Journal of Adult Development* 23, no. 3 (2016): 140–49.
18. N. Krause and R. D. Hayward, "Virtues, Practical Wisdom and Psychological Well-Being: A Christian Perspective," *Social Indicators Research* 122, no. 3 (2015): 735–55.
19. F. Martela, and M. F. Steger, "The Three Meanings of Meaning in Life: Distinguishing Coherence, Purpose, and Significance," *Journal of Positive Psychology* 11, no. 5 (2016): 531–45.
20. M. B. O'Donnell et al., "You, Me, and Meaning: An Integrative Review of Connections Between Relationships and Meaning in Life," *Journal of Psychology in Africa* 24, no. 1 (2014): 44–50.
21. J. Haidt, "The New Synthesis in Moral Psychology," *Science* 316, no. 5827 (2007): 998–1002.
22. D. R. Van Tongeren et al., "Prosociality Enhances Meaning in Life," *Journal of Positive Psychology* 11, no. 3 (2016): 225–36.
23. N. Klein, "Prosocial Behavior Increases Perceptions of Meaning in Life," *Journal of Positive Psychology* 12, no. 4 (2017): 354–61.
24. F. Sapmaz et al., "Gratitude, Forgiveness and Humility as Predictors of Subjective Well-Being Among University Students," *International Online Journal of Educational Sciences* 8, no. 1 (2016): 38–47.
25. D. R. Van Tongeren et al., "Forgiveness Increases Meaning in Life," *Social Psychological and Personality Science* 6, no. 1 (2015): 47–55.
26. T. A. FioRito, C. Routledge, and J. Jackson, "Meaning-Motivated Community Action: The Need for Meaning and Prosocial Goals and Behavior," *Personality and*

Individual Differences 171 (2021): 110462.
27. C. Dwiwardani et al., "Virtues Develop from a Secure Base: Attachment and Resilience as Predictors of Humility, Gratitude, and Forgiveness," *Journal of Psychology and Theology* 42, no. 1 (2014): 83–90.
28. D. R. Van Tongeren et al., "The Complementarity of Humility Hypothesis: Individual, Relational, and Physiological Effects of Mutually Humble Partners," *Journal of Positive Psychology* 14 (2019): 178–87.
29. E. T. MacDonell and T. Willoughby, "Investigating Honesty-Humility and Impulsivity as Predictors of Aggression in Children and Youth," *Aggressive Behavior* 46, no. 1 (2020): 97–106.
30. J. Wu, M. Yuan, and Y. Kou, "Disadvantaged Early-Life Experience Negatively Predicts Prosocial Behavior: The Roles of Honesty-Humility and Dispositional Trust Among Chinese Adolescents," *Personality and Individual Differences* 152 (2020): 109608.
31. K. Allgaier et al., "Honesty–Humility in School: Exploring Main and Interaction Effects on Secondary School Sudents' Antisocial and Prosocial Behavior," *Learning and Individual Differences* 43 (2015): 211–17.
32. E. Ruffing et al., "Humility and Narcissism in Clergy: A Relational Spirituality Framework," *Pastoral Psychology* 67, no. 5 (2018): 525–45.
33. P. J. Jankowski et al., "A Mixed-Method Intervention Study on Relational Spirituality and Humility Among Religious Leaders," *Spirituality in Clinical Practice* (2021), advance online publication.
34. C. R. Lavelock et al., "The Quiet Virtue Speaks: An Intervention to Promote Humility," *Journal of Psychology and Theology* 42, no. 1 (2014): 99–110.
35. Everett Worthington, "DIY Workbooks," evworthington-forgiveness.com/diy-workbooks.
36. J. E. Stellar et al., "Awe and Humility," *Journal of Personality and Social Psychology* 114, no. 2 (2018): 258.

결론

1. J. Greenberg, T. Pyszczynski, and S. Solomon, "The Causes and Consequences of a Need for Self-Esteem: A Terror Management Theory," in *Public Self and Private Self*, ed. R. F. Baumeister (New York: Springer, 1986), 189–212.

겸손의 힘

초판 1쇄 발행 2024년 3월 20일
초판 6쇄 발행 2024년 6월 24일

지은이 대릴 반 통게렌
옮긴이 신예용
펴낸이 고영성

책임편집 김주연 **편집** 윤충희 **디자인** 이화연 **저작권** 주민숙

펴낸곳 ㈜상상스퀘어
출판등록 2021년 4월 29일 제2021-000079호
주소 경기도 성남시 분당구 성남대로 52, 그랜드프라자 604호
팩스 02-6499-3031
메일 publication@sangsangsquare.com
홈페이지 www.sangsangsquare-books.com

ISBN 979-11-92389-56-1 03190